TEACHERS' RESEARCH IN LANGUAGE EDUCATION

Voices from the Field

LA INVESTIGACIÓN DOCENTE EN LENGUAS:

Voces de los actores

Edited by
Verónica Sánchez Hernández, BUAP, México
Fátima Encinas Prudencio, BUAP, México
José Luis Ortega-Martín, Universidad de Granada,
España Yonatan Puon Castro, BUAP, México

TEACHERS' RESEARCH IN LANGUAGE EDUCATION:

Voices from the Field

LA INVESTIGACIÓN DOCENTE EN LENGUAS:

Voces de los Actores

Editado por
Verónica Sánchez Hernández, BUAP, México
Fátima Encinas Prudencio, BUAP, México
José Luis Ortega-Martín, Universidad de Granada,
España Yonatan Puon Castro, BUAP, México

COMMON GROUND RESEARCH NETWORKS 2021

First published in 2021
as part of The Learner Book Imprint
http://doi.org/10.18848/978-1-86335-235-2/CGP (Full Book)

Common Ground Research Networks
60 Hazelwood Drive
University of Illinois Research Park
Champaign, IL
61820

Copyright © Verónica Sánchez Hernández, Fátima Encinas Prudencio, José Luis Ortega Martín, Yonatan Puon Castro 2021

All rights reserved. Apart from fair dealing for the purposes of study, research, criticism or review as permitted under the applicable copyright legislation, no part of this book may be reproduced by any process without written permission from the publisher.

Library of Congress Cataloging-in-Publication Data

Names: Sánchez Hernández, Verónica, editor. | Encinas Prudencio, María Teresa Fátima, editor. | Ortega Martín, José Luis, editor. | Puon Castro, Yonatan, editor.
Title: Teachers' research in language education : voices from the field = La investigación docente en lenguas : voces de los actores / edited by = editado por Verónica Sánchez Hernández, Fátima Encinas Prudencio, José Luis Ortega Martín, Yonatan Puon Castro.
Other titles: Investigación docente en lenguas
Description: Champaign, IL : Common Ground Research Networks, 2021. | Includes bibliographical references. | Summary: "Over the past decade, interest in language teacher education and professionalization programs has increased significantly mainly due to global educational reforms, which have been driven by internationalization, multilingualism, the rise of new literacy and the incorporation of technologies. This publication addresses work in various sociocultural, educational and institutional contexts carried out in Mexico and Latin America with various methodological designs and approaches from different theoretical perspectives. Therefore, in the current context of challenges, we seek to promote the exchange, discussion and reflection of experiences and research results to influence decision-making for the implementation of teaching practices and language policies regarding teacher education and teacher professionalization for language teaching"-- Provided by publisher.
Identifiers: LCCN 2021014178 (print) | LCCN 2021014179 (ebook) | ISBN 9780949313508 (hardback) | ISBN 9781863352345 (paperback) | ISBN 9781863352352 (adobe pdf)
Subjects: LCSH: Language teachers--Training of--Latin America. | Language and languages--Study and teaching--Latin America. | English language--Study and teaching--Spanish speakers. | Education, Bilingual--Latin America. | LCGFT: Essays.
Classification: LCC P53.85 .T43 2021 (print) | LCC P53.85 (ebook) | DDC 407.1/08--dc23
LC record available at https://lccn.loc.gov/2021014178
LC ebook record available at https://lccn.loc.gov/2021014179

Cover Photo Credit: Manuel Ruiz Garcia, Granada, Spain

Contenido

Introducción: ¿Por Qué Esta Publicación?..1
    Verónica Sánchez Hernández BUAP, México
    Fátima Encinas Prudencio, BUAP, México
    José Luis Ortega, Universidad de Granada, España

Introduction: Why This Publication?..5
    Veronica Sánchez Hernández BUAP, Mexico
    Fatima Encinas Prudencio, BUAP, Mexico
    José Luis Ortega, University of Granada, Spain

Chapter 1 10
Exploring Teacher Agency in the National English Program for Basic Education in Sonora
    Silvia Selene Moreno Carrasco and Ruth Roux
    Introduction
    Teacher Agency
    An Ecological Model of Agency
    Methodology
    Findings and Discussion
    Conclusion

Capítulo 2 24
Factores que Limitan la Educación Continua en el Contexto de la Educación Privada
    Roberto Ochoa Gutiérrez y Benjamín Gutiérrez Gutiérrez
    Introducción
    Marco Teórico
    Metodología
    Resultados

Dimensión Personal
Dimensión Familiar
Dimensión Laboral
Dimensión Tecnológica
Dimensión Social
Dimensión Institucional
Dimensión Formativa
Dimensión Profesional
Dimensión Metodológica
Dimensión Evaluativa
CONCLUSIONES

Capítulo 3 42
Antecedentes en la Exploración de los Procesos de inclusión en la Enseñanza del inglés en Chiapas
    María de Lourdes Gutiérrez Aceves y Ana María Elisa Díaz de la Garza
    Introducción
    Contexto
    Antecedentes sobre los procesos de inclusión
    Objetivos
    Problemática
    Justificación
    Metodología
    Procedimiento en la recolección de datos
    Resultados y análisis de la información
    Conclusiones e Implicaciones Pedagógicas
    Reflexión

Capítulo 4 59
Formación de Evaluadores en le y su Impacto en Estudiantes de UAM-A
    Gabriela Cortés Sánchez y Gerardo Alfonso Pérez Barradas
    Introducción
    Antecedentes
    Conceptos Fundamentales de Evaluación en Esta Investigación
    El Estudio
    Resultados
    Discusión

Chapter 5 77
How Come You're a Teacher? Foreign Language Teachers' Voices
    Iraís Ramírez Balderas, and Patricia María Guillén Cuamatzi
    Background
    Methodology
    Findings and Discussion
    Conclusion

Chapter 6 91
EFL Pre-Service Teachers' Perceptions on Their *Práctica Docente I* Teacher's Support
    Ana Fabiola Velasco Argente
    Introduction
    Problem Statement
    Purpose of the Research
    Method
    Participants
    Instruments
    Data Collection and Analysis Procedures
    Results and Discussion
    Pedagogical Implications and Conclusions

Capítulo 7 113
Análisis de la Competencia Interaccional Áulica en la Clase de Lengua Inglesa
    Ariel Vázquez Carranza y Liliana María Villalobos González
    Introducción
    Estudio
    Observaciones Prelimnares
    Comentario Final
    Apéndice: Convenciones de Transcripción

Capítulo 8 129
La Licenciatura en la Enseñanza del inglés y el Centro de Auto Acceso: Taller de Preparación para Certificación de Inglés
    Norma Lucero Pérez Rodríguez y Rosalba Leticia Olguín Díaz
    Introducción
    Antecedentes
    MÉtodo

Participantes
Procedimiento
Resultados
Conclusiones
InvestigaciÓn Futura

Capítulo 9 153
La internacionalización: Eje Fundamental en el quehacer del docente de lenguas
    Jennifer Cucurachi Moctezuma, Izbé Angélica Muñoz Cortés y Alma Patricia
    Peña Torres
    Introducción
    Antecedentes de la Internacionalización en la Universidad Veracruzana
    Marco Teórico
    Metodología
    Instrumentos de Recolección de Datos
    Resultados
    Conclusiones

Chapter 10 171
Language Assessment Perceptions through the Eyes of Undergraduate Accounting Students
    Elba Méndez García, María Alejandra Archundia Pérez and Rosalba Leticia
    Olguín Díaz
    Introduction
    Research Problem
    Research Questions
    Methodology
    Population And Sampling
    Instruments and Data Collection Procedures
    Results
    Discussion
    Limitations
    Pedagogical Implications
    Conclusion

Chapter 11 201
Teacher Educators' Perspectives and Attitudes towards ICT, a Case Study
    Oscar Manuel Narváez Trejo, Patricia Núñez Mercado y Gabriela Guadalupe
    Estrada Sánchez

Introduction
　　ICT in ELT
　　The Study
　　Findings
　　Conclusion

Chapter 12 217
Towards a Decolonial Research Methodology: A Pilot Experience
　　Julia Posada Ortiz
　　Introduction
　　Theoretical Framework
　　Methodology
　　The Pilot Session
　　Results
　　Conclusion

Chapter 13 233
General and Community Medicine Students' Evaluation Regarding the Flipped Classroom Model´s Implementation
　　Abelardo Romero-Fernández, and Laura Villanueva-Méndez
　　Introduction
　　Objectives
　　Methodology
　　Resdults
　　Conclusion
　　Pedagogical Implications

Capítulo 14 249
La Gramática en Libros de Texto de Inglés como Lengua Extranjera
　　Sara Quintero Ramírez y Sonny Ángelo Castro Yáñez
　　INTRODUCCIÓN
　　Fundamentos Teóricos
　　Preguntas de Investigación
　　Metodología
　　Diseño del Instrumento
　　Resultados
　　Discusión y Conclusiones

Chapter 15 267
Exploring Classroom Discourse Strategies to Enhance Communication
    Tito Antonio Mata Vicencio and Antonio Iván Sánchez Huerta
    Introduction, Context and Focus
    Communication, Interaction, and the Classroom
    The Analysis of Everyday Conversation: Conversation Analysis
    Analysis of Classroom Interaction as a Form of Institutional Discourse: the IRF/IRE Pattern
    Classroom Discourse Features
    Interactional Competence
    Classroom Interactional Competence
    Methodology
    Initial Findings
    Preliminary Conclusions and Pedagogical Implications

Capítulo 16 285
Producción Escrita de Géneros Textuales Como Propuesta de Evaluación Formativa en Español Como Lengua Extranjera
    María Leticia Temoltzin Espejel and Norma Marina Rodríguez García
    INTRODUCCIÓN
    Marco Teórico
    Metodología
    Conclusión
    Discusión

Capítulo 17 303
Peeking into Four Mexican High School Students' Journals in English: A Teacher Study
    Laura Rugerio Valerio, Fátima Encinas Prudencio and Yonatan Puon Castro
    INTRODUCTION
    Theoretical Framework
    Methodology
    Findings
    Conclusions
    Pedagogical Implications

Capítulo 18 321
Alfabetización Inicial: Aprendizaje Infantil, Métodos y Rol Docente
    Alma Carrasco Altamirano, Mara Serrano Acuña y Karla Villaseñor Palma

Introducción

La Alfabetización Inicial en Cinco Generaciones de Libros de Texto Gratuitos (LTG)

La Alfabetización Inicial en el Marco de los Estudios Contemporáneos de Psicogénesis de la Lengua Escrita

Cambian Concepciones de Aprendiz y de Infancia y se Reconocen las Prácticas Letradas

La Alfabetización Inicial Como Tarea Escolar: el Reto de las Prácticas Sociales de Lenguaje en los Programas Curriculares y de Formación Inicial

Para Cerrar Texto y Abrir Conversaciones

Introducción

¿Por Qué Esta Publicación?

Verónica Sánchez Hernández BUAP, México
Fátima Encinas Prudencio, BUAP, México
José Luis Ortega, Universidad de Granada, España

En la última década, el interés en los programas de formación y profesionalización de docentes de lenguas ha incrementado significativamente debido, principalmente, a las reformas educativas mundiales, que se han visto impulsadas por la internacionalización, el multilingüismo y el auge de las nuevas literacidades.

Estas reformas, basadas en los desafíos de la sociedad del conocimiento y de las redes, han generado la necesidad de reevaluar y reconceptualizar la formación docente y desarrollo profesional de docentes como una "conexión fundamental con la enseñanza" (Bryant et al. 2008; Vélaz de Medrano y Vaillant 2009; Espinosa 2012; Johnson y Golombeck 2018). El objetivo principal es, entonces, "preparar a las nuevas generaciones dentro de un escenario global cada vez más incierto y demandante" (Pérez Ruíz 2014, 114).

Actualmente, los programas de formación de docentes de lenguas se ofertan en una variedad de contextos socioculturales, educativos, económicos, políticos e institucionales. Estos contextos son esenciales para el diseño curricular, la implementación y la aportación de estos programas. Por ello, los programas de formación docente de lenguas deben pensarse más allá del marco de la universidad tradicional, enfatizando que los futuros docentes de lenguas necesitan responder a un mundo cada vez más diverso, movible, desigual y globalizado. Para poder responder a estas necesidades, los programas de formación deben construirse basados en resultados de investigación no sólo acerca de profesores de lenguas sino también de los formadores de docentes.

En Latino América, otro desafío para la formación docente y profesionalización de la enseñanza de lenguas es la diversidad social y cultural, así como la desigualdad que se vive en los ámbitos escolares (Aguiar Nery 2015; Valladares 2019). Por ejemplo, el reconocimiento gubernamental de que México, como otros países en Latinoamérica y Europa, es un país pluricultural y multilingüe nos hace reconsiderar que en los procesos de formación docente y profesionalización debemos reflexionar profundamente sobre nuestros estudiantes en condiciones de diversidad y desigualdad cultural, social, física y lingüística (Villa Levre 2014 en Aguilar Nery 2015).

Por tanto, el desarrollo profesional docente debe asumirse como procesos multidimensionales y complejos. Comúnmente, se ha abordado este con capacitación formal, cursos, posgrados, entre otros. Sin embargo, las investigaciones sobre este tema identifican que los profesores requieren estrategias más complejas y tiempos más largos para construir y reconfigurar sus prácticas docentes (Valladares y Roux 2016). Por lo tanto, la investigación docente se considera como una modalidad de desarrollo profesional continuo que permita a los docentes y a los formadores de docentes explorar problemáticas educativas situadas.

En este contexto de desafíos, los espacios académicos como esta publicación buscan promover la discusión de experiencias colegiadas basadas en resultados de investigación en nuestros contextos, a fin de influir en la toma de decisiones para la implementación de políticas lingüísticas en torno a la formación docente y profesionalización de docentes para la enseñanza de lenguas.

Este libro se divide en dos partes. La primera revisa investigaciones sobre estudiantes, docentes y experiencias de formación docente y desarrollo profesional. La segunda parte presenta estudios que pueden promover el desarrollo profesional de docentes.

En la primera parte, Moreno Carrasco y Roux exploran el tema de agencia de docentes en el PRONI en Sonora. A su vez, Ochoa Gutiérrez y Gutiérrez Gutiérrez analizan experiencias de educación continua de docentes de lenguas extranjeras en universidades privadas en el centro de México. Gutiérrez Aceves y Díaz de la Garza estudiaron las estrategias que utilizan los docentes de inglés para lograr la inclusión de los alumnos en Chiapas. Cortes Sánchez y Pérez Barradas investigan la formación y experiencia de docentes de lenguas extranjeras sobre la evaluación de lenguas en un Centro de Lenguas en una de las universidades más grandes de México.

Además, se investiga a los estudiantes de programas de formación docente. Por ejemplo, Ramírez Balderas analiza a través de narrativas los motivos de los estudiantes para elegir su carrera docente. Dos de estos trabajos investigan el acompañamiento en las prácticas docentes. Por una parte, Velasco Argente estudia la percepción de los estudiantes de un programa de formación docente sobre LA mentoría en su práctica docente en una universidad de Quintana Roo. Otros estudios abordan diversos temas respecto a los estudiantes den programas de formación de docentes, por ejemplo, Vázquez Carranza y Villalobos González, a través de un análisis conversacional, estudian el tipo de estrategias interaccionales del docente para lograr una mayor efectividad pedagógica. Por su parte, Pérez Rodríguez y Olguín Díaz presentan los resultados de un taller piloto para la certificación de inglés en una licenciatura de formación docente. Finalmente, en la primera parte, Cucurachi Montezuma, Muñoz Cortes y Peña

Torres investigan las perspectivas de administrativos, docentes y estudiantes respecto a las competencias lingüísticas e interculturales requeridos para el proceso de internacionalización del docente de lenguas.

La segunda parte incluye reportes de investigación sobre diversos procesos de enseñanza y aprendizaje de lenguas. Méndez García, Archundia Pérez y Olguín Díaz analizan las percepciones de los estudiantes de licenciatura de contaduría respecto a los componentes de lengua extranjera en el examen de admisión. Narváez Trejo, Núñez Mercado y Estrada Sánchez analizan en un programa de formación docente las percepciones y actitudes de los profesores de inglés hacia el uso de las TIC en su vida académica. Posada Ortiz, con una perspectiva decolonial, investiga los sentidos de comunidad de estudiantes de formación docente en Colombia. de En un Complejo Regional de una universidad pública del centro de México, Romero Fernández y Villanueva Méndez evalúan la implementación del modelo de *Flipped Classroom* en el área de salud. En Guadalajara, Quintero Ramírez y Castro Yañez analizan la presentación de un tema gramatical en cuatro libros de texto. Mata Vicencio y Sánchez Huerta analizan las estrategias discursivas utilizadas por docentes de inglés para fomentar la participación y la interacción en el aula de lengua extranjera en campus regional de la Universidad Veracruzana. Temoltzin Espejel y Rodríguez Garza analiza la producción escrita de estudiantes de español como lengua extranjera. En un estudio longitudinal, Rugerio Valerio, Encinas Prudencio y Puón Castro investigan los diarios escritos en inglés por estudiantes de una preparatoria publica México. Finalmente, Carrasco Altamirano, Serrano Acuña y Villaseñor Palma revisan planteamientos de libros de texto gratuito de lengua en el nivel básico en México.

Esta publicación incluye estudios en una variedad de contextos socioculturales, educativos e institucionales realizados en México y Latinoamérica con diversos diseños metodológicos y abordados desde diferentes perspectivas teóricas con un fin común. De manera que en el actual contexto de desafíos buscamos promover el intercambio, discusión de experiencias y resultados de investigación y reflexión a fin de influir en la toma de decisiones para la implementación de políticas lingüísticas en torno a la formación docente y profesionalización de docentes para la enseñanza de lenguas.

REFERENCIAS

Aguilar Nery, J. *Desafíos de la investigación en formación docente del nivel medio superior en México*. Perfiles Educativos, vol.37, n. spe, 2015, pp.89-107

Johnson, K.E y Golombek, P. R. *Informing and transforming language teacher education pedagogy,* vol. 24, no. 1, 2018, pp. 116-127.

Mendoza-Valladares, J.L. y Roux R. *La investigación docente y el desarrollo profesional continuo: un estudio de caso en el noreste mexicano.* Innovación Educativa, vol. 16, no. 70, 2016, pp. 43-60.

Mendoza-Valladares J. L. *Escenarios prospectivos de la universidad pública en México.* Educiencia. Humanidades y Ciencias de la Conducta, vol 4, 2019, pp. 06-18

Pérez Ruiz, A. *La profesionalización docente en el marco de la reforma educativa en México: sus implicaciones laborales.* El Cotidiano, no. 184, 2014, pp. 113-120.

Velaz de Medrano, C y Villant Denise. *Aprendizaje y Desarrollo Profesional. Docente.* Santillana, 2009.

INTRODUCTION

Why This Publication?

Veronica Sánchez Hernández BUAP, Mexico
Fatima Encinas Prudencio, BUAP, Mexico
José Luis Ortega, University of Granada, Spain

Over the past decade, interest in language teacher education and professionalization programs has increased significantly, mainly due to global educational reforms, which have been driven by internationalization, multilingualism and the rise of new literacies.

These reforms, based on the challenges of the knowledge society and of networks, have created the need to re-assess and reconceptualize teacher education and professional teacher development as a "fundamental connection to teaching" (Bryant et al., 2008; Vélaz de Medrano & Vaillant, 2009; Espinosa, 2012; Johnson and Golombeck, 2018). The main objective is then "to prepare the new generations within an increasingly uncertain and demanding global scenario" (Pérez Ruíz, 2014, p 114).

Currently, language teacher education programs are offered in a variety of sociocultural, educational, economic, political, and institutional contexts. These cont Currently, language teacher education programs are offered in a variety of sociocultural, educational, economic, political, and institutional contexts. These contexts are essential for the curriculum design, implementation and contribution of these programs. Therefore, language teacher education programs should be thought out beyond the framework of the traditional university, emphasizing that future language teachers need to respond to an increasingly diverse, changing, unequal and globalized world. To respond to these needs, training programs must be built on research results, not only for language teachers, but also for teacher educators.

In Latin America, another challenge for these programs and professionalization of language teaching is social and cultural diversity, as well as inequality in school settings (Aguiar Nery, 2015; Valladares 2019). For example, the government recognition that Mexico, like other countries in Latin America and Europe, is a multicultural and multilingual country makes us reconsider that in the processes of teacher education and professionalization, we must reflect deeply on our students in conditions of cultural, social, physical and linguistic diversity and inequality (Villa Levre, 2014 in Aguilar Nery, 2015).

Therefore, professional teaching development must be assumed as multidimensional and complex processes. Commonly, this has been addressed with formal training, courses, postgraduate courses, among others. However, research on this topic identifies that teachers require more complex strategies and longer times to build and reconfigure their teaching practices (Valladares and Roux, 2016). Teaching research is therefore seen as a form of continuous professional development that allows teachers and teacher educatots to explore identified educational problems.

In this challenging context, academic spaces such as this publication seek to promote the discussion of collegiate experiences based on research results in our contexts, to influence decision-making for the implementation of language policies in teacher education and professionalization for language teaching.

This book is divided into two parts. The first reviews research on students, teachers and experiences of teacher training and professional development. The second presents studies that can promote the professional development of teachers.

In the first part, Moreno Carrasco and Roux explore the subject of teacher agency in PRONI (the national English program of Mexico) in Sonora. In turn, Ochoa Gutiérrez and Gutiérrez Gutiérrez analyze experiences in continuing education of foreign language teachers at private universities in central Mexico. Gutierrez Aceves and Díaz de la Garza studied the strategies used by English teachers to achieve the inclusion of students in Chiapas. Cortes Sánchez and Pérez Barradas research the training and experience of foreign language teachers in language assessment at a language center at one of the largest universities in Mexico.

In addition, students are participants of research for teacher education programs. For example, Ramírez Balderas analyses through narratives the reasons for students to choose their teaching career. Two of these works research accompaniment in teaching practices. On the one hand, Velasco Argente studies students' perception of a teacher training program on mentoring in their teaching practice at a university in Quintana Roo. Other studies address various topics regarding students in teacher education programs, for example, Vázquez Carranza and Villalobos González, through a conversational analysis, study the type of interaction strategies of the teacher to achieve greater pedagogical effectiveness. Pérez Rodríguez and Olguín Díaz present the results of a pilot workshop for English certification in a teaching education degree. Finally, in the first part, Cucurachi Montezuma, Muñoz Cortes and Peña Torres research the perspectives of administrators, teachers and students regarding the linguistic and intercultural skills required for the process of internationalization of the language teacher.

Introduction

The second part includes research reports on various language teaching and learning processes. Méndez García, Archundia Pérez and Olguín Díaz analyze the perceptions of undergraduate accounting students regarding foreign language components in the admissions exam. Narváez Trejo, Núñez Mercado and Estrada Sánchez discuss the perceptions and attitudes of English teachers in a teacher education program towards the use of ICT in their academic life. Posada Ortiz, with a decolonial perspective, researches the sense of community upon teaching students in Colombia. In Guadalajara, Quintero Ramírez and Castro Yañez discuss the presentation of a grammar topic in four textbooks. Mata Vicencio and Sánchez Huerta analyze the discursive strategies used by English teachers to encourage participation and interaction in the foreign language classroom in the regional campus of the Universidad Veracruzana. Temoltzin Espejel and Rodríguez Garza analyze the written production of students of Spanish as a foreign language. In a longitudinal study, Rugerio Valerio, Encinas Prudencio and Puón Castro research the journals written in English by students at a public high school in Mexico. Finally, Carrasco Altamirano, Serrano Acuña and Villaseñor Palma review approaches of free language textbooks at elementary level in Mexico.

This publication includes studies in a variety of sociocultural, educational, and institutional contexts carried out in Mexico and Latin America, with various methodological designs and approaches from different theoretical perspectives. Therefore, in the current context of challenges, we seek to promote the exchange, discussion of experiences and results of texts are essential for the curriculum design, implementation and contribution of these programs. Therefore, language teacher education programs should be thought out beyond the framework of the traditional university, emphasizing that future language teachers need to respond to an increasingly diverse, changing, unequal and globalized world. To respond to these needs, training programs must be built on research results, not only for language teachers, but also for teacher educators.

In Latin America, another challenge for these programs and professionalization of language teaching is social and cultural diversity, as well as inequality in school settings (Aguiar Nery, 2015; Valladares 2019). For example, the government recognition that Mexico, like other countries in Latin America and Europe, is a multicultural and multilingual country makes us reconsider that in the processes of teacher education and professionalization, we must reflect deeply on our students in conditions of cultural, social, physical and linguistic diversity and inequality (Villa Levre, 2014 in Aguiar Nery, 2015).

Therefore, professional teaching development must be assumed as multidimensional and complex processes. Commonly, this has been addressed with formal training, courses, postgraduate courses, among others. However, research on this topic identifies that teachers require more complex strategies and longer times to build and reconfigure their teaching practices (Valladares and Roux, 2016). Teaching research is therefore seen as a form of continuous professional development that allows teachers and teacher educatots to explore identified educational problems.

In this challenging context, academic spaces such as this publication seek to promote the discussion of collegiate experiences based on research results in our contexts, to influence decision-making for the implementation of language policies in teacher education and professionalization for language teaching.

This book is divided into two parts. The first reviews research on students, teachers and experiences of teacher training and professional development. The second presents studies that can promote the professional development of teachers.

In the first part, Moreno Carrasco and Roux explore the subject of teacher agency in PRONI (the national English program of Mexico) in Sonora. In turn, Ochoa Gutiérrez and Gutiérrez Gutiérrez analyze experiences in continuing education of foreign language teachers at private universities in central Mexico. Gutierrez Aceves and Díaz de la Garza studied the strategies used by English teachers to achieve the inclusion of students in Chiapas. Cortes Sánchez and Pérez Barradas research the training and experience of foreign language teachers in language assessment at a language center at one of the largest universities in Mexico.

In addition, students are participants of research for teacher education programs. For example, Ramírez Balderas analyses through narratives the reasons for students to choose their teaching career. Two of these works research accompaniment in teaching practices. On the one hand, Velasco Argente studies students' perception of a teacher training program on mentoring in their teaching practice at a university in Quintana Roo. Other studies address various topics regarding students in teacher education programs, for example, Vázquez Carranza and Villalobos González, through a conversational analysis, study the type of interaction strategies of the teacher to achieve greater pedagogical effectiveness. Pérez Rodríguez and Olguín Díaz present the results of a pilot workshop for English certification in a teaching education degree. Finally, in the first part, Cucurachi Montezuma, Muñoz Cortes and Peña Torres research the perspectives of administrators, teachers and students regarding the linguistic and intercultural skills required for the process of internationalization of the language teacher.

The second part includes research reports on various language teaching and learning processes. Méndez García, Archundia Pérez and Olguín Díaz analyze the perceptions of undergraduate accounting students regarding foreign language components in the admissions exam. Narváez Trejo, Núñez Mercado and Estrada Sánchez discuss the perceptions and attitudes of English teachers in a teacher education program towards the use of ICT in their academic life. Posada Ortiz, with a decolonial perspective, researches the sense of community upon teaching students in Colombia. In Guadalajara, Quintero Ramírez and Castro Yañez discuss the presentation of a grammar topic in four textbooks. Mata Vicencio and Sánchez Huerta analyze the discursive strategies used by English teachers to encourage

Introduction

participation and interaction in the foreign language classroom in the regional campus of the Universidad Veracruzana. Temoltzin Espejel and Rodríguez Garza analyze the written production of students of Spanish as a foreign language. In a longitudinal study, Rugerio Valerio, Encinas Prudencio and Puón Castro research the journals written in English by students at a public high school in Mexico. Finally, Carrasco Altamirano, Serrano Acuña and Villaseñor Palma review approaches of free language textbooks at elementary level in Mexico.

This publication includes studies in a variety of sociocultural, educational, and institutional contexts carried out in Mexico and Latin America, with various methodological designs and approaches from different theoretical perspectives. Therefore, in the current context of challenges, we seek to promote the exchange, discussion of experiences and results of research and reflection to influence decision-making for the implementation of language policies regarding teacher education and teacher professionalization for language teaching.

CHAPTER 1

Exploring Teacher Agency in the National English Program for Basic Education in Sonora

Silvia Selene Moreno Carrasco and Ruth Roux

INTRODUCTION

Agency is a concept that has been debated from different perspectives either by trying to understand its purpose or undermining its relevance (Ahearn; Locke qtd. in Emirbayer and Mische 964). Examples on how this dichotomy has influenced the analysis of agentic behavior can be seen in diverse disciplines, such as sociology, psychology and anthropology, having in common their interest in human interaction. This sociocultural approach looked at the idea of agency as involving actions such as adaptation to the context and its adequation taking into consideration previous knowledge. In a few words, agency can be understood as the capacity people possess to act in the different contexts they interact, aiming to achieve their goals while trying to relate to the goals of the people around them, as well as being aware of their social limitations (Ahearn; Campbell; Lier).

Locke's reflections on human behavior tell us that humans' ability to adapt to their surroundings and obtain what is needed from there, is an important characteristic of human agency, which may not necessarily be bonded to only individual habits, but also through social interactions (Emirbayer and Mische 964). Furthermore, Ahearn, suggests human agency should be explored through different contexts and in different moments of life if we want to reach a better understanding of how agency is achieved and what factors hinder or promote it (130).

This study focuses on the concept of agency in education; more specifically in the teaching process, which demands knowledge on how to make different decisions regarding how teachers teach their lessons according to their students' needs, following language policies and school's regulations. This ongoing decision-making process involves choices in a particular context, this has been described as teacher agency.

There have been multiple research studies aimed at trying to understand agency and its effect on teaching beliefs (Biesta, Priestley and Robinson; Hamid,

Zhu and Baldauf; Malinberg and Hagger), teachers' identity (Francis and Roux; Kang; Kayi-Ayda; Li and DeCosta; Liao; Oswald and Perald), or teachers' professional development (Allen; Biesta and Tedder; Hamid and Nguyen; Kimber, Pillay and Richards; Noonan; Riveros, Newton and Burgess; Stewart; Van der Nest, Long and Engelbrecht; Walter and Gerson). Their conclusions share the view that teachers represent an important factor in education, and their agency should be extensively studied if education is to be improved in the long term. Some of these studies also found that, in most cases the courses offered to teachers have been inadequate to teachers' characteristics and needs. Based on these results, an importance of rising awareness on how agency is achieved and exercised is stated, in order to design a course of action to offer the variety of training that most likely teachers will be needed, guiding teachers on how to act depending on their needs, the needs of their students, the goals to be achieved, and the resources available (Biesta and Tedder 146).

This study aims to understand and analyze agency in English teachers from public elementary schools in Sonora. Additionally, it is intended to give information on how they exercise their agency in their classrooms, and which factors seem to affect the achievement of their agency.

TEACHER AGENCY

Campbell defines teacher agency as a commitment the teacher makes when deciding how she will present her lessons, and this is usually guided by her beliefs, values and knowledge (183). This commitment is constructed from the context where the teacher is working, as mentioned by Kalaja, Barcelos, Aro, and Ruohotie-Lylty, where agency is exercised by teachers, sometimes in company with their students, in connection to how teaching is being carried out and the type of activities presented, considering students' needs (151). Hence, the teacher is described as a mediator of knowledge, where her level of agency is seen from how the available resources are used; in language teaching, Calvert's view of agency complements the former, taking agency in language teaching as an interaction of an individual with society, allowing cognitive and cultural growth, both important characteristics to consider when assessing the use of the target language in the classroom (4). Calvert adds to this sociocultural view of teacher agency, by stating that teacher agency also involves an interest in professional growth, that individual teachers regard as valuable not only for themselves as individuals, but also for their colleagues. Furthermore, Ostorga believes teacher agency is developed and exercised fully in a context where teachers can grow professionally and where their opinions are valued, giving them confidence to act according to the guidelines established by policy makers and schools (75).

Despite coming from different perspectives, the different concepts of human agency and teacher agency share the idea that agency is the ability a person possesses when acting in a specific context, and that ability is influenced by the knowledge and experience of a person, this globalized concept is based on an ecological perspective of agency in education.

AN ECOLOGICAL MODEL OF AGENCY

This study is based on an ecological model of agency in education presented by Priestley, Biesta, Philippou and Robinson, which is in turn based on the Chordal Triad of Agency, from Emirbayer and Mische, and in the ecological approach from Biesta and Tedder.

Emirbayer and Mische define agency as a social process, where the interaction of an individual in any given context is affected by past experiences, while considering future goals, and making use of the resources from the present (1012). The authors refer to these moments in an individual's life as dimensions, and they are called the iterational dimension, the projective dimension, and the practical-evaluative dimension, respectively. These dimensions interact with each other at different levels, depending on the situation presented, and they do not necessarily occur on a straight-line basis, that is, one person may favor one dimension over the other according to her needs, but ultimately taking elements from the three to complete the task. Consequently, though each dimension can be analyzed individually, a complete vision on how agency is being exercised is obtained through the analysis of all three dimensions interacting with each other.

Biesta and Tedder's Ecological Approach focuses on the attainment of agency, rather on what agency is, in a context where agency is achieved by the "result of individual efforts, available resources and the contextual and structural factors that arise in particular and unique situations" of each individual (137). This approach emphasizes the importance of life histories and professional experience to achieve agency in concrete situations available for individuals, who consider where they want to go (Priestley, Robinson and Biesta); thus, the concept of agency seems to be connected to the way "the individual internalizes her decisions, how she analyzes and reflects, based on past experiences and future trajectories" (Robinson). The ecological concept of this model comes from the idea that agency is achieved considering the present contextual conditions, and the individual's ability to respond to these situations (Priestley, Robinson and Biesta).

Priestley, Biesta, Philippou and Robinson's ecological model to study agency based on the chordal triad of agency suggest an interaction of the three dimensions presented by Emirbayer and Mische, understanding agency as a phenomenon influenced by the past, with future orientations, without forgetting present situations; i.e., agency is viewed as a temporal-situational-contextual relationship with the objective of defining a plan of action. Priestley et al. add to each dimension a series of elements that allow agency to be achieved in an educational context, as can be seen in Figure 1.

Fig 1: Model to Understand the Development of Agency

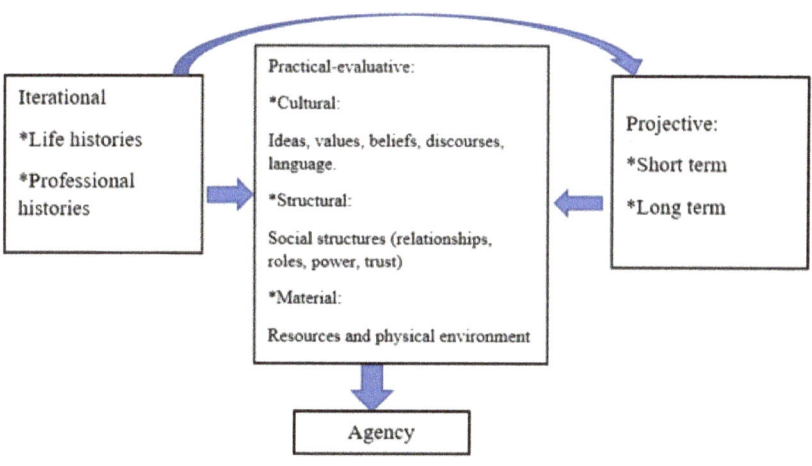

Source: Priestley et al (2015)

The basis of the theoretical model developed in this study starts from the belief that agency is achieved from a series of actions an individual completes in a specific context, with certain resources and acknowledging personal experiences (Biesta and Tedder 7), which are not to be examined independently from one another; rather, an analysis in conjunction allows the researcher to identify which dimension is favored in specific contexts (Emirbayer and Mische 963). Therefore, this study seeks to describe how English teachers from public elementary schools in Sonora exercise their agency, while trying to identify which factors have an effect on teacher agency and how those factors interact with the context where they work.

The theoretical model proposed here is based on elements believed to have an effect on the exercise of teachers' agency, considering the dimensions presented in the chordal triad of agency. The iterational dimension of teachers' work includes personal skills and knowledge, professional and personal beliefs, and values. Teachers' academic background represents an important aspect to consider in decision making, and teachers with long working experience are believed to have more elements to take into practice.

The projective dimension of teachers' work includes teachers' short-term and long-term aspirations towards students' achievements and their professional stability. Here, motivation and beliefs are important as well, since having a high degree of motivation, allows teachers to create stronger aspirations.

The practical-evaluative dimension of teachers' work describes teachers' daily activities, identifying elements from their current situation that allow the development of agency, considering that teachers are constantly exposed to decision making and sometimes, the decisions taken may go against their aspirations, of they might feel forced into arbitrary regulations, making it difficult for them to balance school's conception of work, with the reality they have in their classrooms.

The dimensions and their elements have been adapted to the needs of this study, and as can be seen in Figure 2, they are interacting with each other at the same level to promote the exercise of agency, being agency evident through teachers' actions in the classroom.

Figure 2: Agency in Elementary School English Teacher

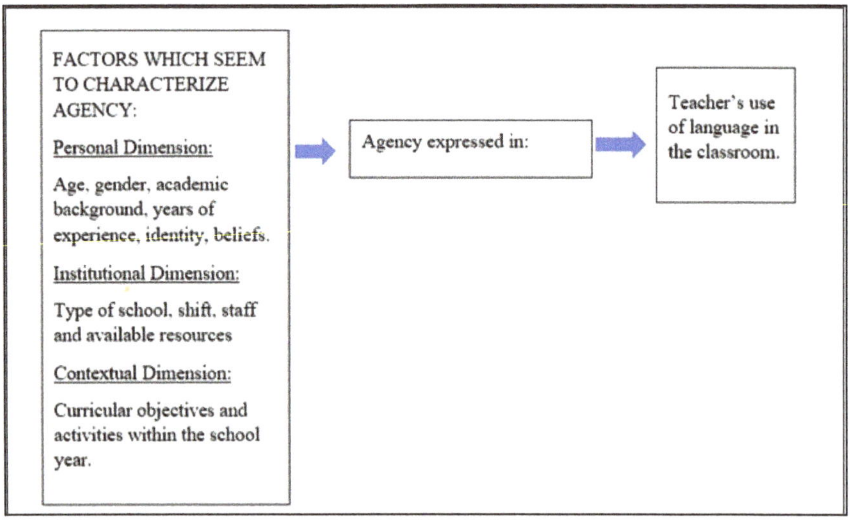

```
FACTORS WHICH SEEM
TO CHARACTERIZE
AGENCY:                                          Teacher's use
                                                 of language in
Personal Dimension:       →  Agency expressed in:  →  the classroom.

Age, gender, academic
background, years of
experience, identity, beliefs.

Institutional Dimension:

Type of school, shift, staff
and available resources

Contextual Dimension:

Curricular objectives and
activities within the school
year.
```

Source: Own proposal, based on Priestley et al (2015)

METHODOLOGY

This study aimed to identify the factors that seemed to describe the exercise of agency in English teachers working in elementary public schools during the planning, development and assessment of their classes; these teaching moments are mentioned by Ruothie-Lyhty (qtd. in Kalaja et al.151) and Trent (6), as evidence of teacher's agency in the classroom. The approach followed to achieve this aim was a constructivist qualitative approach. This type of approach allows the exploration of a situation where the variables cannot be measured in an absolute manner, and a more detailed analysis of the problem is required. This analysis can be better developed through the direct interaction with the people involved and their context. Being the aim focusing in the exploration of social behavior in specific contexts from the perspective of participants, aiming to understand not only the behavior but also the way context plays a role in that behavior (Creswell; Denzin and Lincoln; Mcmillan and Schumacher; Schwandt).

To establish objectivity on this qualitative research, the strategy of inquiry followed was a multiple case study. A case study is suggested as a strategy when there is a specific situation being studied in a context determined by time, place and actors involved. This allows the researcher to obtain information based on the interaction of the different elements in the situation, and to enrich the development of the theory as the practice develops using different methods to collect data, such as observations, interviews and documents. Then, the researcher establishes reliability and depth in its results, as she is able to triangulate the information and describe the path from theory to practice in the analysis of the data collected (Hamel, Dufour and Fortin; McMillan and Schumacher; Stake; Yin). Within case studies, there is a categorization between single case and multiple case design, this latter also referred to as collective case study. In single case design, there is one unit of analysis, and the case represents a unique event; a collective case study focuses on various units of analysis, linked by a common phenomenon, and it was decided to consider them as collective because it is believed that they can lead to a better understanding of larger collection of cases (Stake; Yin). The design used in this study, then, was a collective case study design, compiled by various cases within the same situation.

The study was developed in seven schools from rural and urban areas in Sonora, involving a total of seven English teachers working in those public elementary schools. For the development of this study, maximum variation sampling was selected as the most appropriate way to select the samples that would "tell a story" about the exercise of agency in English teachers. Maximum variation sampling is done when the aim is to obtain information from different cases, looking for variation in certain characteristics while looking for patterns that seem to explain the situation under study, and this is a strategy suggested when studying abstracts concepts, such as agency, since the variations in the sampling could help the researcher identify similarities between the cases and describe the exercise of such concept (McMillan and Schumacher; Morse; Patton).

The participants were selected from their academic profile as established by the English State Program, and the availability of teachers in the area; resulting in two teachers with a degree in Education issued by an official teacher training institution, two teachers with a degree in English Language Teaching, and three teachers with professional studies other than education (see Figure 3).

Figure 3: Teachers' Academic Profile

TEACHERS	TYPE OF SCHOOL	PROFILE	DESCRIPTION
1	Urban	A	Teaching degree from Escuela Normal, Basic education.
2	Urban		
3	Urban	B	Teaching degree in English Language Teaching
4	Rural		
5	Urban	C	Other degree
6	Rural		
7	Rural		

Source: Own proposal

The methods used for this study were observations and interviews, with the purpose of allowing a richer description of the case and provide credibility in its results. Observations are a useful method to notice details while being on the field; while interviews provide a certain degree of control regarding the information needed from the participants (Creswell).

The type of observation carried out was a participant observation, aiming to describe and interpret the reality observed during the lessons (Gillham; Yin). Before the observations, the purpose of the study was explained to the teachers, as a manner of easing the possible feeling of intrusion teachers may feel while being observed. A total of three observations with each teacher were conducted were the aim was to describe the setting and the interactions observed, and to analyze the development of the lesson in order to identify actions in the exercise of agency in teachers. The dates for the observation and the groups being observed were scheduled by the teachers according to their own preferences.

To allow the participant to describe in-depth their ideas on the topic, this study developed an interview following the one used by Oolbekkink-Marchand, Hadar, Smith, Helleve and Ulvik in their study about teachers' perceptions on their agency and working place. Their study aimed to understand and describe teachers' perceived professionalism in a context where standardization of teaching was becoming more common. The interview they developed was semi-structured, and the aim was for teachers to talk about their professional lives, their motivation to teach and the experiences lived during the observations. The interview was divided into three sections: agency moments, motivations to teach and reasons for choosing the school, and professional identity. The type of questions allowed participants to reflect on their practice, and the structure of the interview allowed the researcher to adapt the questions to the specific situation of each participant. The structure of their study fit the purpose of this research; thus, it was decided to follow the general development of their own interview guide. The interviews took place after the observations, and they were recorded with the permission of the teachers. Before the interview, participants were reminded of the objective of the study, and they decided if the interview was to be conducted in English or in Spanish.

The questions guiding this research are first, how agency is exercised in the English teachers previously mentioned, focusing on how they plan, give and evaluate their lessons; and second, which factors seem to explain the decisions they make, if there are specific factors which allow them to make curricular-appropriate decisions.

To try to find answer to those questions, the data collected through the methods described was analyzed through the development of a code of categories, following the guide from McMillan and Schumacher, being the first step to analyze the data as a whole, taking notes of the information found; then, identifying main themes, comparing trying to avoid duplication; after this, a code is assigned to each theme to analyze the results and try to identify patterns.

Class observations were coded following the instrument proposed by Jarvis, and discussed by Allwright; on his instrument, Jarvis states that it "assumes that teaching effectiveness is in part attributable to the teacher's choice of behaviors and their frequency of use" (qtd. in Allwright 13). The purpose of this instrument, which focuses on the use of the target language in two categories, real language categories, and drill language categories, as well as the use of the students' first language, is to describe teaching behavior connected to the achievement of course objectives. Another important characteristic of this instrument, as highlighted by Allwright, is that it maintains a separation from any teaching method being followed in the classroom, making this appropriate to use in different contexts and in different times. For this study, identifying the elements of behavior involved showed how teachers exercised their agency in the classroom and if the factors proposed as a model for this study influence their behavior.

Interviews were recorded and transcribed looking for accuracy; then, the information was analyzed and categorized following the model proposed for this study, trying to identify the factors that may correspond to each dimension from the model, while analyzing where those factors seem to come from, and if they have an effect on the curricular decisions taken in class.

FINDINGS AND DISCUSSION

Agency was observed through the decisions made by teachers in their daily activities, regarding their interaction with their students and the objectives they wish to accomplish, in the specific context where they taught.

The first question was answered through the analysis of the classroom observations. These were coded following Jarvis' model of language classroom observations as presented by Allwright, which was developed under the belief that effective achievement of the lesson's aims could be the result of teachers' decisions on how the information was presented and practiced.

The data found from the observations was analyzed by categories following Jarvis's model and looking to give an answer to the question of how teachers in public elementary schools in Sonora exercise their agency. The categories were divided in three groups: 1) real language categories, where teachers used the target language to interact with students in different situations; 2) drill language categories, where teachers provided examples on how to use the target language; and 3) use of L1, where teachers use Spanish to clarify or reinforce a concept.

The objective of the interview was to answer the second research question referring to which factors explained the decisions teachers made in the classroom and identify if there were factors that led to making more curricular-appropriate decisions. The codification of the interviews was based on the three dimensions affecting the exercise of agency, as seen in the theoretical model proposed in this study, namely Personal, Institutional and Contextual dimensions; the aim was to try to identify patterns in teachers' behavior that could lead to the identification of factors having an effect on their agency.

After the analysis, it was found that teachers in rural schools were more empathetic with their students and praised their efforts using the language often; these teachers model the language as much as possible, using visuals and drilling techniques and tried to avoid the use of Spanish. It was found that the teachers from these schools had been teaching in public Elementary schools for more than ten years, being the years of experience a factor that seems to have relevance in the exercise of agency, since there was a teacher from an urban school with similar number of years of experience, who presented a similar behavior on the lessons observed, using visuals, body language and repetition to avoid the use of Spanish and to model the use of English to students.

Teachers with less than five years working in the English program used Spanish to clarify instructions, to ask specific questions about meaning of words, and to correct students' behavior; being an exception the teacher with a career in ELT, who only used Spanish to clarify one question a student had about the structure of the English language.

It was found from the interviews that teachers shared teaching beliefs about the importance of creating positive learning environments and creating a bond with their students to make them feel comfortable in the classroom. They also shared their enjoyment of being teachers, despite not being their first career choice in some cases. When referring to the professional development courses offered by the English program, the teacher with the ELT career and one of the teachers with a teaching experience mentioned that the trainings had been useful, but not as appropriate or successful as they had wished, deeming them too general or repetitive.

Another important factor influencing the exercise of agency is related to having their own space to work in the school; this was observed with teachers who have an English classroom and with teachers who had the opportunity to select the school in which they wanted to work. In both cases, teachers felt more confident about their role in the school; additionally, a more constant interaction with their students during the lessons was observed, including the use of different materials, such as flashcards, audios and the board to complement their lessons.

All teachers had been working for more than three years in public elementary schools; hence, they had experience working with the official curricula and the English textbooks. They made adaptations to the program according to students' needs, and the teachers with more experience used the textbook less often, bringing into the classroom additional resources, such as handouts, to comply with the curricular objectives, but making it more meaningful for their students.

Overall, it seems that teachers' exercise of agency was affected mainly by the context in which they worked and their years of experience in public elementary schools; this last factor gave evidence that teachers with more experience interacted more confidently in the classroom, and made adaptations to the lesson "on the spot" when students were having difficulties following the task. Another factor influencing their agency was their academic background, observed in the teachers with an ELT and teaching career and their use of routines and simple language to elicit participation from their students in the target language. Finally, it was observed that trainings received by the English Program had an effect in the development of the lessons since all teachers began their lessons in similar ways, eliciting the date after greeting students.

This study was developed from a small sample of teachers from the State of Sonora, and the data gathered represents the first stage of a more thorough project. It is recommended that more longitudinal studies should take place in order to explore how teachers from different contexts exercise their agency and the factors which affect it.

CONCLUSION

From these results, we could observe that agency may be better exercised in environments in which teachers feel comfortable and professionally accepted; thus, a space which enables teachers to exert their agency should be promoted, particularly if thinking of Calvert's concept of teacher agency which involves teachers' own awareness of improvement and their motivation towards growing professionally as individuals and within their school community.

As stated by Priestley, Biesta and Robinson, "teacher agency is desirable for the simple reason that if it works well it contributes significantly to the overall quality of education" (147). Hence, identifying patterns of action and characteristics of agency in practice in different contexts and at different times, looking not only to define agency, but also, and more importantly, to describe how agency is achieved, and what can be done to create more possibilities for the development and exercise of teacher agency could improve the quality of education in the long term (Ahearn; Biesta and Tedder; Emirbayer and Mische; Ostorga)

REFERENCES

Ahearn, Laura. "Language and Agency." *Annual Reviews* 30.1 (2001): 109–137. Print

Allen, Linda Quinn. "Teacher leadership and the advancement of teacher agency." *Foreign Language Annals* 51.1 (2018): 240–250. Print.

Allwright, Dick. *Observation in the language classroom*. Oxon: Longman, 1993. Print.

Biesta, Gert, and Michael Tedder. "Agency and learning in the lifecourse: Towards an ecological perspective." *Studies in the Education of Adults* 39. 2 (2007): 132–149. Print.

Biesta, Gert, Mark Priestley, and Sarah Robinson. "The role of beliefs in teacher agency."

Teachers and Teaching 21. 6 (2015): 624–640. Print.

Calvert, Laurie. *Moving from compliance to agency: What teachers need to make professional learning work*. Oxford: Learning Forward and NCTAF, 2016. Print.

Campbell, Elizabeth. "Teacher Agency in Curriculum Contexts." *Curriculum Inquiry* 42. 2 (2012): 183–190. Print.

Creswell, John. *Research Design. Qualitative, Quantitative, and Mixed Methods Approaches.* Thousand Oaks: SAGE Publications, 2003. Print.

Denzin, Norman K., and Yvonna S. Lincoln. *The Landscape of Qualitative Research.* Thousand Oaks: SAGE Publications, 1998. Print.

Emirbayer, Mustafa and Ann Mische. "What Is Agency?" *American Journal of Sociology*, 103. 4 (1998): 962–1023. Print.

Francis, Dennis, and Adré Le Roux. "Teaching for social justice education: the intersection between identity, critical agency, and social justice education." *South African Journal of Education* 31.3 (2011): 299–311. Print.

Gillham, Bill. *Case Study Research Methods*. London: Continuum Books, 2000.

Hall, Joan Kelly, Gergana Vitanova and Ludmila Marchenkova, eds. *Dialogue with Bakhtin on Second and Foreign Language Learning.* Mahwa: Lawrence Erlbaum Associates, 2008. Print.

Hamel, Jacques, Stephane Dufour and Dominic Fortin. *Case Study Methods*. Newbury Park: SAGE Publications, 1993. Print.

Hamid, M. Obaidul and Hoa Thi Mai Nguyen. "Globalization, English language policy, and teacher agency: Focus on Asia." *International Education Journal: Comparative Perspectives* 15. 1 (2016): 26–44. Print.

Hamid, M. Obaidul, Lingyan Zhu and Richard Baldauf. "Norms and varieties of English and TESOL teacher agency." *Australian Journal of Teacher Education* 39. 10 (2014): 77–95. Print.

Kalaja, Paula et al. *Beliefs, Agency and Identity in Foreign Language Learning and Teaching.* London: Palgrave MacMillan, 2015. Print.

Kang, Grace. *The Power of Teachers: Exploring Identity, Agency, and Collaboration in the Context of Literacy.* Diss. University of Illinois at Urbana-Champaign, 2015. Print.

Kayi-Aydar, Hayriye. "Teacher agency, positioning, and English language learners: Voices of pre-service classroom teachers." *Teaching and Teacher Education* 45 (2015): 94–103. Print.

Kimber, Kay, Hitendra Pillay and Cameron Richards. "Reclaiming Teacher Agency in a Student-Centred Digital Word." *Asia-Pacific Journal of Teacher Education* 30.2 (2002): 155–167. Print.

Li, Wendy, and Peter De Costa. "Professional Survival in a Neoliberal Age: A Case Study of an EFL Teacher in China." *The Journal of Asia TEFL* 14.2 (2017): 277–291.

Lier, Leo Van. Agency in the classroom. *Sociocultural theory and the teaching of second languages*, Equinox, 2008. Print.

Malmberg, Lars-Erik, and Hazel Hagger. "Changes in student teachers' agency beliefs during a teacher education year, and relationships with observed classroom quality, and day-to-day experiences." *British Journal of Educational Psychology* 79.4 (2009): 677–694. Print.

McMillan, James and Sally Schumacher. *Investigación Edcuativa.* Madrid: Pearson Education, 2005. Print

Morse, Janice. *Designing Funded Qualitative Research.* Thousan Oaks: SAGE Publications, 1998. Print

Noonan, James. *Teachers Learning: Engagement, Identity, and Agency in Powerful Professional Development.* Diss. Harvard University, 2016. Print

Ostorga, Alcione Negrao. *The Right to Teach: Creating Spaces for Teacher Agency.* Lanham: Rowman & Little Field, 2018. Print

Oswald, Marietjie and Mariechen Perold. "A teacher's identity trajectory within a context of change." *South African Journal of Education* 35.1 (2015): 1–8. Print.

Oolbekkink-Marchand et al. "Teachers perceived professional space and their agency." *Teaching and Teacher Education* 62 (2017): 37-46. Print.

Patton, Michael Quinn. *Qualitative Research and Evaluation Methods.* Thousand Oaks: SAGE Publications, 2002. Print.

Priestley, Mark et al. "The teacher and the curriculum: exploring teacher agency." *The SAGE Handbook of Curriculum, Pedagogy and Assessment*, (2015): 187-201. Print.

Riveros, Augusto, Paul Newton, and David Burgess. "A Situated Account of Teacher Agency and Learning: Critical Reflections on Professional Learning Communities." *Canadian Journal of Education* 35.1 (2012): 202–216. Print.

Robinson, Sarah. "Constructing teacher agency in response to the constraints of education policy: adoption and adaptation." *The Curriculum Journal* 23.2 (2012): 231–245. Print

Schwandt, Thomas. "Constructivist, Interpretivist Approaches to Human Inquiry." *The Landscape of Qualitative Research: Theories and Issues.* Thousand Oaks: SAGE Publications, 1998. Print

Stake, Robert. *The Art of Case Study Research.* Thousand Oaks: SAGE Publications, 1995.

Stewart, Kari. *The role of growth mindset and efficacy in teachers as change agents.* Saint Mary's College of California, 2018. Print

Trent, John, Xuesong Gao, and Mingyue Gu. *Language Teacher Education in a Multilingual Context*. Berlin: Springer, 2014. Print.

Van der Nest, Adri, Caroline Long, and Johann Engelbrecht. "The impact of formative assessment activities on the development of teacher agency in mathematics teachers." *South African Journal of Education* 38.1 (2018): 1–10. Print.

Walter, Jante and Hope Gerson. "Teachers' personal agency: Making sense of slope through additive structures." *Educational Studies in Mathematics* 65.2 (2007): 203–233. Print.

Yin, Robert. *Case Study Research: Design and Methods.* Thousand Oaks: SAGE Publications, 1994. Print.

Capítulo 2

Factores que Limitan la Educación Continua en el Contexto de la Educación Privada

Roberto Ochoa Gutiérrez y Benjamín Gutiérrez Gutiérrez

Introducción

El concepto de EC es indisociable del concepto de capital humano. La Organización para la Cooperación y el Desarrollo Económicos (OCDE 2008) reconoce esta relación señalando que el capital humano es la clave del crecimiento económico y cultural de cualquier país y cuando se invierte en capital humano y en educación se invierte en bienestar que se ve reflejado en la prosperidad económica, mayor empleo y la cohesión social.

Para dimensionar de mejor manera la importancia de la EC, es necesario partir de su concepto y definición. De acuerdo con la Asociación Nacional de Universidades e Instituciones de Educación Superior de México (ANUIES) la EC se define como:

> Una actividad académica organizada, dirigida a profesionistas o a personas con formación o práctica profesional, técnica o laboral acumulada, quienes insertas en el medio laboral, requieren no sólo de conocimientos teóricos o prácticos que obsolescen, sino de actitudes, hábitos y aptitudes para el mejor desempeño de su trabajo; es una opción educativa fuera del sistema formal, caracterizada por su alta calidad académica, innovada y recreada continuamente, flexible en sus programas, contenidos y métodos, que implica menos requisitos burocráticos y se da normalmente en tiempos intensivos, que independientemente de su acreditación o no, es motivada, principalmente por la responsabilidad de los profesionistas para prepararse continuamente para contribuir a la atención de las necesidades nacionales (45).

Este tipo de educación cobra significados particulares en el campo de la enseñanza de lenguas extranjeras como el inglés en universidades privadas. Cuando se habla de EC, es normal encontrar comunes denominadores tanto en el escenario privado como en el público; sin embargo, existen diferencias muy marcadas entre ellas que las hacen diametralmente opuestas y cuyo análisis es digno de discusión.

El problema que fundamenta esta investigación está cimentado en las situaciones que los docentes de lenguas extranjeras en universidades privadas experimentan ante su proceso de formación profesional. El presupuesto que rige este trabajo se fundamenta en la idea que los docentes de lenguas extranjeras (DLE) en el contexto privado acuden a sus cursos, seminarios, talleres o diplomados para capacitarse y actualizarse; no obstante, muchos de ellos lo hacen por razones que no responden a las razones deseables, es decir, capacitarse para aprender por el aprendizaje en sí mismo. Del razonamiento anterior, surge el supuesto de un aprendizaje por factores ajenos al aprendizaje *per se*, factores que responden a dimensiones familiares, sociales, laborales, entre otras.

Por lo tanto, el objetivo de este estudio es explicar las situaciones contextuales con mayor incidencia que experimentan los docentes de lenguas extranjeras durante el proceso de EC en contextos privados.

Marco Teórico

En este trabajo de investigación se propone abordar la relación del rol del DLE y su formación continua desde la sociología de las profesiones. Algunos de los conceptos empleados en este trabajo fueron adoptados y adaptados de la perspectiva teórica del Funcionalismo Estructuralista de Parsons y del Interaccionismo de Hughes y Strauss.

Del funcionalismo estructuralista de Talcott Parsons se emplearon las categorías de su aparato conceptual del estudio de los sistemas sociales. Estas categorías están compuestas por condiciones individuales, de personalidad, conductuales, sociales y culturales. De esta forma es posible reconocer que el rol profesional del maestro de inglés se encuentra condicionado y mediado por aspectos que van desde lo personal hasta lo cultural. El desempeño profesional, en este caso, la actividad de formación continua, es susceptible de ser estudiada desde la lógica parsoniana en la que una serie de situaciones que intervienen en el éxito o fracaso del ejercicio de aprendizaje a través de los cursos de EC.

Desde el Interaccionismo es posible reconocer que el ejercicio docente y todo lo que esté implicado alrededor, en este caso la EC, está directamente vinculado a la relación que existe entre el profesional y otros profesionales, entre el profesional y otros individuos a su alrededor y el profesional y su propia profesión. Desde esta mirada, es asequible caracterizar al DLE como un individuo que se desenvuelve en un contexto compuesto por factores de orden personal, familiar, cultural, social y laboral que ejercen una influencia directa o indirecta en su desempeño profesional, en este caso particular su proceso de EC.

Tanto el funcionalismo como el interaccionismo coinciden en los múltiples factores que inciden en la representación social de la profesión. Para entender la EC del profesional es necesario ser sensible a todos los elementos que orbitan alrededor del proceso y no solo en el proceso mismo.

Metodología

En el apartado metodológico, se optó por emplear un enfoque cualitativo debido a que el objetivo de este trabajo no es la generalización cuantificable o predictiva. En lo que refiere al método, se trata de una investigación documental con alcance exploratorio empleando la técnica de análisis de documentos y de contenidos. Para este propósito se empleó como instrumento un cuadro concentrador de doble entrada acompañado del uso del *Software* Maxqda en su versión 18. Se analizaron veinticinco artículos indexados en revistas nacionales e internacionales relacionadas con la EC.

Empleando el *Software* de análisis Maxqda se generó un sistema de códigos y subcódigos base para la nominalización de conceptos, información e ideas contenidas en los textos seleccionados y que fueron pertinentes a los objetivos que este trabajo persigue. Mediante el uso de los códigos antes referidos fue posible analizar segmentos de texto que se consideraron relevantes a la temática tratada en esta investigación, estos segmentos a su vez permitieron la generación de memos de información para la interpretación posterior. Una vez analizados los textos, se generó un reporte contenedor en el que se organizó la información procesada con el *Software* descrito anteriormente.

Empleando la saturación de categorías durante la revisión de los textos fue posible codificar la información para su clasificación, de esta forma los factores quedaron catalogados en diez dimensiones, las cuales se dividieron en: personal, familiar, laboral, tecnológica, social, institucional, formativa, profesional, metodológica, evaluativa las cuales a su vez se dividen en subcategorías las cuales serán descritas en el siguiente apartado.

Resultados

La revisión documental permitió clasificar los factores que limitan el proceso de EC en diez dimensiones principales que son: la dimensión personal, familiar, laboral, tecnológica, social, institucional, formativa, profesional, metodológica y evaluativa. A continuación, se reseñan algunos de los factores más relevantes de cada dimensión.

Dimensión Personal

Zona de Confort

Una categoría interesante producto de esta revisión documental es la relacionada con la zona de confort del docente. Forés Miravalles, Sánchez Valero y Sancho Gil definen a la zona de confort como "un espacio personal o un posicionamiento conformado por las actitudes, procedimientos y estrategias que habitualmente utilizamos y con las que nos sentimos cómodos" (206). Esto implica en el contexto del maestro de lenguas extranjeras, que el docente no esté dispuesto a prescindir de la comodidad que ciertas dinámicas le proporcionan y de privilegios de los cuales goza. Al verse en la necesidad de transitar por una educación permanente, el docente se enfrenta a una sensación de miedo producido por la idea de cambio; cambio de estrategias, cambio de metodología de trabajo o cambio de dinámica colectiva.

Cuando el docente se mantiene en su zona de confort, el aprendizaje se obstaculiza, se asume un posicionamiento de no estar dispuesto a lidiar con lo desconocido, con la incertidumbre, con lo no habitual. La determinación de innovar y aprender se ve coartada por una sensación de inseguridad que garantiza que prácticas caducas permanezcan en una constante repetición a lo largo de la vida profesional del maestro.

Percepción de no necesidad de mejora

Avanzando en este análisis, se halló que otro factor a considerar es una idea instalada de no necesidad de mejora. Cuando la práctica cotidiana es asumida como funcional, en términos laborales, el docente de lenguas extranjeras se adhiere a la falsa creencia que no existe nada depurable ni perfectible en su práctica docente diaria, Bajo esta lógica, Davini refiere que la sensación de que todo marcha como debe de marchar desdibuja la posibilidad de acceder a procesos de mejora; es así como se instaura una percepción subjetiva en la que la educación permanente es opcional. Este tipo de educación se reduce solo a una posibilidad tentativa, un camino optativo y no como un fundamento vertebral que debe regir la tarea docente. En resumidas cuentas, si no se piensa ni dimensiona el problema, es imposible reflexionar sobre la solución.

Experiencias anteriores desagradables

Este análisis está obligado a proceder con el siguiente punto que refiere a las experiencias previas que no fueron del todo agradables. Cuando el profesionista atraviesa por un proceso formativo que no cumplió sus expectativas académicas, que no fue útil para los objetivos planteados o que el formato no fue el deseado, se genera una tendencia a modificar actitudes frente a un evento similar futuro.

Adoptar una actitud negativa frente a eventos de aprendizaje influye directamente en el aprovechamiento académico, en la autoestima de quien aprende y su toma de decisiones (Romero Bojórquez y Utrilla Quiroz). En ese sentido, las experiencias previas inducen al profesional a asumir predisposiciones o actitudes que repercuten negativamente en su propio aprendizaje, así como potenciar un marcado rechazo a repetir o reintentar reconfigurar el concepto previo que se tenía de los cursos.

DIMENSIÓN FAMILIAR

Cuidar familia

La faceta familiar del profesionista juega un papel de suma importancia como un factor condicionante en su formación y capacitación. Esto se debe primordialmente a que el profesionista, al ser un ser social y familiar, debe desempeñar funciones y labores que se vinculan con el cuidado de la familia, particularmente de hijos o padres. El profesional pondera el costo beneficio que le acarrea anteponer su formación profesional a las prioridades del cuidado de su familia (Kara, Erdogdu, Koko y Cagiltay). Dentro de esta categoría se puede destacar recoger a los niños de la escuela, cuidarlos mientras la pareja trabaja o asistir al hospital para una cita médica de padres, pareja o hijos.

DIMENSIÓN LABORAL

Motivación (incentivos)

Por otro lado, un factor que prepondera como causa de resistencia para la participación e involucramiento en procesos de formación permanente es la no percepción de dinero extra. La mayoría de cursos de EC no generan una subvención o gratificación económica que repercuta y mejore el nivel de ingresos monetarios del profesional, es por ello que el DLE decide emplear su tiempo en actividades que refractan de manera directa en su economía (Bayo, Pascual y Gramage). El sueldo promedio de un docente hora clase es insuficiente para amortizar los gastos que implica la vida cotidiana, es por ello que, sin mayores reparos, el docente opta por desempeñar una actividad que remunere su tiempo y esfuerzo.

Varios trabajos

Resulta apropiado convenir que el profesional es un individuo que debe desenvolverse en diversas actividades. Dados los nuevos formatos y esquemas laborales (outsourcing / trabajo por hora clase), el profesional se ve en la necesidad de atender uno, dos o tres trabajos para sufragar sus gastos (Centro Europeo para el Desarrollo de la Formación Profesional). Cuando se pondera la decisión de dedicar tiempo a la formación profesional que no genera ninguna clase de aliciente económico inmediato o invertir un determinado número de horas para trabajar y obtener ganancias económicas, se opta por la segunda opción (Bayo, Pascual y Gramage). El compromiso y responsabilidad que se adquiere con las diferentes organizaciones o instituciones educativas en las que se encuentra adscrito el profesionista, limitan el rango de posibilidades formativas de las que podría disponer, esto se debe a una saturación de trabajo que afecta directamente su disponibilidad de tiempo (Kara, Erdogdu, Koko y Cagiltay).

Percepción de mayor exigencia

Existe una percepción generalizada, por parte de algunos profesionistas, que consiste en asumir que, por disponer de más conocimientos y habilidades, las exigencias institucionales hacia él o ella se incrementarán en comparación con alguien que no lo está. Esta aparente exigencia desmotiva al profesional a seguirse preparando para alcanzar un perfil profesional más completo, dejando que el falso presupuesto de esta mayor exigencia se instale como una constante en muchos DLE (Pérez Morales).

Sobrecarga de actividades

Para simplificar esta exposición, es necesario tener en cuenta que el profesional de la educación es un individuo con multiplicidad de actividades. El rol del maestro no se restringe únicamente a sus funciones de catedrático, el docente se desenvuelve como tutor, es decir como el acompañamiento que los estudiantes necesitan durante su estancia universitaria. Algunas de las tareas adicionales del maestro consisten en su participación en la investigación activa, lo que limita su disponibilidad de tiempo que podría ser invertido en su formación (Tejeda Fernández y Fernández Lafuente).

Entre otro conjunto de actividades que absorbe la atención de los profesionales se encuentra el fungir como acompañante de los estudiantes durante la creación de su proyecto de tesis ya sea como directores o como lectores. Por último, pero no menos importante, es que algunos profesionistas deben repartir su tiempo y disposición a su rol como empleados con algún cargo administrativo, alguna jefatura de departamento o la coordinación de un área específica. Esto sin contar las actividades fuera del aula entre las que despuntan la revisión de tareas, proyectos, productos y exámenes (Willging y Johnson).

Condicionamiento laboral

Durante la revisión documental, se halló que la EC en el contexto de la educación privada se presenta como un factor que condiciona la posibilidad de obtener un puesto de trabajo. Para los empleadores, es necesario que el profesionista que aspira a una plaza en una institución educativa, cuente con conocimientos actualizados y habilidades específicas, de lo contrario, sus oportunidades se reducen ante un candidato que sí cuente con ese perfil. Aunado a esto, esta modalidad educativa suele requerirse para la permanencia o recontratación del maestro. Los cursos de actualización y especialización docente se vuelven la moneda de cambio en materia de promoción laboral o en la obtención de puestos estratégicos dentro de la organización.

DIMENSIÓN TECNOLÓGICA

Miedo a dañar equipo costoso

Aunque parezca un aspecto de mínima relevancia, se dató que uno de los factores que condiciona el que el profesionista acceda, permanezca y culmine satisfactoriamente su proceso de formación profesional es el hecho de presentar temor generalizado a generar descomposturas en equipo de cómputo de alta gama, tabletas con *Software* especializado o algún otro dispositivo electrónico innovador cuando estos son incorporados en los cursos de EC presenciales o a distancia (Umaña Vargas). Esta particularidad tiene una incidencia mayor en los profesionistas de edad avanzada ya que los cambios tecnológicos son tan abruptos y súbitos que el profesionista se percibe rebasado por la tecnología. Esta situación genera un círculo vicioso debido a que el profesionista no se capacita porque desconoce el uso adecuado de los recursos tecnológicos a su disposición y no conoce los recursos tecnológicos porque no se capacita para ello.

Desconocimiento de aspectos técnicos y tecnológicos

Con el advenimiento de la revolución tecnológica, se ha reconfigurado el paradigma de la formación profesional. El aspecto tecnológico, en todas sus facetas, se ha instalado como el medio preferido para la capacitación. Desde la modalidad presencial hasta la modalidad virtual, la tecnología tiene una injerencia considerable como un mecanismo benefactor del aprendizaje. Pese a las ventajas que ofrece la tecnología, aún persiste una actitud de reticencia frente a lo desconocido que impide al profesionista acceder de manera plena a información novedosa (Umaña Vargas).

La mayoría de los cursos de EC incorporan material en formato electrónico, uso de plataformas virtuales, base de datos electrónicas, uso de redes sociales y nubes de almacenamiento. Esto representa un doble esfuerzo para el profesionista que debe, por un lado, adquirir y desarrollar el conocimiento y habilidades requeridas para el ejercicio de su profesión, por el otro, dominar el uso y gestión de los elementos tecnológicos (Kara, Erdogdu, Koko y Cagiltay).

Dimensión Social

Tiempo para otras actividades

Por otro lado, existe una faceta social la cual posee implicaciones de consideración. Una de estas implicaciones descansa en la idea de reconocer al profesional como un sujeto con necesidades individuales y sociales, es decir, el profesional enfoca su tiempo y atención en actividades que no son de orden formativo (Willging y Johnson). Entre este conjunto de actividades se encuentran en escenarios que abarcan un espectro lúdico, recreativo y convivencial. Para muchos profesionales es impensable no contar con una vida social activa o descuidada arrinconando a su acto profesionalizante a un segundo término.

Aprendizaje impersonal y percepción de no socialización

Un aspecto digno de análisis es la percepción de un aprendizaje impersonal. Cuando el contenido del curso de EC está estructurado bajo un formato electrónico y mediado por una interfaz virtual no presencial, surge la sensación de que se aprende en solitario, sin interacción con otras personas inclusive ni con el mismo instructor o facilitador (Kara, Erdogdu, Koko y Cagiltay). El proceso de aprendizaje se percibe como unidireccional y aislado, como una obligación que debe ser cubierta frente a un ordenador de forma individual.

Otro de los factores que prima en cuanto a la resistencia ante la EC, es la idea de que no existe la socialización como ocurre en un formato convencional de escuela tradicional. Compartir cuatro paredes con un grupo de compañeros y un profesor es una idea arraigada que se tiene de la interacción y socialización con otros, el concepto de socialización recobra un nuevo significado con el advenimiento de enfoques de aprendizaje emergentes basados en la interacción con otros (Mulvey). Interactuar con otros físicamente es el esquema de pensamiento por excelencia del aprendizaje social, sin embargo, es imperativo una ruptura conceptual que resemantice el término, dado que son muchas las formas en las que la socialización puede manifestarse sin la necesidad de compartir un lugar físico

Dimensión Institucional

Sentido de pertenencia

Debido a que el DLE necesita laborar en dos o tres instituciones, su sentido de pertenencia institucional del profesionista se difumina. Un profesional inserto en una institución de tiempo completo tiene más posibilidades de desarrollar un sentido de pertenencia ante la institución en la que labora, compaginar con la filosofía de la organización y sentirse identificado con los principios y valores de la misma (Manorama y Singh). Un profesionista que no comparte ni la filosofía institucional, ni la metodología de enseñanza ni la misión y visión de la organización es un profesionista que no se compromete a hacer suyo el aparato de pensamiento de institución, por ende, tenderá a no comprometerse a su formación profesional bajo los términos institucionales.

Poca relevancia e idoneidad de los cursos

Otro factor que figura como una causa de rechazo generalizado hacia los cursos de EC en el contexto privado es la idoneidad y pertinencia de los cursos. La opinión generalizada de los profesionales es que la institución ofrece cursos de capacitación que tienen poca o nula relación con su actividad real en el aula, que los cursos ofrecidos tienen una trascendencia limitada y que el nivel de utilidad en la vida real el mínimo (Pérez Morales). Un ejemplo claro y evidente de ello sucede cuando el DLE debe capacitarse para el uso de una plataforma de un libro de inglés particular, una plataforma diseñada en función de un libro y no de las necesidades reales tanto de estudiantes como de maestros, en muchas ocasiones esta plataforma puede ser utilizada únicamente bajo los términos y condiciones de las editoriales y las escuelas por lo que su uso extendido en la praxis docente cotidiana es lejanamente pensable (Davini).

Recursos financieros insuficientes

Muchas escuelas particulares son de reciente creación, esta situación las condiciona a no disponer de los espacios físicos óptimos y necesarios para que se lleva a cabo el proceso de formación profesional. De igual forma, muchas de estas instituciones se encuentran en su etapa inicial de vida, por lo que deciden priorizar el uso de sus recursos económicos a aspectos como la publicidad en lugar de optar por invertir en la preparación de su cuerpo académico (Bayo, Pascual y Gramage). Este conjunto de condiciones no favorece en lo absoluto a que el docente tome las riendas de su aprendizaje y se responsabiliza del mismo.

Capacitación protocolaria

En repetidas ocasiones pasa inadvertido que los cursos de formación profesional en el escenario de la educación privada se ofrecen con el propósito de cubrir un aspecto protocolario. Esto cobra sentido cuando la EC es pensada no como mecanismo de mejora profesional sino como únicamente un indicador de que la institución se apega a los estatutos marcados por estándares de calidad de escuelas de alto nivel (Verma, Manorama, y Tejinder Singh). Bajo esta mirada, los cursos de capacitación pierden sentido ya que no existe un análisis de necesidades reales del DLE y la capacitación y actualización son concebidos como actos ritualizados que no están sustentados en una finalidad loable enfocada a la solución de problemas.

DIMENSIÓN FORMATIVA

Apego a estrategias aprendidas

Durante la trayectoria profesional del DLE, múltiples estrategias didácticas y pedagógicas son aprendidas de forma empírica. Esta serie de estrategias, dinámicas grupales o herramientas pedagógicas se adquieren durante el ejercicio profesional, son sometidas a experimentación y mediadas por la experiencia del catedrático, son depuradas y contextualizadas, se adoptan y se adaptan a los requerimientos y necesidades del profesor y la clase, después se consolidan como estrategias funcionales y se incorporan en la práctica cotidiana del profesional (Tejeda Fernández y Fernández Lafuente).

De esta forma, el DLE genera cierto nivel de obstinación y resistencia para aprender y emplear estrategias que son nuevas y que no han sido sometidas al proceso antes descrito. El profesional confía en que los métodos, técnicas o estrategias que él/ella emplea son las más óptimas y útiles, por lo que está fuera de toda consideración emanciparlas de su dinámica de enseñanza, el docente no encuentra la necesidad de sustituirlas.

No existe cultura de formación constante

A diferencia de otras carreras como medicina o ciencias de la computación, las licenciaturas en enseñanza de lenguas extranjeras, lenguas modernas o enseñanza del inglés no se caracterizan por una cultura de la EC. Es una realidad que en este siglo XXI, para mantener un perfil competente y competitivo, es necesario disponer de conocimientos vanguardistas y habilidades actualizadas, sin embargo, durante la formación universitaria poco o nada se enfatiza la necesidad de mantenerse renovados y a la par de las necesidades sociales, es así que la cultura del aprendizaje permanente adolece en estas carreras que a diferencias de sus homólogas del área de la salud, se mentaliza al futuro profesional sobre la necesidad insoslayable de actualizarse para ofrecer una práctica profesional direccionada hacia la excelencia (Fernández).

DIMENSIÓN PROFESIONAL

Sensación de ofensa

Siendo uno de los factores con menos repeticiones y con menos incidencias, el factor de sensación de ofensa pasa casi inadvertido. Esta sensación de ofensa ocurre cuando el profesional considera que se le sugiere acudir a cursos de EC porque tiene deficiencias graves o cuando cree que se pone en tela de juicio su capacidad y competencia docente y laboral. Al respecto, Michael, Hamilton y Dorsey hacen hincapié en que el ego profesional juega un papel negativo como un factor que entorpece y en muchas ocasiones frena el desarrollo profesional del DLE ya que considera que él o ella se desenvuelve dentro del marco de una práctica deseable y competente, la sola insinuación de insuficiencia, déficit o imperfección en la práctica favorece a crear una actitud de rechazo ante este tipo de educación.

Temor a pérdida de identidad

Un aspecto que subyace al rechazo de los cursos de EC es un temor a una pérdida de identidad profesional parcial o total. Los DLE consideran que aprender estrategias de enseñanza, contenidos o material impuestos por la institución en donde laboran es una forma de perder la identidad, personalidad e individualidad de cada profesor (Bayo, Pascual y Gramage). En un número considerable de instituciones privadas, es necesario que el docente incorpore metodologías particulares, diseñadas en función del modelo, enfoque de aprendizaje, técnica o método que la institución promete usar; de esta forma el profesional de la educación se ve en la necesidad de dejar al margen el conjunto de estrategias, técnicas, material o contenidos que desea emplear, esto quiere decir que el concepto de libre cátedra no opera en algunas instituciones privadas.

DIMENSIÓN METODOLÓGICA

Tiempo insuficiente de los cursos y objetivos reduccionistas

Durante el análisis documental se halló que, entre los profesionistas que acudieron a cursos de EC, prevalece una percepción de insuficiencia de tiempo. Esto quiere decir que el profesionista considera que el tiempo estipulado para determinado contenido, la mayoría de las ocasiones, es insuficiente para adquirir los conocimientos deseados y desarrollar habilidades complejas. Desjardins menciona que hoy en día, un número considerable de ofertas de capacitación y actualización son optimizadas para cursarlas y acreditarlas a la brevedad, sin embargo, muchas de ellas no consideran que existen contenidos que requieren una inversión de tiempo mayor.

Aunado a lo expuesto en el párrafo anterior, se tiene que otro factor que incide de forma recurrente en la actitud de los profesionistas ante su proceso formativo es una idea de reduccionismo en el planteamiento de objetivos de aprendizaje y en la gestión de los contenidos estudiados. En algunos casos, los cursos suelen ser únicamente para el empleo de una determinada plataforma (por ejemplo, las que ofrecen las editoriales de libros de inglés) la cual tiene un propósito muy específico que no va más allá de su uso particular.

Poca o nula preparación de los facilitadores

Poco se ha mencionado acerca de la preparación de los formadores como causa disuasiva para que los profesionales no se enrolen en cursos de EC. Smith señala que es deseable que los facilitadores o guías encargados de dirigir cursos, seminarios, talleres, conferencias o aulas en línea dispongan de las competencias necesarias para generar las condiciones básicas para que los profesionales desarrollen los saberes que se espera que desarrollen, no obstante, en ocasiones, no ocurre de la forma esperada.

Resultar necesario añadir que la selección del facilitador se determina en función de múltiples factores tales como las posibilidades económicas de la organización, la disposición y disponibilidad del capacitador, sus méritos académicos, perfil profesional, experiencia laboral y trayectoria. (Tejeda Fernández y Fernández Lafuente).

Condiciones de infraestructura

Una condición que tiene un impacto considerable en la adecuada implementación de los cursos presenciales de EC es la infraestructura. Cuando la organización o institución educativa no cuenta con espacios físicos necesarios, cuando no se cuenta con equipo tecnológico o audiovisual necesario o cuando las instalaciones no están acondicionadas, se configuran las condiciones necesarias para que no ocurra la formación profesional. Es bien sabido que el proceso de aprendizaje debe tomar lugar en un ambiente propicio, limpio, en una atmosfera iluminada y amplia (Chakacha, Iwu y Dakora). Deben garantizarse las condiciones físicas mínimas para que los DLE tengan la posibilidad de continuar formándose. Si el DLE está dispuesto a capacitarse, pero las condiciones tanto físicas como intangibles no se prestan para ello, el nivel de éxito en esta tarea se verá mermado.

Falta de seguimiento

Otro aspecto reportado y que incide en la actitud de los profesionistas es que los cursos tienen una temporalidad determinada, se registran cursos que son extensos y algunos otros cuya duración es más corta, sin embargo, en ambos casos, en la mayoría de las ocasiones, no existe un proceso de seguimiento. Ortega comenta que cuando se alude a una falta de seguimiento, se hace referencia a que, posterior a los cursos, no se verifica si los conocimientos revisados durante la capacitación fueron aprendidos o si son aplicados adecuadamente en la práctica cotidiana. Por lo general, las instituciones educativas o las organizaciones que ofrecen la capacitación o actualización no disponen de mecanismos para validar que su personal ha adquirido la serie de conocimientos y habilidades deseadas, al no haber este seguimiento es poco probable que los cursos o el proceso de EC sea depurado o perfeccionado.

Dimensión Evaluativa

No hay autoevaluación

Una práctica poco difundida entre la comunidad de DLE en contextos privados es el hábito de la autoevaluación. Para muchos profesionales de la educación la palabra evaluación causa una repelencia inmanente al hecho. Sin embargo, cuando se carece de esta práctica es poco probable que exista un autorreconocimiento de las áreas teóricas, metodológicas, ideológicas o pedagógicas que el profesional debe atender (Davini). Cuando un problema no se visibiliza, no se atiende. El catedrático no detecta los aspectos que debe depurar o mejorar, por lo tanto, no acude a las instancias necesarias para subsanar esa situación.

No hay coevaluación

De la misma manera que no se práctica la autoevaluación, la coevaluación no tiene presencia en la dinámica de detección de necesidades de los docentes. Este hecho contribuye de forma significativa a no percibir las fallas o áreas de mejora del ejercicio docente. Es lógico llegar a la conclusión que si no se descubren los errores no se pueden emprender las soluciones. La EC no tiene cabida cuando se tiene una falsa percepción de que no existe necesidad de aprender. Desde este razonamiento, es permisible pensar que la coevaluación puede ser empleada como una herramienta que permita determinar las deficiencias y las fortalezas de los colegas, una práctica en la que se normalice la examinación constante para generar esquemas de retroalimentación que conduzcan a buscar alternativas de solución como la EC.

Evaluación institucional protocolaria

Un común denominador que se repite en instituciones de educación privada es la evaluación protocolaria, es decir, una evaluación no para mejorar sino únicamente para cumplir con un requisito institucional (Davini). Una práctica recurrente es evaluar a los docentes no en función de sus méritos profesionales, áreas de oportunidad o como acompañamiento institucional sino como una disposición que requiere ser cubierta para comprobar que la escuela sigue los estándares escuelas de alto nivel. Al no existir realmente una evaluación objetiva, se pierde la oportunidad determinar cuáles son las áreas que un catedrático debe atender o perfeccionar.

CONCLUSIONES

Después de la revisión documental, se presentan los factores con mayor incidencia. Los factores con mayor frecuencia se presentan en orden descendente acompañado de la dimensión a la que pertenece.

Tabla 1: Factores que limitan la Educación Continua en el Contexto de la Educación Privada

		Factores	Dimensión
Incidencia de categorías	1	Motivación (no incentivos)	Laboral
	2	Sobrecarga de actividades	Laboral
	3	Varios trabajos	Laboral
	4	Percepción de no necesidad de mejora	Personal
	5	Tiempo para otras actividades	Personal
	6	Desconocimiento de aspectos tecnológicos	Tecnológica
	7	Experiencias anteriores desagradables	Personal
	8	Poca relevancia e idoneidad de los cursos	Institucional

Fuente: Propia

Se llega a la conclusión que la dimensión laboral juega un rol condicionante para que el profesional de la enseñanza de lenguas extranjeras lleve a cabo su formación profesional mediante el formato de EC. Algunos de los factores con mayor incidencia son atribuidos a que no existe una remuneración económica por asistir, permanecer y concluir los cursos de EC, también que el DLE desempeña varias funciones dentro de su institución lo que provoca que no pueda formarse mediante esta modalidad educativa, además vale la pena señalar que por el formato laboral (*outsourcing*) el DLE debe laborar en varios trabajos para poder sufragar sus gastos. Es digno de mención que existe una percepción de no necesidad de mejora en la praxis docente por lo que el catedrático valora poco o nada prioritario los cursos de EC.

Resulta interesante destacar que impera una preferencia por llevar una vida social estable en lugar de destinar tiempo a la formación, capacitación y actualización docente. Aunado a esto, un factor que debe ser visibilizado es que la dimensión tecnológica suele ser un obstáculo para el proceso formativo cuando se desconoce el uso y gestión de los recursos tecnológicos como plataformas virtuales, uso de nubes de almacenamiento o apps para dispositivos móviles.

Tras analizar los factores que limitan la EC en el contexto de la educación privada, resulta taxativo reflexionar sobre las opciones que se cierran para que el DLE alcance un nivel de profesionalización deseado considerando que la EC es uno de los medios para permanecer actualizado, desarrollar mejores habilidades y adoptar nuevas actitudes después de la educación universitaria y durante la vida laboral.

Es pertinente reconocer que el DLE es un individuo rodeado de múltiples circunstancias, es un ser humano social que se desenvuelve en un entramado de situaciones, eventos y relaciones con otros individuos que complejiza su rol profesional, es por ello que resulta indisociable el proceso de EC del DLE y una serie de motivaciones que van desde lo personal hasta lo cultural, motivaciones que guardan una inmanencia desde el inicio hasta el final del proceso. No considerar los factores que repercuten positivamente o negativamente en el éxito o fracaso de la EC es no darle al seriedad e importancia que merece este fenómeno educativo.

Resulta llamativo que un abanico amplio de factores no guarda una relación directa con los aspectos educativos y de aprendizaje en sí mismos, es decir, son factores de índole personal, familiar, social e institucional que se convierten en obstáculos y rémoras que el DLE debe sortear, aunque no tengan un apego a la arista formativa. Esto solo comprueba lo que señala la teoría del funcionalismo estructuralista y el interaccionismo en tanto a las relaciones rizomáticas dadas entre el ejercicio de formación continua del DLE y las condiciones a su alrededor.

Ante la realidad plasmada en este análisis, es momento de visibilizar los elementos que subyacen en el proceso formativo del DEL, elementos que en un nivel superficial de análisis parecieran carentes de trascendencia, pero a través de una lente más crítica y profunda proveen de significado, sentido e intención a las acciones ejercidas por el docente.

Es prioritario identificar los factores de riesgo que existen antes, durante y después del proceso de EC de los DLE para tomar las medidas pertinentes respecto a potenciales situaciones adversas siempre tomando en consideración las necesidades y condiciones contextuales de profesores, estudiantes e instituciones.

Una vez analizado el plexo de situaciones que frenan y entorpecen el desarrollo profesional del DLE en el contexto de la educación privada tiene cabida un ejercicio de contrastación entre el desarrollo del proceso de EC para los docentes de lenguas extranjeras en el escenario de la educación pública y aquellos insertos en la educación privada

References

Bustamante Rojas et al. *Lineamientos y estrategias para el fortalecimiento de la educación continua.* CDMX: ANUIES (2010): 1-77. Web. 29 Nov 2018.

Bayo, Paula., Isabel Pascual, and Sonia Gramage. *Obstáculos y facilitadores en la formación continua del profesorado.* Universitat Jaume. (2005):1-10. Web. 5 Dic 2018.

Chakacha, Rumbi, Chux Gervase Iwu and Edward Naa Dakora. "Determining the relationship between infrastructure and Learner success." *Commonwealth Youth and Development* 12.1 (2014):15-32. Web. 16 Nov 2018.

Davini, María Cristina. *Enfoques, problemas y perspectivas en la educación permanente de los recursos humanos.* (2005): 1-21. Web. 10 Ene 2019

Desjardins, Richard. "The economics of adult education: A critical assessement of the state of investement in AE." *Adult Learning in a Precarious Age* 138 (2013): 81-90. Web. 07 Dic 2018

Fernández, José Antonio. "El descubrimiento de la educación permanente." *Educación XXI* 3 (2000): 21-51. Web. 26 Nov 2018.

Forés Miravalles, Anna, Joan-Anton Sánchez Valero, and Juana María Sancho Gil. "Salir de la zona de confort. Dilemas y desafíos en el EEES." *Tendencias pedagógicas* 23 (2014): 205-2014. Web. 10 Nov 2018.

Hughes, Everett. *Men and their Work.* Glencoe: The Free Press, 1958. Print.

Kara, Mehmet, Fatih Erdogdu, Mehmet Koko, and Kursat Cagiltay. "Challenges Faced by Adult Learners in Online Distance Education: A Literature Review." Open Praxis 11.1 (2019): 5-22. Web. 20 Ene 2019

Michael, Steve, Awilda Hamilton, and Marlene Dorsey. "Administering the adult and continuing education programme in a free market economy: the use of strategic marketing planning." *International Journal of Educational Management* 9.6 (1995): 22-31. Web. 12 Nov 2018.

Mulvey, Bern. "From Resistance to Resolution: The Journey Towards a Sustainable Vision of Continuing Education in Japan." *Continuing Higher Education Review* 76 (2012): 1-16. Web. 30 Nov 2018.

Sistema de Cualificaciones Puentes para el aprendizaje a lo largo de la vida. Organización para la Cooperación y el Desarrollo Económico. (2008):1-16. Web. 1 Dic 2018.

Ortega, Sylvia. *Proyecto estratégico regional sobre docentes UNESCO.* (2011): 1-35. Web. 05 Dic 2018.

Pérez Morales, Juana Idania. *La evaluación como instrumento de mejora de la calidad del aprendizaje. propuesta de intervención psicopedagógica para el aprendizaje del idioma inglés.* Diss. Universitat de Girona (2007): 1-125. Web. 6 Dic 2018.

Romero Bojórquez, Ladislao, and Alejandra Utrilla Quiroz. "Las actitudes positivas y negativas de los estudiantes en el aprendizaje de las matemáticas, su impacto en la reprobación y la eficiencia terminal." *Ra Ximhai* 10.5 (2014): 291-319. Web. 25 Nov 2018.

Smith, Nora. "Characteristics of Successful Adult Distance Instructors for Adult Learners." *Inquiry* 8.1 (2003): 1-11. Web. 05 Dic 2018.

Strauss, Anselm. *La trame de la négociation.* Paris: L'Harmattan. 1992. Print Tejeda Fernández, José, and Elena Fernández Lafuente. "El impacto de la formación continua: claves y problemáticas." *Revista Iberoamericana de Educación* 58.3 (2012): 1-14. Web. 8 Nov 2018.

Umaña Vargas, Jorge. "Importancia de la educación continua virtual y las TICs en la formación de los funcionarios de la administración pública ICAP." *Revista Centroamericana de Administración Pública* 64 (2013): 67-79. Web. 20 Nov 2018.

Verma, Manorama, and Tejinder Singh. "Continuing education: concepts and strategies." *Indian pediatrics* 32.5 (1995): 557-563. Web. 05 Nov 2018.

Willging, Pedro, and Scott Johnson. "Factors that influence students' decision to drop out of online courses." *Journal of Asynchronous Learning Networks* 13.3 (2009): 1-13. Web. 20 Dic 2018.

CAPÍTULO 3

Antecedentes en la Exploración de los Procesos de Inclusión en la Enseñanza del Inglés en Chiapas

María de Lourdes Gutiérrez Aceves y Ana María Elisa Díaz de la Garza

Introducción

En la actualidad, la gente está tan contra el reloj que apenas tiene tiempo por preocuparse por la persona de su costado y eso genera egoísmo, individualismos por lo que no se piensa en conjunto para ayudar a qué más niños especiales puedan ser insertados adecuadamente en la sociedad" (D'Marreros, M. y Chávez, 4). Los estudiantes con necesidades especiales han sido denominados también con otros términos, como, "alumnos con capacidades diferentes", "alumnos con discapacidad", "alumnos con necesidades educativas especiales (NEE)" y más recientemente, alumnos con Barreras para el Aprendizaje y de Participación Social" (BAPS), ya que actualmente se considera que la misma sociedad es quién impone estas barreras para el crecimiento personal y profesional de las personas. Lo que comenta D'Marreros es muy importante, ya que la inclusión de alumnos con BAPS a las escuelas y en general, su inserción a la sociedad no es una tarea sencilla y se requiere del apoyo de muchas personas e instituciones para que se lleve a cabo de la manera más positiva y efectiva posible; sin embargo, este individualismo de la sociedad por el ritmo de vida que se tiene hoy en día limita mucho las posibilidades de éxito. Es por ello que, en nuestra opinión, indagar sobre los procesos de inclusión y las estrategias que utilizan docentes de inglés en las aulas en Chiapas podría ser de gran ayuda para encaminar los esfuerzos para lograr la inclusión más activa y exitosa de un mayor número de alumnos, buscando alternativas que puedan ser un apoyo para ambas partes; docentes y alumnos, haciendo hincapié en el hecho de que siempre es necesario tomar en cuenta el contexto donde se lleve a cabo estos procesos de inclusión.

El nuevo Modelo Educativo 2016, contempla que: "debe promover que todos los alumnos sean atendidos en condiciones de equidad a fin de fortalecer la inclusión, es decir, que todos aprendan juntos, mediante estrategias que eliminen las barreras para el aprendizaje y la participación (26)". En este sentido, este proyecto de investigación sobre la exploración de procesos de inclusión y estrategias de enseñanza para grupos diversos es un proyecto que surge por varias razones, por ejemplo; investigaciones previas que muestran la necesidad de atender la mejora educativa en el marco de la inclusión, las reformas educativas actuales, el Modelo Educativo 2016 y la Propuesta Curricular 2016; entre otras que están en el marco de la legalidad. Además, es necesario fomentar nuevas dinámicas escolares donde la inclusión y el respeto a la multiculturalidad sean parte de las escuelas.

En este sentido, el presente escrito muestra resultados del estudio donde se analizan los procesos de inclusión que utilizan diferentes docentes de inglés que provienen de distintas regiones de Chiapas, considerando su relación con las estrategias de enseñanza para grupos diversos que se contemplan en el Modelo Educativo 2016.

Contexto

Este proyecto se llevó a cabo en dos secciones; por un lado, los estudiantes-profesores de la Licenciatura en la Enseñanza del Inglés de la Facultad de Lenguas, de la Universidad Autónoma de Chiapas; quienes impartieron clases y asesorías de inglés en las escuelas de nivel básico del Estado de Chiapas, la Secundaria Industrial No. 65 y la Primaria Josefa Ortiz de Domínguez, donde llevaron a cabo diferentes actividades para el aprendizaje del inglés y estrategias de inclusión con los alumnos de estas escuelas. Por otro lado, se invitaron a profesores de inglés de distintos niveles educativos de todo el estado de Chiapas a formar parte del proyecto y se les aplicaron dos cuestionarios, se organizaron un foro para la discusión del tema y se platicó con ellos. Derivado de estos resultados, se diseñaron talleres, cursos y otro foro de discusión para los profesores de inglés invitando a expertos en estos temas, como inclusión en el aula, TDHA, Autismo, entre otros. El objetivo principal es que docentes de inglés se sensibilicen respecto a la importancia de conocer sobre ello, aprendan, establezcan, experimenten, apliquen y reflexionen sobre algunas dinámicas y estrategias de enseñanza enfocados a la inclusión y poder aplicarlos en su propio contexto.

Antecedentes sobre los procesos de inclusión

A partir de los objetivos de este proyecto, y considerando las razones por las que surge; se detectó a través de los cuestionarios aplicados a los docentes de inglés que participaron en el proyecto, que muchos docentes no se sienten preparados para afrontar la implementación del Modelo Educativo 2016 y la Propuesta Curricular 2016, en los cuales se manifiesta en varias ocasiones la importancia a fomentar la inclusión de todos los alumnos y una nueva escuela fortalecida en el respeto a la multiculturalidad.

Este proyecto además de investigar sobre los procesos de inclusión que utilizan los docentes de inglés de educación básica en Chiapas; también coadyuva en su desarrollo profesional y fomenta la práctica docente del estudiante-profesor de la Licenciatura en la Enseñanza del Inglés con el objetivo de hacerlos más conscientes de las necesidades de sus alumnos en el aula y estar más preparados para enfrentar los retos en el salón de clases. En este sentido, se está contribuyendo en diferentes aspectos:

- Clases de inglés para alumnos de nivel primaria de escuelas de nivel básico del Estado de Chiapas con el apoyo de los estudiantes-profesores de la Lic. en Enseñanza del Inglés con la finalidad de llevar sus conocimientos a la práctica y conocer la realidad en las aulas.
- Sensibilización de los docentes de inglés respecto al uso de estrategias adecuadas para la inclusión de los alumnos con y sin discapacidad a través de foros y pláticas con expertos en los temas de inclusión, alumnos con necesidades educativas especiales o con barreras para el aprendizaje y participación social.
- Formación de docentes de inglés respecto a las barreras para el aprendizaje y la participación social por medio de técnicas grupales, reuniones de discusión y talleres en este tema para ofrecer mejores oportunidades de aprendizaje e integración a sus alumnos.
- Foro de discusión sobre necesidades educativas especiales, barreras para el aprendizaje y participación para docentes de inglés del estado de Chiapas que sirvan de base para el análisis de diferentes situaciones en el salón de clases.

A partir de ello, se investigó respecto a qué procesos de inclusión y estrategias de enseñanza para grupos diversos utilizan los docentes de inglés de nivel básico en el Estado, tomando como muestra a 45 profesores de inglés de diversas regiones de Chiapas que formaron parte del proyecto, a los cuales se les aplicó un cuestionario con 18 preguntas y se discutió el tema de inclusión en distintas reuniones. A partir de ello, se recopiló la información, se analizó y se decidió darle continuidad a esta investigación con la colaboración de investigadores de otras universidades del país para ampliar la información.

OBJETIVOS

El objetivo general de este proyecto es el de explorar los procesos de inclusión en el aula de inglés de escuelas de nivel básico en Chiapas en el marco de la diversidad.

Problemática

Luque Parra (207) hace mención del término de discapacidad, de la cual afirma que no es más que un elemento o un aspecto de las características individuales y sociales, no una marca clasificadora, estanca o paralizante, ni homogeneizadora. De acuerdo con esto, el término personas con discapacidad, que engloba a situaciones e historias personales y sociales diferentes y únicas, no pretende ser ni es un conjunto de personas como grupo homogéneo por su adjetivación de discapacidad, sino que remarca unas características particulares, que no afectan la sustantividad de la persona y afirman la necesidad de comprensión y de apoyo, en cualquier medida, en favor de sus derechos. Es importante señalar que la discapacidad puede ser temporal o permanente, dependiendo de la misma y puede ser de tipo sensorial, física, psíquica, visceral y múltiple. La necesidad de comprensión que se menciona es importante en todos los niveles escolares; y no sólo se tata de comprensión y empatía; sino también de fortalecer las habilidades y atender las áreas de oportunidad de muchos docentes de inglés en el país que no tienen las herramientas ni conocimientos sobre el manejo y tipos de discapacidad que se pueden presentar y, por lo tanto, tampoco cuentan con las bases para desarrollar procesos de inclusión adecuados para su contexto. Esta es la principal problemática que encontramos en este estudio; ya que actualmente tener alumnos con algún tipo de discapacidad y barreras para el aprendizaje y la participación social está siendo parte de la cotidianidad en las aulas y desafortunadamente, muchas universidades que preparan a los futuros docentes de inglés todavía no cuentan con asignaturas que los fortalezcan es este sentido. La misma situación ocurre los docentes de inglés en servicio; siendo esta problemática tan compleja y multidimensional, se tendrían que analizar y buscar alternativas de solución basadas en la identificación de las Barreras para el Aprendizaje y Participación Social (BAPS) de cada contexto y enlazarlas a las necesidades detectadas en todo el país para que las instituciones públicas y privadas puedan llevar a cabo cambios en este sentido y se propongan estrategias de enseñanza-aprendizaje para desarrollar procesos de inclusión de todos los alumnos. De acuerdo a Puigdellivol (s.f.), las BAPS pueden ser actitudinales, metodológicas, organizativas, físicas, arquitectónicas, humanas y sociales. Tales barreras podrían evitarse siguiendo patrones inclusivos en las instituciones y el Modelo Educativo 2016 contiene varios puntos al respecto.

Justificación

Tal y como se ha discutido en investigaciones previas, las nuevas exigencias para la enseñanza del inglés en las escuelas de nivel básico de todo el país se ven reflejadas en el nuevo Modelo Educativo 2016, el cual contempla que: "debe promover que todos los alumnos sean atendidos en condiciones de equidad a fin de fortalecer la inclusión, es decir, que todos aprendan juntos, mediante estrategias que eliminen las barreras para el aprendizaje y la participación" (26). Además, se afirma que: "En el modelo educativo 2016, la inclusión y la equidad deben ser principios básicos y generales que conduzcan el funcionamiento del sistema educativo. Esto implica velar porque diversos elementos que son parte o influyen en su operación observen estos principios de manera transversal: normatividad, infraestructura, presupuesto, becas, valores y actitudes, planes, programas, métodos y materiales, ambiente escolar y prácticas educativas, gestión escolar, evaluación, capacitación, sistemas de información, maestros, directores, supervisores, padres y madres de familia". De esta manera, la formación docente en estos temas se vuelve una prioridad para atender de la mejor manera posible estas demandas en el aula, ya que se requiere estar preparados y sensibilizados para afrontar las demandas de la sociedad hoy en día y con ello, también atender a lo legal que rige la educación en México a través de la Secretaría de Educación Pública. El gobierno mexicano ha tratado de seguir los lineamientos y recomendaciones internacionales en materia de educación inclusiva; sobre todo en la educación básica; en este tema Lindqvist propone que "este tipo de educación debe garantizar los apoyos necesarios (pedagógicos, terapéuticos, tecnológicos y de bienestar), para minimizar las barreras en el aprendizaje y promover el acceso y participación en un sistema pertinente, relevante, eficiente, eficaz y de calidad, pues no son los sistemas educativos los que tienen derecho a cierto tipo de niños/as; es el sistema educativo de un país el que debe ajustarse para satisfacer las necesidades de todos los niños(as) y jóvenes (Lindqvist, en Garnique- Castro, F. y Gutiérrez-Vidrio Silvia, 4).

Tuñas, J. afirma en este sentido que, estos cambios o adaptaciones en las políticas educativas harán que los propios centros deban intentar adaptarse a sus situaciones concretas, lo que conllevará un posible cambio en los diferentes estratos que conforman la estructura interna del Centro. De este modo habrá que trabajar en: la situación concreta del aula, a nivel de profesores, a nivel del alumno, a nivel del resto de la Comunidad Escolar (padres, profesionales implicados, etc.) (1).

Por otro lado, desafortunadamente no existen muchos estudios sobre los procesos de inclusión y de las estrategias de enseñanza del inglés en grupos con estudiantes con BAPS, lo cual se referiría a todos nuestros grupos; pues la diversidad se trata precisamente de que todos somos diferentes. Sin embargo, este estudio se enfocará mayormente a alumnos con Autismo, Hiperactividad o TDAH, y con Discapacidad Visual, pues son las condiciones especiales que más se encuentran en las aulas, de acuerdo a lo mencionado por los mismos docentes en estudios previos de las autoras.

Es necesario fomentar la equidad y la multiculturalidad como parte de un proceso de inclusión; siendo éste, el principal problema que se tiene que atender, junto con la disposición de diferentes estrategias de enseñanza efectivas donde se pueda explorar los planes y procesos de inclusión para grupos diversos que faciliten su aprendizaje e integración a su entorno.

Metodología

Esta investigación se encuentra dentro del paradigma de Investigación de tipo cualitativo, exploratorio; ya que de acuerdo a Álvarez-Gayou Jurgenson, JL., las metodologías cualitativas no son subjetivas ni objetivas, sino interpretativas, incluye la observación y el análisis de la información en ámbitos naturales para explorar los fenómenos, comprender los problemas y responder las preguntas. De esta manera, se trata de un estudio exploratorio; también conocido como estudio piloto, pues son aquellos que se investigan por primera vez o son estudios muy pocos investigados, también se emplean para identificar una problemática (2).

Para ello, se busca identificar primero cuáles son las percepciones de los docentes de inglés en Chiapas sobre los procesos de inclusión que llevan a cabo con sus estudiantes en el aula, más que todo, con la finalidad de conocer y compartir las experiencias exitosas que puedan ser de apoyo para otros docentes con situaciones similares, pero que además sean de utilidad para detectar sus necesidades en cuanto a disminuir o eliminar las barreras para el aprendizaje y participación social y apoyarnos en los expertos del área para encontrar opciones de solución juntos.

Los participantes son 45 profesores de inglés de escuelas de nivel básico de distintas regiones de Chiapas, quienes iniciaron desde proyectos pasados un largo proceso de cambio y de desarrollo profesional, donde el trabajo colaborativo es parte del proyecto. Los municipios de donde provienen los docentes de inglés participantes son: San Juan Cancuc, San Cristóbal de las Casas, Oxchuc, Copainalá, Acala, Aldama, Chenalhó, Tenejapa, Chiapa de Corzo y Tuxtla Gutiérrez.

Procedimiento en la recolección de datos

Se utilizó el cuestionario para conocer las opiniones de los profesores, ya que, al ser una herramienta de investigación en el campo de las ciencias sociales, puede ser usada en la investigación de carácter cualitativo; lo que nos permite facilitar la recolección y análisis de los datos. En el cuestionario se plantean 18 preguntas, en las que se combinaron las preguntas cerradas, las de opción múltiple y las abiertas para conocer su opinión sobre los procesos de inclusión en su clase de inglés. También se realizaron dos foros de discusión; uno con los docentes en servicio y otro con los estudiantes profesores de la LEI, los cuales fueron de utilidad para adentrarnos un poco más en las respuestas que habían proporcionado. Al término del mismo, los participantes hacen las preguntas y comparten sus ideas y experiencias.

Resultados y análisis de la información

Los datos recabados son basados en las respuestas que dieron en el cuestionario y los foros de discusión considerando las respuestas más importantes y con influencia sobre la investigación:

Aspectos generales de los resultados obtenidos y el desarrollo profesional continuo

Los 45 docentes respondieron a un cuestionario de 18 preguntas enfocadas a conocer e identificar los procesos de inclusión que se más utilizan en el aula. Se ha logrado avanzar poco en este tema, ya que no existen muchos estudios sobre los procesos de inclusión y de las estrategias de enseñanza del inglés en grupos diversos en Chiapas.

En términos generales, se encontró que el 39% de estos docentes encuestados tienen entre 22 y 24 años, seguido por un 32% de 25 a 27 años, el 11% están entre 28 y 30 años, seguido de 9% entre 31 y 33 años y el 9% entre 34 a 37 años. La mayoría de ellos laboran en Tuxtla Gutiérrez (82%), seguido del municipio de Chiapa de Corzo (4%), Aldama; seguido del 2% quienes mencionan que trabajan en San Fernando, Chicoasén, Chilón y San Cristóbal de las Casas. Un 51% imparten nivel Primaria, seguido de un 33% de secundaria, el 11% nivel preescolar, un 4% de la población no cuenta con grupos en estos momentos por estar comisionados en oficinas de la Secretaría de Educación o como supervisores. La mayor parte de los encuestados cuentan con una licenciatura (60%), el 20% cuenta con maestría, el 18% son estudiantes de la Licenciatura en inglés que ya están frente a grupo, y sólo uno de los encuestados cuenta con Doctorado. Si se observan estos datos, podemos definir que el desarrollo profesional continuo de los profesores está centrado en sólo haber cursado la licenciatura, y muy pocos han llevado estudios de posgrado; lo que podría incidir en la práctica docente, ya que no le permite estar actualizado y a la altura de los nuevos desafíos en la educación. En este sentido, la percepción de los docentes de inglés en Chiapas sobre la importancia de seguirse preparando profesionalmente sobre el apoyo a alumnos con necesidades educativas especiales o con alguna discapacidad, ya sea temporal o permanente y las BAPS es de un 80 %, pues reconocen la necesidad de buscar diferentes alternativas y estrategias que les facilite el proceso de aprendizaje e inclusión de todos sus estudiantes. Garry Hornby afirma, en este sentido, que,

> un componente crucial para la educación inclusiva es el uso de estrategias o intervenciones que tienen evidencia fuerte de efectividad y el evitar intervenciones que no tengan evidencia de efectividad. Los profesores necesitan ser capaces de identificar a los niños con necesidades educativas especiales y con alguna discapacidad (NEE) en

sus clases... Ellos necesitan asegurarse que usan las estrategias e intervenciones que han probado ser efectivos para atender las dificultades de aprendizaje y manejar los retos de comportamiento con estos niños (40).

Resultados sobre los grupos de estudiantes de los docentes participantes

Otro de los datos se refiere a los grupos que tienen a cargo, mencionan que el número promedio de alumnos que tienen por grupo es de 62% con un rango de 26 a 45 alumnos, seguido de un 22% de 10 a 25 alumnos, el 4% tiene menos de 10 estudiantes, el 9% no lo mencionan y cabe mencionar que el 2% cuenta con más de 46 estudiantes en el aula; lo que resulta bastante preocupante. Justamente en este aspecto, Durón y Oropeza lo manejan como parte de los factores pedagógicos que influyen en el aprovechamiento académico de los estudiantes; pues el número de alumnos en la clase se relacionan con la calidad de la enseñanza; pudiendo afectar negativamente el desempeño de los mismos (en Izar, Inzunza y López 2).

Un 25% de los docentes afirma que al menos uno de sus alumnos requiere de una atención especializada por tener algún tipo de discapacidad o BAPS, y sólo el 14% de los docentes manifiesta no tener alumnos con alguna NEE en la actualidad. Aunque en algún momento de su experiencia docente los ha tenido en su grupo. En cuanto a si cuentan con los materiales didácticos necesarios para impartir las asignaturas a sus alumnos con discapacidad o BAPS, el 84% menciona no contar con ello, el 7% si cuentan con dicho material y el 9% no lo menciona.

Resultados obtenidos sobre los docentes participantes, sus procesos de inclusión y las BAPS en su contexto

Se les preguntó a los docentes de inglés si llevan a cabo reuniones de Academia o Comunidades de Aprendizaje para discutir y reflexionar sobre el tema de procesos de inclusión en el aula y las estrategias que puedan coadyuvar en la búsqueda de soluciones, desafortunadamente el 58% comentó que no. Únicamente el 31% de ellos si se reúnen a discutirlo y buscar soluciones para mejorar su clase, finalmente el 11% no contestaron la pregunta.

Otro aspecto recabado del estudio es respecto a las estrategias que el docente utiliza en el aula de inglés para promover la inclusión de sus alumnos, tengan o no alguna discapacidad o BAPS. Recordemos que un alumno puede tener alguna discapacidad, pero no necesariamente tendrá barreras para su aprendizaje y participación social; ya éste último depende más bien de la sociedad y el entorno que le rodee.

Entre las estrategias utilizadas en el aula por estos docentes de inglés están aquellas que fortalecen el aprendizaje de los alumnos, como las estrategias metacognitivas; ejemplos de ello son las de relacionar palabras con imágenes, identificando sonidos, comprensión de palabras por el contexto; entre otras. Sin embargo, mencionan otro tipo de estrategias que consideran más efectivas, como las socio-afectivas; pues impulsan su integración al resto del grupo y la confianza en ellos mismos. El 40% de los encuestados menciona que utiliza dinámicas inclusivas con sus estudiantes en el aula y un 33% agrega que hace adaptación de materiales; como materiales visuales y sensoriales basado en trabajo individual o en equipos y finalmente, el 16% realiza juegos y actividades lúdicas, mientras que el 11% no lo menciona. En relación a este punto, miembros de la Fundación Saraki, la cual es una fundación de apoyo a la inclusión, comenta lo siguiente:

> Si nos sentamos a conversar hoy con un grupo de docentes, es muy común escuchar la frase "no estamos preparados para la inclusión", "no nos enseñaron como trabajar con niños con discapacidad" y de primera podemos decir que esas son excusas; pero poniéndonos en su lugar podremos comprender la realidad oculta detrás de esas frases: no preparamos docentes inclusivos, no preparamos docentes abiertos a la diversidad, preparamos docentes para alumnos estandarizados, construimos perfiles de maestros con poca capacidad de innovar, de romper esquemas, sostenemos prejuicios hacia la diversidad y la discapacidad que alimentan los miedos de un docente que se forma pensando que la discapacidad en el aula precisa de una capacitación especial, de unas técnicas totalmente diferentes a las que otros niños necesitan, como si estos alumnos vinieran de otro planeta o no tuvieron las mismas necesidades básicas que otros niños: ser respetados, motivados y considerados en su individualidad (Ortiz, A. & Ortiz, M. 1) .

Una de las preguntas hechas a los profesores de inglés es sobre su conocimiento sobre artículos, disposiciones constitucionales en el marco de legalidad y los cambios al Modelo Educativo respecto a la inclusión y respeto a la diversidad para fortalecer su tarea frente a grupo; desgraciadamente sólo el 18% si la conocen, son muy pocos los que tienen conocimiento de ello y el 2% no respondió. Por otro lado, el 80% de los profesores encuestados no conocen las disposiciones constitucionales que protegen a los niños en su inclusión.

Ahora, ¿cuál es la percepción de los docentes de inglés en Chiapas sobre estar a favor o en contra de la diversidad y la inclusión en el aula? La respuesta es la siguiente: el 82% que contestaron están a favor de la inclusión, el 13% si, pero con la condición de contar con el apoyo y capacitación de las instituciones y el 4% no lo especifica.

Resultados obtenidos respecto a los procesos de inclusión en la institución educativa donde laboran

Respecto a los procesos de inclusión y respeto a la diversidad llevados a cabo en la institución educativa donde laboran, el 38% manifiesta que el mismo profesor es quién lleva a cabo actividades dentro del aula para fomentar valores entre los alumnos para tratar de integrar al alumno con alguna condición especial, pues la institución no casi no ofrece colaboración; el 20% menciona que la institución apoya en varios sentidos, como asesorías extra, arreglando algunas condiciones de la infraestructura (como agregando rampas), hablando con los profesores para apoyar distintos casos. Un 4% comenta que es la Unidad de Servicio de Apoyo a la Educación Regular (USAER) la que se encarga de atender a los alumnos con alguna discapacidad, dependiendo qué tipo sea, aunque este beneficio no es para todas las escuelas. La USAER es la instancia técnico operativo de apoyo a la atención de alumnos con necesidades educativas especiales (NEE) y/o discapacidad integrados en Escuelas de Educación Básica, mediante la orientación al personal docente y padres de familia en las escuelas. Por otro lado, lo más preocupante es que un 38% también coincidió en que la escuela donde laboran no realiza ningún proceso para la inclusión de los alumnos con BAPS, y aquí es dónde se requiere trabajar para su atención inmediata y si consideramos que la mayoría de los docentes participantes provienen de municipios con bajo desarrollo humano, las condiciones a las que se enfrentan son todavía más difíciles que en la capital.

Después de presentar los datos obtenidos con el cuestionario y los foros de discusión con los docentes participantes, se muestran los resultados previos de esta investigación, ya que se le está dando seguimiento.

CONCLUSIONES E IMPLICACIONES PEDAGÓGICAS

En conclusión, los resultados de la encuesta sobre los procesos de inclusión llevados a cabo por docentes de inglés de diferentes escuelas públicas de educación básica en Chiapas pueden ser de ayuda para sugerir algunas implicaciones pedagógicas en el aula y aunado a ello, la importancia de sensibilizar a más docentes en este ámbito.

A continuación, y para nuestra conclusión, se presentan los resultados más significativos que se han encontrado hasta ahora y que, para el objeto de este estudio los resumimos en cuatro puntos:
- La incidencia de alumnos con NEE o también llamados con barreras para el aprendizaje y de participación social que tienen los docentes de inglés de Chiapas en sus grupos.
- La formación docente en el campo de la inclusión, discapacidad y BAPS con la que cuentan los profesores de inglés que colaboraron en este

estudio en el Estado y las oportunidades de desarrollo profesional que se les ofrece en esta área.
- Las percepciones del docente de inglés en relación a la importancia de ser inclusivos y estar a favor de ello.
- Conocimientos y experiencias de los docentes de inglés respecto a las estrategias y los procesos de inclusión que llevan a cabo en el aula y en la misma institución educativa donde laboran.

Respecto al primer y segundo punto, la incidencia de alumnos con NEE o también llamados con barreras para el aprendizaje y de participación social (BAPS) que tienen en sus grupos; un 56% de estos profesores manifiesta tener algún alumno con NEE en el aula, pero desafortunadamente sólo el 11% de los docentes cuenta con algo de formación en el área y no se sienten preparados para manejarlos de la mejor manera. Estos profesores afirman requerir de esta formación, sin embargo, es muy poca la oferta formativa en esta área para los docentes de inglés y generalmente tienen que obtenerla por sus propios medios.

Por esta razón, los autores y miembros del Cuerpo Académico de Desarrollo Profesional Docente y Evaluación de la Enseñanza de Lenguas, de la Facultad de Lenguas, Campus Tuxtla de nuestra Universidad han procurado colaborar en la búsqueda de soluciones para esta problemática y aprender de ello al mismo tiempo. Un ejemplo de ello son los foros que hemos llevado a cabo con los profesores de inglés participantes, donde los docentes de inglés han tenido la oportunidad de discutir y analizar estos temas con sus colegas; no obstante, hemos observado que el tiempo para estas actividades no ha sido suficiente; tal parece que están ávidos de compartir sus experiencias y preocupaciones por lo que enfrentan en las aulas, pues carecen de espacios para poderlo externarlo y dialogarlo; muchas veces lo único que desean es poder comunicar lo que sienten. El que un docente reciba una formación profesional y tenga reuniones colegiadas no es suficiente, si no tiene clara su postura de apoyar y hacer cambios en su práctica docente considerando su contexto, aunado al soporte de las instituciones educativas y las autoridades. En este mismo ámbito, Symeonidou, menciona que:

Diferentes cursos enfatizan diferentes aspectos, tales como las habilidades y competencias; las actitudes positivas hacia la inclusión, y un mayor contacto con las personas con discapacidad (Forlin y Chambers 2011 en Symeonidou, 2017). Sin embargo, preparar a los profesores para adoptar un enfoque inclusivo en la educación involucra no solo identificar los componentes de los enfoques efectivos para la educación de los profesores, sino también de considerar la situación de un país específico, como su contexto cultural, el desarrollo histórico y político en la educación, y la naturaleza de los sistemas de la educación y las escuelas en ese país (Symeonidou, Simoni, 402).

Respecto al punto sobre qué estrategias manejan en aula para el proceso de inclusión de sus alumnos, y en especial de aquellos que cuenten con alguna discapacidad y/o BAPS, han afirmado que en general estas estrategias y actividades que utilizan en el aula están basadas más en su experiencia que en conocimientos adquiridos por algún tipo de formación profesional. Agregan que varias de ellas han sido de utilidad, sobre todo las metacognitivas y socio afectivas; no obstante, no siempre es tienen éxito. Entre las estrategias y actividades que realizan con alumnos con alumnos con discapacidad, están las siguientes:

Estrategias directas

- Estrategias de memoria: uso de imágenes y sonidos; adaptación de materiales visuales, el cual dependerá del tipo de discapacidad que presente el alumno; como *flashcards* (depende del alumno), respuestas físicas, utilizando el método de Respuesta Física Total o llamado en inglés *Total Physical Response* (TPR), juego de lotería (*bingo*), entre otras.
- Estrategias cognitivas: repeticiones, razonamiento deductivo, traducciones sencillas de párrafos o canciones cortas (sobre todo canciones modernas), etc.

Estrategias metacognitivas

- Autevaluación en los portafolios que algunos realizan.
- Escribir la importancia de aprender la lengua meta. Ven videos en inglés y platican sobre cómo les ayudaría aprender el idioma.

Estrategias socio- afectivas

- Trabajo en equipos para integrar al alumno y tener el apoyo de sus compañeros de clase; aunque comentan que en ocasiones tienen problemas con ello, ya que hay alumnos que no desean colaborar.
- Actividades lúdicas. Realizan diversos juegos para integrarlos en equipos o de manera individual, eso los hace sentirse relajados y disminuir el filtro afectivo.
- Algunos docentes realizan actividades de relajación con música clásica con los niños hiperactivos y les ha funcionado muy bien. También la utilizan cuando el trabajo en clase es pesado.
- Felicitan a sus estudiantes por los logros obtenidos, por muy leves que estos sean.

Las actividades sugeridas por los docentes encuestados se dividieron por tipo de estrategia para facilitar su comprensión para los lectores y organizar la información; aunque los docentes no los mencionaron de esta forma, únicamente enlistaron qué actividades realizan en el aula. Garry Hornby afirma en este sentido que,

> ...un componente crucial para la educación inclusiva es el uso de estrategias o intervenciones que tienen evidencia fuerte de efectividad y el evitar intervenciones que no tengan evidencia de efectividad. Los profesores necesitan ser capaces de identificar a los niños con necesidades educativas especiales y con alguna discapacidad (NEE) en sus clases... Ellos necesitan asegurarse que usan las estrategias e intervenciones que han probado ser efectivos para atender las dificultades de aprendizaje y manejar los retos de comportamiento con estos niños (244).

Por otra parte, un punto interesante a considerar es que un gran porcentaje de estos profesores son adultos jóvenes menores de 30 años, lo que en cierta manera podría permitir un poco más de apertura para manejar la diversidad y las Barreras de Aprendizaje y de Participación Social (BAPS) en el aula; ya que en nuestra experiencia es en ocasiones más complicado formar a docentes con mayor antigüedad o de mayor edad que a profesores jóvenes que están iniciando y muestran más deseos de aprender.

El rango de número de alumnos que los docentes tienen por grupo, que varía entre los 26 a los 45 alumnos por aula, lo que limita mucho al profesor para planear más las estrategias de apoyo a los alumnos que más lo requieren y aunque tengan la intención de buscar y elaborar estas estrategias, el tiempo en clase y fuera de ella se ve reducido para atender a tantos niños, calificando, planeando, asesorando, entre muchas otras actividades que se realizan en la práctica docente. Si a esto le agregamos la falta de formación docente en temas de procesos de inclusión; la situación en el aula puede volverse un problema y sus implicaciones pedagógicas se pueden ver reflejadas en no contar con los materiales adecuados ni seguir las metodologías propicias para los estudiantes con alguna discapacidad o que presente algún tipo de BAPS. Sin embargo, mucho más allá de eso, preocupa que la actitud del profesor sea negativa y poco empática hacia estos estudiantes debido a la ignorancia sobre los temas mencionados; sobre todo al observar que el 80% de los docentes encuestados no cuentan con la formación profesional adecuada para el manejo de alumnos con BAPS. Derivado de ello, en este proyecto de investigación se ha procurado insertarlos en un proceso de formación y actualización profesional con talleres, cursos y foros con especialistas en hiperactividad, Trastorno del Espectro Autista (TEA) y ceguera con debilidad visual; que como comentamos anteriormente, estos temas fueron los más mencionados por los docentes en estudios previos. Las reuniones de discusión con docentes planteadas para las intervenciones en la enseñanza, buscaban fomentar su desarrollo profesional y trabajo colaborativo.

Se observa también que los docentes de inglés de diversos niveles educativos no tienen reuniones para reflexionar y dar solución a este tipo de situaciones que se presentan en el aula. A pesar de todo, muchos de ellos buscan estrategias de manera empírica que les puedan ser de utilidad en el aula, y realizan acciones como; dinámicas inclusivas, materiales visuales o sensoriales y juegos o actividades lúdicas que les permite fortalecer el aprendizaje con sus alumnos. Las estrategias y procesos que los docentes en general llevan a cabo en las aulas, de acuerdo a las opiniones expresadas, son en su mayoría estrategias metacognitivas y socio-afectivas; dentro de las metacognitivas está el fomento de actividades didácticas con el uso de diferentes materiales con algunas adecuaciones en los materiales que usan, dependiendo del tipo de discapacidad del alumno; pero sobre todo, expresan la importancia de las estrategias afectivas, para facilitar el proceso de aprendizaje del alumno, otorgándole seguridad y confianza para que se sienta libre de expresar su opinión y se sienta parte del grupo. Independientemente de poner atención a investigar e implementar diferentes estrategias en el aula; es importante también trabajar en mejorar la infraestructura de las escuelas, ofreciendo un entorno más seguro y con las facilidades que los alumnos necesitan.

REFLEXIÓN

Una implicación muy valiosa, en nuestra opinión, es la oportunidad que tenemos las investigadoras y formadoras de docentes de inglés en servicio y futuros profesores; de seguir aprendiendo, de cuestionarnos sobre lo que estamos haciendo en el aula para enfrentar estos nuevos retos, el promover que las instituciones educativas, en este caso, fomenten la colaboración de todos los miembros de la comunidad y que podemos empezar por discutir si la institución donde laboramos promueve y otorga las facilidades necesarias para ofrecer una educación inclusiva. Reflexionar y cuestionarnos si nosotras mismas como docentes y formadoras verdaderamente lo estamos promoviendo en el aula, llevándolo a la práctica docente. Sería valioso preguntarse cuántos alumnos nuestros han requerido un apoyo extra y no los hemos atendido como requerían, pero también cuántos docentes se han sentido de la misma manera, pues la discapacidad y la exclusión se puede presentar a cualquier edad y a cualquier persona. El que no lo tengas en una etapa de la vida, no significa que nunca la vas a tener; por lo que habría que preguntarse ¿qué están haciendo las instituciones educativas y sus integrantes al respecto, para evitar o disminuir las barreras a los miembros de la comunidad universitaria que cuente con alguna discapacidad?, ¿qué se está haciendo en las universidades del país para fortalecer la inclusión en ellas?

Finalmente, concluimos con remarcar la importancia de difundir todas aquellas disposiciones en el marco de la legalidad y todos aquellos cambios al modelo educativo respecto a la inclusión y el respecto a la diversidad en las escuelas. En la sinopsis del Documento Informativo por una Educación Igualitaria y sin Discriminación se afirma: "Las niñas y los niños con discapacidad han sido marginados dentro de los sistemas educativos y han experimentado exclusión, discriminación y segregación en la educación… "Cuando se habla de discapacidad no se hace referencia a un asunto individual ni privado, al contrario, se habla de un problema colectivo y público, en tanto que se hace referencia a las barreras o limitaciones construidas dentro y por la sociedad –en sentido amplio–, que afectan la participación plena y el disfrute de derechos en igualdad de condiciones de las personas con deficiencias físicas, mentales, intelectuales o sensoriales", indica Ricardo Bucio Mújica, presidente del Consejo Nacional para Prevenir la Discriminación (Conapred).

Entonces, para aminorar o evitar estas barreras que dependen en mucho de la misma sociedad, se requiere de un trabajo colaborativo de todas las instancias para ello, empezando por conocer, investigar y aplicar aquellas estrategias que faciliten la inserción y aprendizaje de alumnos con BAPS; no sólo las que los docentes en servicio utilizan en el aula de manera empírica y por sentido común, sino también aquellas que la literatura profesional sugiere, sobre todo considerando el contexto de que se trate.

Es un hecho que este es un estudio que requiere de mayor atención para profundizar sobre el tema, pues 43 docentes del estado no son suficientes para afirmar respuestas; no obstante, ofrece un panorama general de lo que se está llevando a cabo en Chiapas y las implicaciones pedagógicas que se pueden considerar, y es importante señalar que ya se ha avanzado en este tema, pues estos docentes en su mayoría han respaldado el respeto a la diversidad, creen en apoyar a los alumnos con alguna necesidad educativa especial y en seguirse preparando profesionalmente en este campo; y todo esto refleja, sin duda, una apertura mental para poder seguir avanzando en pro de la inclusión en el aula. Hasta la fecha no se cuenta con mucha información sobre qué estrategias, metodologías o técnicas se utilizan en materia de enseñanza del inglés a alumnos con BAPS o con necesidades especiales en México. La efectividad de estos métodos en el proceso de enseñanza aprendizaje sigue siendo un punto de discusión que requiere ser atendido y que, por lo pronto, este proyecto únicamente aborda sobre los procesos y estrategias de inclusión que los docentes de inglés llevan a cabo en el aula. El papel del profesor se vuelve crítico y crucial para lograr un cambio en la educación inclusiva; como lo sugieren Monsen, J, Ewin, D. y Kwoka, M.:

> Los alumnos informaron que los maestros con actitudes más positivas hacia la inclusión tienen entornos de clase con mayores niveles de satisfacción y cohesión y niveles más bajos de fricción, competitividad y dificultad que aquellos con profesores que tienen actitudes menos positivas. Las actitudes del profesor hacia la inclusión aumentaron con una mayor adecuación percibida del apoyo interno y externo (4).

Y concluimos con este extracto de la Declaración de Salamanca: "Me es muy difícil entender la naturaleza de todas las cosas, es natural ser diferente, esta diferencia nos hace únicos ante los demás... entonces ¿por qué me señalas como diferente a ti?; ¿acaso no somos distintos y por lo tanto en esencia lo mismo?"

REFERENCES

Álvarez-Gayou Jurgenson, Juan Luis. "La Investigación Cualitativa. " *XIKUA Boletín Científico de la Escuela Superior de Tlahuelilpan* 2.3 (2014). Universidad Autónoma del Estado de Hidalgo. Junio 2019. Web. https://www.uaeh.edu.mx/scige/boletin/tlahuelilpan/n3/e2.html.

Bueno Adriana and Montserrat Ortiz. *La Importancia del Docente en la Inclusión Educativa.* Fundación Saraki. 2017. Web. 15 Sep. 2019 http://www.saraki.org/novedades/71/la-importancia-del-docente-en-la-inclusion- educativa

"Documento Informativo por una Educación Igualitaria y sin Discriminación. Educación Inclusiva. "*CONAPRED*. 2018. Secretaría de Gobernación. Web. Aug. 2019 https://www.conapred.org.mx/documentos_cedoc/Educacion_Inclusiva_2014_INACCSS.pdf.

D'Marreros, M. and P Chávez. La inserción de niños especiales en colegios regulares." *Lima: Cuestiones Sociales* 20 (2012). Print.

Díaz de la Garza, Ana María et al. "Teaching English as a Second Language to the Visually Impaired in Disadvantaged Contexts: A Case Study from Chiapas, Mexico." *Creating an Inclusive School Environment*. London: British Council, 2019 145-157. Print.

Garry, Hornby. "Effective Teaching Strategies for Inclusive Special Education "
Inclusive Special Education. New York: Springer, 2014. 61-82. Print.

Landeta, Juan Manuel Izar, Carmen Berenice Ynzunza Cortés, and Héctor López Gama. "Factores que afectan el desempeño académico de los estudiantes de nivel superior en Rioverde, San Luis Potosí, México." *Revista de Investigación Educativa* 12 (2011): 1-18. Print.

Luque Parra, Diego Jesús. "Las necesidades educativas especiales como necesidades básicas. Una reflexión sobre la inclusión educativa." *Revista Latinoamericana de Estudios Educativos* (2009): 201-233. Print.

Monsen, Jeremy J., Donna L. Ewing, and Maria Kwoka. "Teachers' attitudes towards inclusion, perceived adequacy of support and classroom learning environment." *Learning environments research* 17.1 (2014): 113-126. Web.

Sep- 2020 <https://link.springer.com/article/10.1007%2Fs10984-013-9144-8>

"El planteamiento pedagógico de la Reforma Educativa." *Modelo Educativo 2016*. Secretaría de Educación Pública. 2016. Web. 20 Oct 2020. https://www.sep.gob.mx/work/models/sep1/Resource/8007/1/images/modelo_educativo_2016.pdf

Symeonidou, Simoni. "Initial teacher education for inclusion: a review of the literature." *Disability & society* 32.3 (2017): 402. Web. 20 Sep 2019. https://www.researchgate.net/deref/http%3A%2F%2Fdx.doi.org%2F10.1080%2 F09687599.2017.1298992.

Tuñas, Javier. "La diversidad en el aula: Nuevos retos para la Educación. " Educaweb.Jan. 28 2008. Web. Feb. 10 2019. https://www.educaweb.com/noticia/2008/01/28/diversidad-aula-nuevos-retos- educacion-2759/>

CAPÍTULO 4

Formación de Evaluadores en le y su Impacto en Estudiantes de UAM-A

Gabriela Cortés Sánchez y Gerardo Alfonso Pérez Barradas

INTRODUCCIÓN

En la Universidad Autónoma Metropolitana (UAM-A) AM-A se aplican por trimestre alrededor de 1000 exámenes de alemán, francés o inglés con el fin de cumplir el requisito de idioma que cada una de las 17 licenciaturas y 12 posgrados fija como requisito para:
- Acceder a los programas de estudio.
- Cursar materias del área de concentración o cierto trimestre.
- Obtener grado de licenciatura o posgrado.

Los exámenes que se usan, evalúan, dependiendo del requerimiento de cada coordinación, la comprensión de lectura de los alumnos en una L.E. o las 4 habilidades. La evaluación de tales habilidades se hace a través de exámenes de comprensión de lectura o de certificación "A", "B" y "C". En relación al marco de referencia europeo de las lenguas el primero equivale al nivel A2, el segundo al B2 y el tercero al C1. Los exámenes que se ofrecen son elaborados al interior de la Institución como opciones de menor costo y a un nivel menos avanzado. Los instrumentos de evaluación de comprensión de lectura se encuentran en línea y los de certificación se aplican en papel y hay entrevistas personales para evaluar la habilidad oral.

ANTECEDENTES

En la CELEX de la UAM-A existen varios períodos de aplicación de exámenes de Comprensión de lectura y Certificación (mínimo dos veces por trimestre). En el año de 2018, de acuerdo a las estadísticas internas del CELEX se ofrecieron 8 períodos en los cuales 2,126 estudiantes se inscribieron al examen de comprensión de lectura, pero sólo 1800 lo presentó. El 50.44 % lo aprobó lo que quiere decir que 892 aproximadamente lo reprobaron. Las cifras no fueron satisfactorias y dio lugar a reflexionar y buscar mejores resultados a través de una

investigación sobre el impacto de la evaluación y sus efectos en el proceso de evaluación (*washback*); para lo cual se planteó un esquema de estudio en tres fases:
1. Una primera parte donde se analizó el proceso, criterios y validación que se siguen para elaborar los instrumentos que se utilizan por la CELEX para evaluar la comprensión de lectura o las cuatro habilidades de un idioma. Las reflexiones finales fueron que la evaluación en línea tiene muchas ventajas, no obstante es necesario realizar todo un proceso de elaboración complejo y detallado para tener un instrumento de evaluación válido y confiable además de tener en cuenta los posibles problemas que la modalidad en línea pueda presentar como son la competencia informática del estudiante y la dificultad en algunos casos para utilizar estrategias de comprensión de lectura porque hay alumnos que requieren hacer anotaciones e incluso subrayar los textos.
2. De los resultados y análisis de la fase anterior surgieron preguntas de investigación respecto al fracaso de los usuarios en los exámenes:
    a. ¿Los alumnos cuentan con al menos nivel de comprensión de lectura correspondientes al A2 del Marco de Referencia Europeo para las lenguas?
    b. ¿La modalidad del examen en línea es una variable que influye en el índice alto de reprobación?
    c. ¿Existe correlación entre ambas preguntas?

En esta segunda fase, el mayor hallazgo de conformidad con los datos que lo sustentan fue que la mayoría de los alumnos a pesar de saber que no tienen el nivel de inglés requerido para presentar el examen se inscriben para probar suerte y poder de esta forma acreditar el examen que les impide cumplir con el requisito de idioma de sus carreras.

Otro factor relevante que afecta los resultados es que para el caso de los exámenes de comprensión de lectura para muchos estudiantes es su primera experiencia en resolver un examen en línea.

Ambos hallazgos, nos permiten sostener que los fracasos de los alumnos en sus resultados de examen pueden ser determinados por su falta de competencia informática o por no tener el nivel de inglés requerido. La mayor preocupación en la información que se obtuvo fue el impacto que puede tener en la vida de los estudiantes porque cuando el resultado es reprobatorio cabe la posibilidad de impedir su avance a ciertos trimestres de sus carreras, la conclusión de sus estudios o consecuencias negativas en su vida laboral.

3. Finalmente, tras los hallazgos y reflexiones surgidos de la anterior etapa de investigación surgen las preguntas que son relevantes para este trabajo:
    a. ¿Cuál es la competencia de los profesores para elaborar instrumentos de evaluación en el área de LE?
    b. En la perspectiva de los profesores ¿Cómo impactan los resultados de los exámenes de certificación y de comprensión de lectura de la UAM-A en la vida de sus estudiantes?

c. ¿Qué hacen los diseñadores de exámenes y profesores después de una evaluación donde un alto porcentaje de alumnos reprueban?

CONCEPTOS FUNDAMENTALES DE EVALUACIÓN EN ESTA INVESTIGACIÓN

Competencias para evaluar un idioma

De acuerdo con Bachman y Palmer, la competencia para evaluar un idioma debe contemplar los siguientes aspectos (60):

- Conocer los principios fundamentales que deben tomarse en cuenta al iniciar cualquier proyecto de evaluación ya sea que involucre la creación de nuevos exámenes o el uso de ya existentes.
- Comprender las cuestiones y aspectos básicos en el uso de exámenes de idiomas.
- Entender los aspectos esenciales, tipos y métodos para medir y evaluar un idioma.
- Tener habilidad para diseñar, desarrollar, evaluar y usar exámenes de idiomas de una manera apropiada para determinado propósito, contexto y grupo de usuarios del examen.
- Tener habilidad para leer de una manera crítica resultados de investigación en el área de evaluación con el fin de tomar decisiones bien sustentadas.

Otro concepto importante para este trabajo es el de "utilidad de un examen", el cual se define como la manera en que evaluamos la elaboración y uso del examen, pero también otros aspectos de este a los que Bachman y Palmer (23) nombran como cualidades y son:

Confiabilidad: Consistencia en la medida, obtener los mismos resultados, aunque hayan sido aplicados en distintas ocasiones, pero bajo las mismas circunstancias.

Validez de constructo: usando evidencia y argumentos para justificar decisiones e interpretaciones de porque una respuesta es adecuada o correcta. Se deben elaborar constructos (conceptos específicos como indicadores de lo que deseamos evaluar).

Autenticidad: medida en la que un ejercicio de examen responde a situaciones reales y concretas en el uso de lengua meta y que no sean idiosincráticas al examen.

Interactividad: medida en la que el usuario de un examen involucra sus características personales para poder complementar una tarea del examen.

Sentido práctico: la manera en que el examen será implementado, desarrollado y usado para cualquier situación, si un examen excede los recursos planeados para implementarlo, no tendría esta cualidad.

Impacto: se refiere a la repercusión de los resultados del examen en el individuo (micro) y en los sistemas educativos y sociales (macro). Los actos de administrar y tomar un examen implican ciertos valores y metas y tienen consecuencias, así como el uso que se le dé a los resultados de examen. Tal como lo plantea Bachman y Palmer, las pruebas no se desarrollan ni se usan en un tubo de ensayo psicométrico, por el contrario, son creadas con el fin de servir a las necesidades de un sistema educativo o a la sociedad. (291)

Un término que ha sido de interés tanto para los investigadores en el área de evaluación y para quienes los diseñan es el de washback. (Cohen 41) lo define como "la forma en que los instrumentos de medición afectan las prácticas y creencias educativas". En otras palabras, son las repercusiones que tiene la evaluación en los procesos y en los resultados del aprendizaje y de la enseñanza. El efecto puede repercutir en las actitudes de las autoridades educativas, profesores, estudiantes, en los procesos de enseñanza y de aprendizaje, en el currículo, los contenidos, la metodología y en los productos que se derivan de estos procesos. (Nelson Castillo, 455)

Este proceso tiene lugar y es realizado por individuos, así como por los sistemas educativos y sociales.

El impacto de los resultados opera en dos niveles: micro, en términos de los individuos que son afectados por el uso del examen y macro, en términos del sistema educacional o social. El impacto puede recaer sobre los usuarios del examen y sobre los profesores. Los estudiantes pueden resultar afectados de tres formas:

> ➢ Por la experiencia inherente a contestar el examen y, en algunos casos por la forma de prepararse para el mismo.
> ➢ La retroalimentación que reciban sobre su resultado de examen.
> ➢ Por las decisiones que se tomen con base en el resultado. Por tanto, es básico considerar la imparcialidad para tomar decisiones justas. Lo justo de un examen está vinculado con la relevancia y propiedad de los resultados para tomar una decisión, pero también tiene que ver con que el usuario esté completamente informado sobre la manera en que se toman las decisiones para el resultado.

Los profesores también se ven afectados por los resultados, especialmente cuando se enseña para que el alumno pase el examen, lo cual afecta la autenticidad del examen.

El Estudio

Para realizar esta investigación se elaboró un cuestionario mixto (preguntas abiertas y cerradas) de 26 preguntas divididas en 6 secciones (ver Tabla 1).

Tabla 1: Secciones del Instrumento Utilizado para el Presente Estudio

Cuestionario			
1. Datos generales		**4. Diseño de exámenes**	
1		14	Cerrada
2		15	Cerrada
3		16	Cerrada
4		17	Abierta
2. Conocimientos sobre evaluación		18	Abierta
5	Abierta	**5. Impartición de cursos**	
6	Cerrada	19	Cerrada
7	Abierta	20	Abierta
8	Abierta	21	Cerrada
3. Formación en evaluación		22	Cerrada
9	Cerrada	**6. Conceptos sobre impacto**	
10	Cerrada	23	Cerrada
11	Cerrada	24	Abierta
12	Abierta	25	Cerrada
13	Abierta	26	Abierta

Fuente: Propia

Éste se piloteó y corrigió para posteriormente enviarse a los profesores que participan en los cursos regulares (de lunes a viernes) y sabatinos de la UAM-A para que lo contestaran en línea (ver Figura 1)

Figura 1: Portada de la encuesta

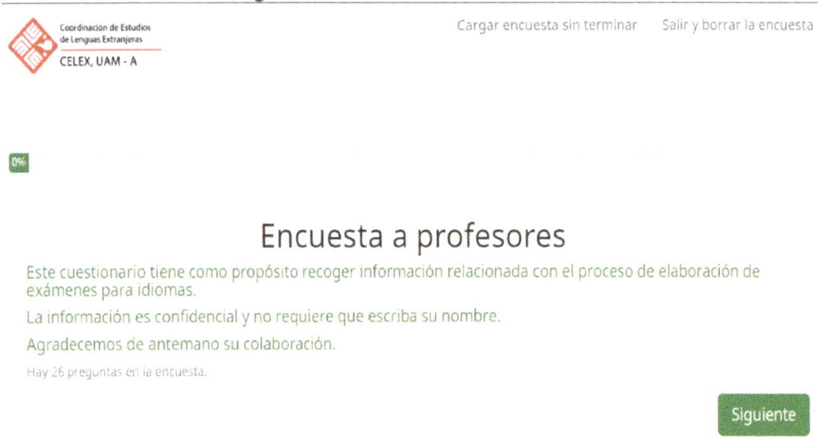

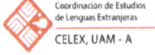

Coordinación de Estudios de Lenguas Extranjeras
CELEX, UAM - A
Cargar encuesta sin terminar
Salir y borrar la encuesta
0%
Encuesta a profesores
Este cuestionario tiene como propósito recoger información relacionada con el proceso de elaboración de exámenes para idiomas.
La información es confidencial y no requiere que escriba su nombre.
Agradecemos de antemano su colaboración.
Hay 26 preguntas en la encuesta.
Siguiente

Fuente: (http://edutk.org/encuestador/index.php/481539?lang=es)

RESULTADOS

Se contestaron 89 encuestas de las cuales sólo el 38% (aproximadamente 33 sujetos), fueron totalmente completadas (ver Figura 2), por lo que se decidió utilizar únicamente la parte de la muestra que estaba completa debido a que no es posible conocer la razón por la cual la abandonaron; además de que no hay evidencias o manera de interpretar el resto adecuadamente.

Figura 2: Encuestas aplicadas

1.1. Encuestas aplicadas (89)
Completadas 38%
Inservibles 59%
Parciales útiles 1%
Poco útiles 2%

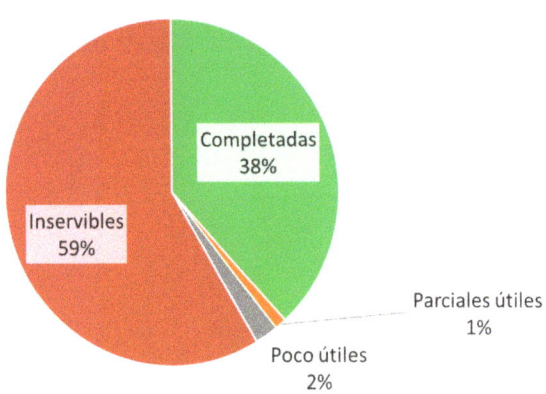

Fuente: Propia

La encuesta se aplicó del 17 al 24 de febrero, siendo el 20 de febrero cuando el mayor número de sujetos la contestó (ver Figura 3). Cabe señalar que la mayoría de la muestra útil fueron del sexo masculino (67%) y el 91% del universo enseñan el idioma inglés.

Figura 3: Frecuencia de Recepción de Respuestas de la Encuesta

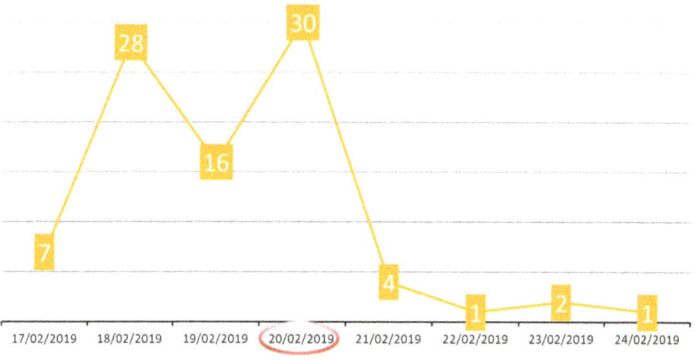

Fuente: Propia

Respecto a la primera pregunta de conocimiento (segunda sección del cuestionario), las respuestas evidenciaron que el 60% de los encuestados no tienen claro los diversos tipos de exámenes que existen tales como de diagnóstico, de logro, de certificación, ubicación y progreso (Huerta González 53) ya que mencionaron solo nombres de exámenes internacionales como TOEFL, PET, KET, First Certificate of Cambridge, TOEIC, Goethe-Zertifikat, DALF, etcétera; pero sin especificar que se tratan de exámenes de certificación. Por otro lado, el 17% contestó adecuadamente, es decir sus respuestas correspondieron a los siguientes tipos de exámenes: progreso y certificación. El 16% confundió tipo de examen con tipos de reactivos, tareas o ejercicios. El porcentaje restante no contestó o aclaró que no entendió la pregunta (ver Figura 4).

Figura 4: Respuesta a la Pregunta: 2.1. Menciona los Tipos de Exámenes que Conoces

2.1. Tipo de examen

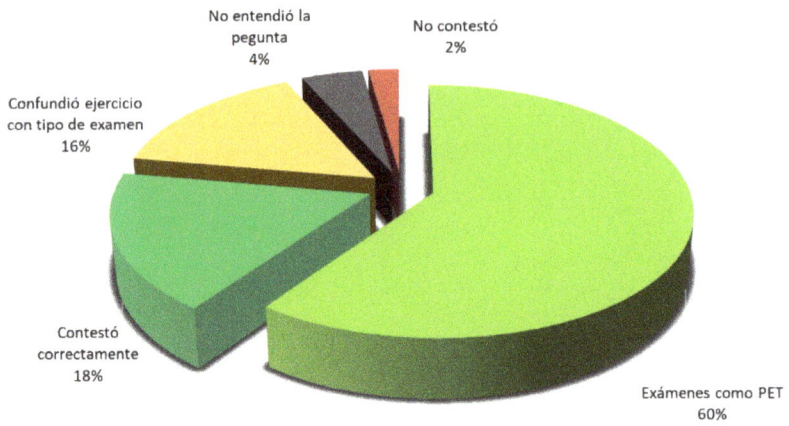

Fuente: Propia

A su vez, se indagó sobre la experiencia que los profesores de L2 tienen al presentar diferentes tipos de exámenes, lo que permitió observar que el 73% de los profesores no han presentado ninguno recientemente, mientras que el 27% restante sí, sobre todo exámenes de Certificación como el CAE, PET y sólo uno de colocación. De los nueve comentarios respecto a la experiencia en el examen, los comentarios positivos (22%) se ven superados considerablemente por observaciones con una clara tendencia negativa (78%) ya que utilizan palabras como estresante o aburrida para referirse a ella.

Figura 5: Exámenes Presentados Recientemente Comparado con la Experiencia del Mismo

2.2. Exámenes presentados recientemente

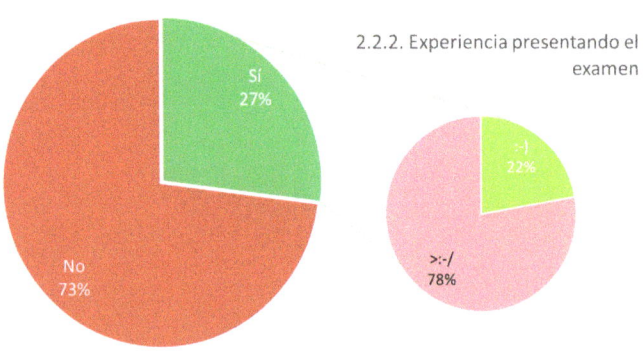

Fuente: Propia

Formación de Evaluadores en le y su Impacto en Estudiantes de UAM-A

En la tercera sección del instrumento se abordaron tópicos relacionados con la formación en evaluación de los profesores encuestados y se encontró que la mitad de ellos han tomado al menos un curso (ver Figura 6). Se revisaron las respuestas de la encuesta y quienes la abandonaron o no contestaron en su totalidad.

Figura 6: Cursos Tomados por los Profesores sobre Evaluación

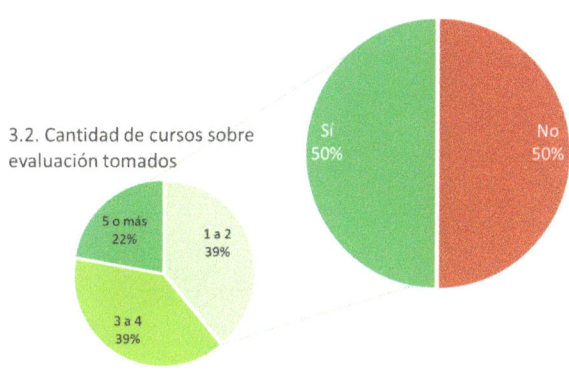

Fuente: Propia

Es importante señalar que para la mayoría de quienes han tomado cursos al respecto, los conocimientos obtenidos resultan sumamente valiosos (56%), mientras que para el resto (44%) los contenidos resultaron novedosos. De alguna manera, se puede afirmar que todos aprecian la utilidad del curso de alguna manera y el 100% de esta población está de acuerdo en continuar preparándose en materia de evaluación.

La formación recibida se obtuvo tanto en instituciones públicas como privadas de enseñanza-aprendizaje de lenguas extranjeras, dentro de las cuales destacan, por orden de menciones: UNAM, The Anglo, Anglo Americano, Biblioteca Benjamín Franklin, International House, UAM, UPN, IFAL, el Consejo Británico e Instituto Goethe, entre otras.

La cuarta sección, correspondiente a la elaboración de exámenes, permite observar claramente como la gran mayoría de la muestra que continuó contestando la encuesta ha participado de esta tarea independientemente de haber o no recibido habilitación al respecto.

Figura 7: Realización de Exámenes

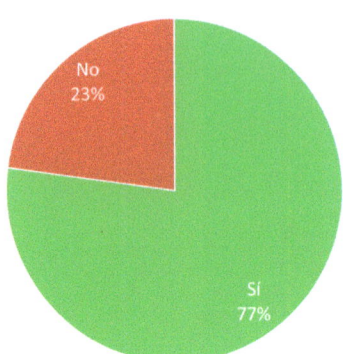

Fuente: Propia

En esta sección se cruzó la información de quienes formalmente habían recibido instrucción de los que no para presentar información más detallada (ver Figura 8).

Figura 8: Gráfica que Contrasta la Población que ha Tomado Cursos de Evaluación en Comparación con la Elaboración de Exámenes

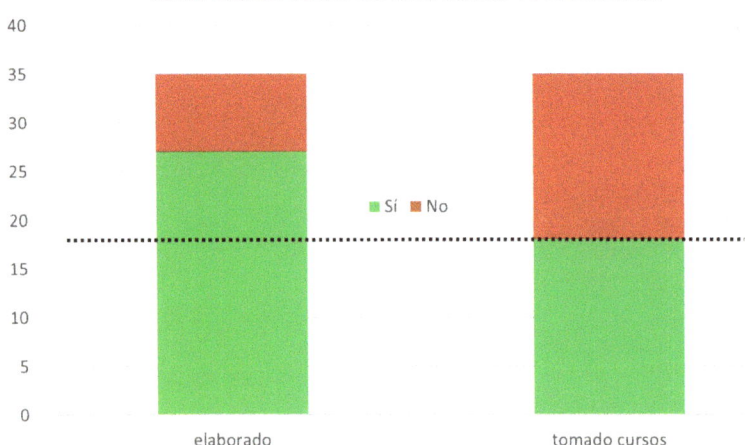

Fuente: Propia

La gráfica anterior (Figura 8) muestra un porcentaje que, aparentemente, resulta bajo de exámenes elaborados sin una adecuada instrucción, ya que aproximadamente se trata de una tercera parte de estos sujetos. Sin embargo, al pormenorizar la cantidad de exámenes que cada profesor elabora anualmente, las cifras varían como puede observarse en las Figuras 9 y 10.

Figura 9: Cantidad de Exámenes Realizados sin Habilitación Alguna (barras de color rojo)

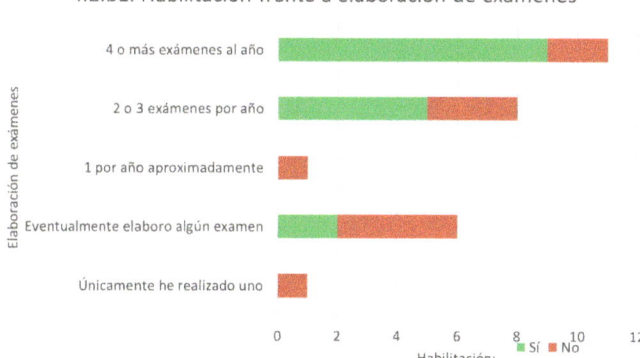

Fuente: Propia

Figura 10. Porcentaje de Exámenes Totales del Último Año Realizados

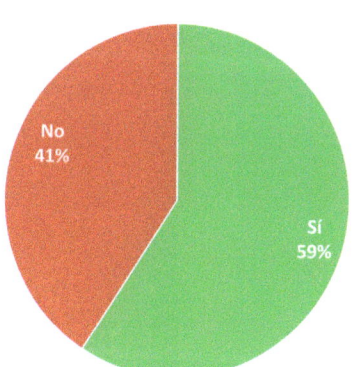

con (59%) y sin (41%) Habilitación
Fuente: Propia

Otro factor importante que se consideró fue conocer la forma en que cada uno de estos exámenes se elabora, donde se observó que la mayoría de los profesores encuestados los elabora sin ayuda y es muy reducido el número que lo hace de manera colegiada (ver Figura 11).

Figura 11: Forma de Organización en que los Profesores Eaboran sus Exámenes

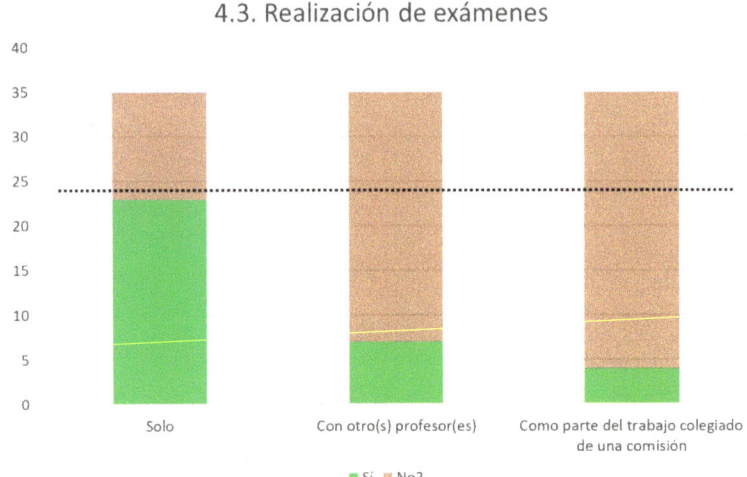

Fuente: Propia

La penúltima sección del cuestionario aborda la impartición de cursos de entrenamiento para presentar exámenes de certificación o comprensión de lectura que los profesores han ofrecido, donde puede observarse que menos de la mitad (43%) han tenido dicha experiencia y solo una tercera parte se habilitó para ofrecer dichos cursos (ver Figura 12).

Figura 12: Impartición de cursos de preparación y su respectiva habilitación

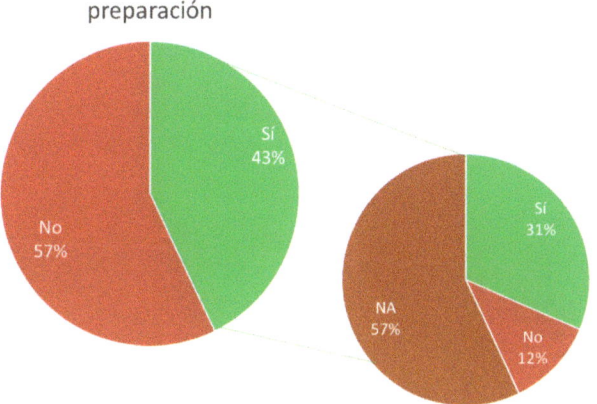

Fuente: Propia

Dentro de los profesores habilitados para impartir entrenamiento para presentar exámenes de certificación o de propósitos específicos, el 64% recibieron dicha habilitación por requerimiento de una Institución y un 36% por un compromiso personal. Esto es un poco contradictorio ya que, en el tercer apartado, el 100% de los maestros expresó su deseo por tomar cursos de evaluación, pero en la Figura 13 la mayoría lo consideró como una obligación.

Figura 13: Motivo de la Habilitación para Impartir Cursos de Preparación

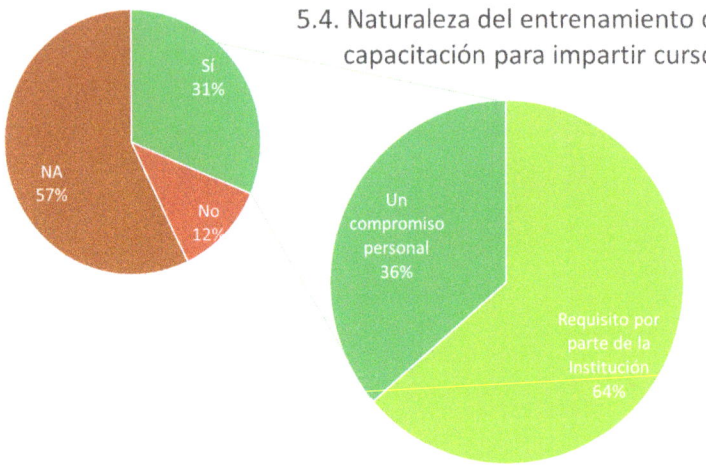

Fuente: Propia

Finalmente, siendo uno de los temas centrales del presente trabajo, la sexta sección analizó la percepción del profesorado en el impacto que los exámenes tienen. Si bien todos los profesores respondieron que efectivamente el resultado de la evaluación afecta en la vida de los estudiantes o examinados, en la pregunta abierta que indagó el cómo, únicamente se encontraron 3 respuestas que darían sustento a la afirmación realizada:

1. "Una calificación aprobatoria le da la oportunidad de continuar con sus planes, proyectos o requisitos para ingresar en otra institución, en un posgrado o para conseguir un mejor empleo, o simplemente un empleo".
2. "En términos de valor curricular en el acceso a posibles oportunidades académicas o laborales".
3. "Contundentemente; afecta psicológica, académica e incluso laboralmente".

Tocante al conocimiento del término *washback*, la mayoría de los encuestados desconoce el término y solo hubo 3 respuestas que se acercaron al significado:

1. "Es la idea de que las pruebas en sí pueden tener un efecto colateral, ya sea positivo o negativo, en la currícula, materiales y todo lo relacionado con la enseñanza".

2. "Es un efecto colateral en el aprendizaje/enseñanza de un idioma (sobretodo el inglés) cuando ésta está enfocada a pasar ciertos exámenes internacionales".

"Se refiere al efecto que puede causar el resultado de un examen en los procesos de enseñanza y de aprendizaje".

Discusión

Más allá de enfrentar a los profesores y expertos en evaluación como Johnson ejemplifica claramente en el último capítulo de su libro, el interés de este trabajo es el de unir esfuerzos entre profesores e instituciones para abordar esta tarea titánica tan relevante (61).

El resultado respecto a la primera pregunta de esta investigación nos permite sustentar que a la mayoría de los sujetos de esta muestra les falta competencia para elaborar instrumentos de evaluación en el área de LE ya que la mitad nunca ha tomado un curso sobre evaluación de una Lengua Extranjera y solo un tercio de esa mitad ha tenido acceso a uno. Tampoco se manifestó claridad en el conocimiento básico para la elaboración de exámenes de idiomas como pueden ser tipos de examen, especificaciones de un examen, diferencia entre tipos de examen y tipos de reactivos (ejercicios y tareas) porque un 60% no pudo indicar los distintos tipos de examen y los confundió con tipos de reactivos. También llama la atención que, aunque un 43% ha impartido cursos para preparación de exámenes de certificación únicamente el 31% de ese porcentaje recibió habilitación para darlo. No obstante, es rescatable su interés por formarse en esta área debido a que el 100% mostró interés en tomar cursos de evaluación en el futuro y la mayoría concluyó que el conocimiento adquirido fue muy valioso.

Relativo a si los profesores diseñan exámenes, es sorprendente ver que un 77% lo hace a pesar de que solamente la mitad de la muestra comprende y entiende los aspectos básicos de la evaluación en idiomas, además de poseer la habilidad para elaborar exámenes de manera apropiada. No hay que olvidar que hay un 27% que nunca ha sido capacitado y diseña exámenes hasta 4 veces al año. Otro aspecto preocupante es que casi todos elaboran sus exámenes de manera individual; lo cual lleva a cuestionamientos tales como:

➤ ¿Hay alguien que les dé una serie de especificaciones para elaborarlos?
➤ ¿Quién revisa los exámenes?
➤ ¿Se reflexiona en torno al impacto y se hace washback?

Es importante recordar que las especificaciones son los lineamientos oficiales de qué y cómo se va a evaluar. Las especificaciones deben incluir tipo de examen, sujetos a quienes va dirigido, habilidades a evaluar, secciones, tiempo, tipo de reactivos o ejercicios, número de reactivos para cada sección, rúbricas y criterios para evaluar. En otras palabras, es la base para elaborar cualquier examen por lo cual es imperante saber este concepto.

De la misma forma tampoco debemos hacer de lado que al elaborar nuestros exámenes alguien más debe revísarlo no importa el propósito, el nivel o lo sencillo que pueda ser el examen porque esto nos ayudará a mejorarlo y en el caso de que haya errores, ejercicios o tareas confusas podamos corregirlas. Es recomendable tener un comité de exámenes para analiza las versiones finales. Estos comités deben están conformados por aquellos profesores con mayor experiencia y formación en el área de evaluación. (Alderson y Clapham 103-119)

Referente a uno de los temas centrales de esta investigación: el impacto, se puede sustentar que el 100% de los sujetos de la muestra conocen el posible efecto de los resultados de evaluación. No obstante, es difícil asegurar si un 90% ha reflexionado sobre el impacto que va más allá de reprobarlos y desanimarlos, motivarlos o desertar en un curso de idiomas. El impacto del resultado se vuelve algo muy delicado por las decisiones que se tomen con base en este. En el caso de la UAM-A las afectaciones pueden ser serias. En algunos casos la premura por titularse los conduce a presentar el examen tantas veces como se les permita debido a que no hay una restricción para presentarlo.

Por lo tanto, es necesario considerar la imparcialidad y es preciso tomar decisiones justas al respecto. El uso de un examen justo está vinculado con la relevancia y propiedad de los resultados para tomar una decisión, mientras que lo justo de un examen también tiene que ver con que el usuario esté completamente informado sobre la manera en que se toman las decisiones para el resultado. También es determinante la "competencia para evaluar un idioma" que inicia por parte de profesores involucrado en la elaboración, y utilización de exámenes que existen en el mercado hasta habilitarse integralmente y mantenerse a la vanguardia en la materia, a la par de la lectura crítica de los nuevos hallazgos de investigación en evaluación (Tejada y Castillo 455).

Acerca del término washback (efecto), el 65% de los profesores desconoce el término y del 35% que se aproxima a una definición, únicamente el 25% (que representa el 9% de la muestra total) tiene correspondencia con el significado. Este término resulta fundamental en evaluación toda vez que los efectos se ven reflejados en los resultados de todo el diseño, elaboración y evaluación (proceso) de un examen. Por eso al elaborar exámenes debemos volver al origen inicial de su objetivo, como una etapa establecida para ayudar al aprendizaje, para corregir lo que hay que corregir y no usarlo como un instrumento de clasificación, que muestre el error y premie únicamente a los que alcanzan altos puntajes. (Díaz Barriga 327). Olvidar esto nos hace parte del fracaso de muchos de nuestros estudiantes.

El estudio toma una actitud crítica hacia el contexto de los investigadores para evitar administrar exámenes inapropiados a las características y necesidades de nuestros alumnos, o usar métodos de evaluación o ciertos exámenes sólo porque están de moda o los impone cierto grupo social.

En relación a la tercera pregunta de investigación de este estudio, el efecto de los resultados para los diseñadores de exámenes y profesores si el índice de reprobación es alto, la información del corpus recabado a través del cuestionario no nos permiten dar una reflexión al respecto, pero si se puede afirmar que el efecto clasificatorio de los resultados sobre todo en exámenes a gran escala (Díaz Barriga 327) da lugar a esta investigación que tuvo tres elementos fundamentales a analizar: los instrumentos de evaluación, los estudiantes y los profesores encargados de elaborar instrumentos de evaluación en la CELEX-A con el propósito de encontrar en dónde radica el problema que casi la mitad de que los alumnos que lo presentan no obtengan resultados satisfactorios y en un futuro tomar acciones para lograr que los índices de aprobación se incrementen.

También es necesario pensar que aun cuando no todos los profesores tienen competencia para evaluar un idioma (Bachman y Palmer, 1996) los maestros elaboran exámenes como lo mostró el estudio. Muchos los hacen sin pensar si están preparados para hacerlo si conocen los principios fundamentales a tomar en cuenta para iniciar proyectos de evaluación, uso de exámenes y habilidad crítica para darse cuenta que hay errores en la forma de estar evaluando o incluso se ha perdido la esencia de la evaluación que es la formación y aprendizaje y no la clasificación de resultados educativos a partir de resultados educativos. (Díaz Barriga, 2017). En la UAM-a se libera del requisito de idioma a quien obtiene ciertos puntajes y ahí termina el proceso de enseñanza-aprendizaje para los profesores. Muy pocos maestros piensan en el impacto y efecto cuando los alumnos obtienen una calificación reprobatoria y tampoco hay repercusión en las metodologías para enseñar y evaluar.

La propuesta para concluir este trabajo es que nuestras instituciones asuman la responsabilidad de proporcionar una formación sólida que desarrolle la competencia en evaluación a los encargados de diseñar exámenes y evitar pensar que sólo un grupo de expertos puede desarrollar y usar métodos de evaluación adecuados. Asimismo, es necesario lograr conciencia en los profesores de la importancia de su responsabilidad al elaborar instrumentos de evaluación para idiomas, y no perder de vista la magnitud que el impacto de su trabajo tiene en la vida de nuestros estudiantes.

REFERENCES

Alderson, Charles, Caroline Clapham & Dianne Wall. *Language Test Construction and Evaluation.* Cambridge: Cambridge University Press, 1995. Print.

Bachman, Lyle y Adrian Palmer. *Language Testing in Practice.* Oxford: Oxford University Press, 1996. Print.

Cohen, Andrew. *Language Ability Assesing in the Classroom.* New York: Heinle and Heinle, 1994. Print.

Douglas, Dan. *Understanding Language Testing.* London: Hodder Education, 2010. Print.

Huerta, Arturo. "Evaluación de lenguas extranjeras". *Memorias del Segundo Coloquio de Lenguas Extranjeras.México.* 2001: 53-68. Print.

Johnson, Keith. *Aprender y enseñar Lenguas Extranjeras. México: Una Introducción.* México: Fondo de Cultura Económica, 2008. Print.

Díaz-Barriga, A. "De la evaluación individual a una evaluación social-integrada: La institución educativa, su unidad." *Docencia y evaluación en la Reforma Educativa* (2013) : 327-364. Print.

Harvey, Tejada y Nelson Castillo. "El backwash effect o los "efectos colaterales" del examen ECAES, Prueba de inglés 2009. Un análisis crítico." *Lenguaje* 38.2 (2010): 449-480. Web. 17 Oct 2019
<http://bibliotecadigital.univalle.edu.co/bitstream/10893/3516/1/Art07- 449.pd>.

CHAPTER 5

How Come You're a Teacher? Foreign Language Teachers' Voices

Iraís Ramírez Balderas, and Patricia María Guillén Cuamatzi

BACKGROUND

According to the Organization for Economic Co-operation and Development (OECD) the three main challenges of the Mexican Educational System are equal coverage, quality of the educational processes and levels of learning, as well as the integration and functioning of the educational services and institutions. Even when an estimated 1,475,456 teachers are working in the different educational levels in Mexico (INEE), more teachers are needed to meet the coverage equality. However, it is not only a matter of coverage but also of quality in education. It is considered that a large part of the quality of the educational processes relies on teachers, therefore the OECD has suggested policies that aim at attracting, developing and retaining effective teachers. If the policies are to be effective, they must match with teachers' expectations and motivations to enter and stay in the profession.

Both, expectations and motivations are dynamic. That is they change over time which is why this study considers teachers at different levels of development, from pre-service to senior. Senior teachers ae those who have been in service for over 7 years. The School of Philosophy and Literature of the Universidad Autónoma de Tlaxcala (UATx) has offered the Program on Foreign Language Teaching for over 30 years and even though the program clearly states its orientation to teacher training, few students seem to have that in mind. Their expectations and motivations are key in their commitment to the program. However, not all effective teachers must have always wanted to become one. Teachers may become committed to their profession at different points of their development and for different reasons.

As a result of the above, this study explores pre- and in-service teachers' reasons to become teachers, the point in time when they decided to do so and their perceived benefits. In a study by Park and Byun on students' expectations of becoming teachers, Mexico was excluded because the authors could not gather information about teachers' salaries and their Program for International Student

Assessment (PISA) levels among others. Consequently, this study intends to contribute to the area of teacher education by understanding better teachers' motivations through their own voices.

Motivation for the teaching career

When wanting to join higher education, most students face a critical moment: career choice. Choosing a career is an important action with considerable implications, such as emotional, personal, labor, familiar and professional issues. In addition, some interrelated factors, such as gender, socioeconomic status, professional stereotypes among others, shape the act of deciding one's career. Choosing is a "developmental process, or a series of decisions over a period of years" (Evans 225), which takes place differently among occupations and based on the social and cultural contexts. Teaching, for example, entails a series of qualities which distinguish it from other professions in terms of the length of time one spends in the school and where individuals gain knowledge to eventually be part of the society. Consequently, teachers are always in continuous interaction with students which entails a great responsibility of forming individuals. This scenario may lead us to question the reasons why teachers decide to take up such an endeavor.

There is a growing body of research on the factors motivating the choice of the teaching career. Evans conducted a study in order to gain insights on teachers' main reasons to decide to be part of this profession. Through questionnaires and in-depth interviews of first year teachers, this author found out that the main reasons for entering the teaching profession were: the opportunity to contribute to society, love to work with children and young students and the influence of others such as family members or teachers which are included as altruistic motives. Furthermore, the findings addressed other reasons such as early identification with the profession, no definite plans so college provided a solution and the influence of the cultural beliefs about teaching. For Evans, some of the participants' perceptions of the teaching career might have been unrealistic to a certain point since they were not in the labor field. Yet the author says that the first years on the job play an essential role to gain some understanding and the commitment to materialize student teachers' early decision and develop a realistic perspective.

Similarly, Khoh, Ling, Ch'ng and Chuan wanted to gain insights as to why student teachers had selected teaching as a career in order to predict possible retention rates in the profession. This study was part of a longitudinal study towards teachers' attitudes, teaching and professional development so students of four initial teaching preparation programs in Singapore were administered a questionnaire. These scholars identified nine themes from which the four most important were: the interest in teaching, love for children, the fulfillment of a mission and job factors, i.e., the challenge, lifelong learning and the security it provides. In addition, other motives were role models inspiration, the need to answer a higher calling, a keen interest in a subject area, financial reasons and teaching as a previous step for other bigger desires. As it can be observed, altruistic and intrinsic factors were the most salient. Furthermore, results did not show significant difference in terms of gender but in terms of age because it seemed that the older the students the more motivated by altruistic reasons they were. An important fact to mention is the economic issue for the student teachers where the previous study was conducted since they are paid while studying. The salary increase is reasonable, and the tuition fees are overseen by the Ministry of Education. Such conditions may explain why the financial factor may not be an issue as it can be in other contexts, such as in Mexico, and why the intrinsic reasons are the most important.

Another study by Topkaya and Uztosun was carried out in Turkey in order to first, identify prevalent career motivations among pre-service English language teachers considering gender and grade levels; and second, to get insights about the factors influencing people's decisions to choose English teaching as a career. These authors argue that research has grown on the attractors which influence people's choices to pursue a career in teaching. They also mention that motivating young people to the teaching profession and maintaining the trained ones within it, becomes more and more difficult. Topkaya and Uztosun mentioned three basic traditional categories of motives for the teaching career which are extrinsic (salary, lengthy holidays), intrinsic (interest and personal experience) and altruistic motives (contribute to the other's growth). In addition, they referred to other theories of career motivation from which four are key to this study. The first one is the self-concept theory by Super to explain the key role of an individual's perceptions of self as determinant to choose a profession. The second one is Gottfredson's theory which considers that two variables determine the career choice: sextype rating and prestige level. Thirdly, Bandura's construct of self-efficacy to explain that the perception of an individual to perform a profession will determine or not his/her choice of that profession. Finally, the Expectancy-value Theory which explains that the expectations of success and the value of the task may very likely determine the motivation for career choice. The latter theory led to the construction of a scale named factors influencing teaching choice (FIT-Choice) developed by Richardson and Watt as a comprehensive framework to guide systematic investigation of why people choose teaching as a career. Topkaya and Uztosun gathered the data through a two-part questionnaire: the first section was for demographic information and the second one included the FIT-Choice adapted. The results showed that for female participants the three main attractors were intrinsic career value, social utility and socialization influences. Whereas for males, it was social utility values, intrinsic career values, job security and employment opportunities. As noticed, female and male varied in their motivations which may be explained due to their cultural, social and economic contexts and the subject areas they will probably teach once they graduate.

Another study by Ponte considered gender as an important variable in the teaching career choice. The objectives were: to recognize males' participation in teaching as their way to contribute to education; to gain some understanding on how to address males, and their tendency to disregard teaching as a career as well as to offer some recruitment strategies to motivate more males into the teaching profession. This author explains that there are several factors that may prevent males entering the profession. The factors included: the feminization of the teaching profession; the fact that there are many more men in much better paid leadership positions in schools; the relation between women's recruitment, nurturance, and sentimentalism. There are reasons that support the necessity to incorporate men into teaching such as to provide more male roles to students since nowadays many fathers are absent in families. Male teachers also offer an environment of diversity of perspectives, styles and teaching strategies. Finally, establishing gender balance to educate teacher candidates, faculty and society is crucial in order to challenge stereotypical gendered views of the teaching practices.

Ponte gathered the data by applying an informal survey and a semi-structured interview and the analysis was carried out based on grounded theory. The four final categories from the data were: motivational factors to teaching (e.g., altruism, influencing over others' lives); inspirations for teaching (previous role models and, family members' influence); rewards (e.g., promotion of learning, expertise, learning beyond the classroom); and advice for those considering teaching as a career (e.g., other rewards of teaching besides the purely economic). It is important to mention that one of the main contributions of Ponte's study was to make the voices of male teachers heard from their real experiences in the teaching profession field.

Other factors included in the research of motivations for the teaching career are age and status variables. In the study of Anghelache who argues that reasons to choose a profession are in accordance with each person's values and expectations and cultural characteristics. According to the results, students' motivations for choosing the teaching career depended on their age. Moreover, teachers over thirty or forty who have already worked in teaching are much more motivated since they have already acquired the required skills and are satisfied with the activity and the working environment. Albulescu and Albulescu conducted a study with university students using a questionnaire. The authors found that their students' main motivations were the number of jobs available, income (benefits and remuneration), self-assessed teaching skills and competences (aptitude, talent, specific behavior, one's values), enjoyment in working with children/teenagers, satisfaction and challenges faced by education professionals, and attractiveness of the status as a teacher within the community. Similarly, Tomsik explains that the decision to choose teaching as a career is multi-factorially conditioned since it considers aspects such as gender, socioeconomic and cultural background, as well as age among others. By applying the teaching career choice scale, he found eight types of motivation: competence, enthusiasm, family, benefits, income, social status, pro-social behavior and working with children and youth. Results also show that females prefer a teaching career more than males and that future teachers mostly come from smaller towns. This author concludes that motivation is a dynamic trait because teacher students' motivations to access the teaching profession may evolve as they advance in their training, being the unpaid internship experience in a real context one of the most critical moments that certainly (re)shape pre-service teachers' reasons to enter the profession.

METHODOLOGY

The present study is of qualitative nature since the purpose was to examine the reasons why teachers enter the profession of foreign language teaching. It was an exploratory and descriptive research in which data were collected by an online open question survey.

Participants

Fifty-three pre and in-service teachers participated in this study. They were undergraduates from the Language Teaching program offered in the School of Philosophy and Literature at the Universidad Autónoma de Tlaxcala (UATx) at different moments. Therefore, they had distinct experience levels. There were 17 pre-service teachers, 22 novice, 8 experienced and 6 seniors. Their ages ranged between 18 and 59 and they worked in 24 public and 14 private schools. With respect to the educational level participants taught at the following levels: 3 in preschool, 10 in primary, 6 in secondary, 8 in high school, 13 in university, 1 in all levels, and 12 had not begun to work yet.

The survey

The instrument selected to gather the data was an open question survey applied online. The aspects considered in this survey were distributed in ten questions which included participants' level of experience, the education level and place where they worked, the moment when they decided to become teachers, their perceived benefits, support and rejection encountered in their social circle resulting from their choice to become. The first six questions were designed to obtain information of participants' gender, age, the B.A. program they graduated, their teaching experience and the educational level and school they currently worked at. The four remaining questions were open to specifically know when exactly participants decided to become language teachers, why they decided to be teachers, the benefits they perceived from the teaching profession and whether they faced any kind of rejection of their career choice from their family or friends.

Procedure

The tool used to create and administer the instrument was SurveyMonkey which allowed for the design of personalized surveys. It is easy to answer and can be sent through email and social networks. Consequently, participants were invited to answer the survey and then they were sent the instrument via email and Facebook. Their participation was voluntary. Once the data were collected, the responded were analyzed and codified in order to identify the concluding categories considering Ponte's study categories: motivational factors to get into teaching, inspirations for teaching, rewards and advice for those considering teaching as a career. The participants were numbered to avoid using their names since they were offered anonymity. The numbers appear next to the participant (P).

FINDINGS AND DISCUSSION

The findings resulting from the analysis are presented in terms of the moment when and reasons why the participants decided to become teachers, and the benefits they perceive of teaching as a job.

Time

In terms of the moment when the participants decided to become teachers, 27 (51%) decided to take up teaching before entering the program; 19 (36%) during the program; 3 (6%) immediately after and 4 (7%) after a while of finishing their studies.

Before entering the program

From the 27 who desired to be teachers before entering the program; 13 (48%) were pre-service, 7 (26%) were novice, 3 (11%) experienced and 4 (15%) senior teachers. The reasons stated by pre-service teachers showed intrinsic motivation coming from commitment to improve the quality of teaching, awareness of teachers' social role and a sense of self-efficacy mainly. To illustrate this, Participants 10, 11, 16 and 26 said they felt committed to improve English language teaching in Mexico. Participant 11 said she would like to help her students reach their full potential without the obstacle that language may pose; Participant 10 wanted to contribute to Mexico by training her students to have a better future; Participant 16 claimed she was sure Mexico could achieve the highest levels of education quality. Participant 26 said he was aware that English teaching in Mexico was not good because many teachers did not have the appropriate language proficiency or did know how to teach it, so he expected to do a better job.

The sense of self-efficacy was shared by other participants like number 5 who commented that he could do a better job than many other teachers that do not teach well. He said he wanted to expose his future students to better teaching practices than the ones he had experienced. Participant 8 mentioned she was patient, flexible, committed and responsible so she had all the skills needed to be a good teacher. Participant 28 said he was eager to show the skills he had acquired during his studies and added that during his social service he had taught a group of students and they had achieved the objectives so he felt he had developed the necessary set of skills and he felt apt to do the job.

In the case of novice teachers, their motivation derived from the desire to teach and learn, share their knowledge, and interact with others. For example, Participant 53 declared "I decided that in order to continue learning, one has to share what has been learnt. When teaching questions arise and they lead to more doubts and questions, so I feel committed to keep searching for the answers and share them with my students".

The idea of teaching as a way of constant learning was shared by one of the experienced teachers who claimed that "one do not only teach something every day but you also learn, you build knowledge along with your students" (P. 49) as well as by one of the senior teachers (P. 53). Participant 53, who besides continuous learning, added that he had taken up teaching because of previous positive experience. He mentioned he had had good teachers who had influenced him.

During their studies

Nineteen participants (36%) decided to become teachers during the time they were studying the language teaching program. The reasons they gave for taking up teaching are mostly positive like commitment to improve the quality of teaching; sharing knowledge and the desire to learn and teach. Participant 14 said that it was during the subject *practicum* that requires students to teach in real contexts that he "realized it was nice to share what I've learned so I decided that I wanted to be a teacher".

However, three (16%) of the participants showed resignation when they "discovered" that the program was oriented to teaching. Participant 44, a senior teacher, belonged to a version of the program where there were 2 majors: teaching and interpretation. The latter was closed so the students in that class were not given the benefit of choosing their major. The other participants studied the version of the program that clearly stated its orientation to teaching but they say they felt there were no other options. However, Participant 33 expressed that even though teaching was not his initial desire, when he "realized" the program trained teachers, he decided that if he was to be a teacher then he had to do it appropriately

When graduating

In this category, there were three participants (6%) (one novice, one experienced and one senior teacher). All of them agreed that they decided to take up teaching because that is the field where they found a job. Participant 20 said "that's the field where I found work"; Participant 39 stated that "teaching is one of the main job sources in our state". Finally, Participant 51 replied "it was the first job I was offered". Unsurprisingly, teaching in Tlaxcala is an important source of employment since there are several institutions devoted to train students for teaching at different levels. In addition, private and public schools at all levels include English in their curricula which implies the need to have teachers to teach the language. Therefore, it is very likely that graduates find a job with no difficulties but with a low salary most of the time.

After a while of finishing their studies

Four participants (7%), three novice and one experienced teacher were identified in this category. Participants 36, 42 and 52 reported that they could not find any other job. One of the novice teachers (P. 35) mentioned that he was working in a job that was unrelated to what he had studied (language teaching) and "was not satisfied and when some friends of mine told me about a job opening at a school, I applied for it without any second thoughts". One the other hand, participant 42 said he liked research but since it is difficult to find a job as a researcher, he opted to take up teaching because he "can combine teaching with researching, teaching has an impact on society and long life learning". That is, through teaching and every day practice, teachers face a great variety of issues which may lead them to carry out action research in order to find accurate alternatives according to specific contexts.

The findings above show that the earlier the decision of becoming a teacher is made, the more intrinsic the motivation. Teachers who take up teaching with conviction are more aware of their social role, show more commitment to provide quality teaching and eagerness to share their knowledge. On the other hand, most of the participants who became teachers when graduating or after finishing their studies saw teaching as a last source of employment. This may be worrisome because even though some commented they would try to teach appropriately. Perhaps the source of their motivation is not strong enough for them to commit to the job of teaching.

Reasons

There were other reasons mentioned and most participants gave more than one reason for becoming teachers. The most frequently cited reason was sharing knowledge. Nineteen participants (36%) said that they liked sharing what they had learned (P. 1, 7, 12, 13, 15, 19, 21, 25, 26, 27, 32, 35, 36, 43, 44, 48, 51, 52, 53). However, the second most common reason was that the participants did not have any other option than teaching, either because they could not take any other major that it the past was also offered such as translation or interpretation; or because that was the only occupation in which they found a job. Six participants (11%) mentioned they liked English and thought it was important to teach it (P. 2, 9, 11, 19, 20, 22) while the same number of participants (11%) asserted that they would like to improve the quality of teaching in the Mexico (P. 3, 8, 14, 24, 30, 31). Five (9%) mentioned that they liked interacting with their students because they felt they learned from each other (P. 4, 25, 27, 32, 46, 52). They also commented that through teaching they were able to learn continuously.

Four participants (7%) indicated that they had always desired to become teachers (P. 4, 29, 43 and 47). The least named reason was that the participants wanted to help others reach their goals (P. 11, 41 and 45). Others referred to the influence from others, for example, participant 53 indicated that he had been influenced by his past teachers and participant 31 was influenced by her mother, a teacher. One participant also mentioned a positive first experience at teaching. The ideas of service, influence of the family and positive educational experiences are common, according to Evans (1993). Finally, one participant pointed out that she liked being a leader, while another one that he enjoyed seeing his students learn.

Benefits of teaching as a job

As for the benefits of being a teacher, the participants mentioned several reasons among which the most commented was continuous learning. Fifteen participants referred that through teaching they could develop different abilities, as well as their creativity and their own English language knowledge. Participant 40 said that developing her teaching abilities was beneficial not only for her as a teacher but also as a mother since she could apply her knowledge about how learning works and the teaching strategies with her children. She supporter her own children's learning at home. Interestingly, most of the participants who stated this reason were the participants who had decided to take up teaching before entering the BA program. The second most mentioned reason was satisfaction, which referred to sharing their knowledge, helping others to achieve their goals with English for specific purposes, being a role model for others to learn a language successfully, and feelings as productive members of the society. The third reason was the economic benefit which was not so much as the salary earned but as having a steady income. Some participants expressed their desire to earn enough money to study something else (P. 27) or the need to contribute to their household financially (P. 41). In a study regarding the difference between teachers and school administrators, Ribak-Rosenthal found that teachers prefer economic security to having an administrative position where the salaries may be higher, but the job is more unstable because of staff change. That is, the frequent change of academic coordinators in the institutions who may be in charge for quite short periods of time.

There were two benefits that obtained the same number of mentions: quality of life and social contribution. Quality of life included vacation time, meeting new people, and flexible working hours so the participants could work for different institutions and carry out personal tasks such as picking their children from school. Participant 39 stated that teaching is not monotonous because students and groups are always different which according to Participant 45 was a good way of keeping a young state of mind. He added that he had a great amount of good moments and fun shared with students which in a way compensated his dissatisfaction with the salary he received.

Social contribution included the participants' perceived participation to the improvement of the quality of education. Such perceptions included being a positive role model for students, serving society, improving the quality of English language teaching in the country or at different educational levels and helping students to achieve their goals (e.g. access to better jobs, scholarships and higher degrees) through reaching proficiency in English. Participant 34 discussed interactions with students as opportunities to listen to them and giving advice or guiding them through the rough times they may have gone through.

The last benefit frequently mentioned was personal growth. This category included comments about the participants' access to new experiences, improving or maintaining their own level of English proficiency by its continuous practice while giving classes, becoming a member of this specific community of practice as well as meeting new and interesting people. There were other factors that the participants considered beneficial such as vocation which they referred to as the joy of doing what they loved which was only brought up by those participants who had decided to take up teaching before entering the teacher training program. A few others pointed out a desire for being remembered by their former students as someone who had had a positive impact in their lives.

Finally, only two participants showed a completely negative view about teaching. A senior teacher said she did not think she gained any benefit from her labor. This participant started teaching after graduating which she did because it was the first job she was offered. This opinion may be explained because even if this teacher has worked in a private and a public institution for a long time, she has not obtained tenure in any of the two different institutions. It is very likely that due to the lack of tenure, some of the fringe benefits such as paid vacations are not available for her which unavoidably affects her perceptions of the advantages of teaching.

Participant 34 started teaching after finishing his studies, he pointed out that he had entered the program because he had had no other option and seem to be "sarcastic" about the benefits perceived because the only possible satisfaction of being a teacher he mentioned was that "he looked good wearing suits". In these cases, the work conditions and the teachers' personal voices in terms of the reasons behind their decisions and perceived benefits may affect the teachers' attitudes which may cause teacher attrition or burnout. These two causes of concern may affect their mental, physical and emotional well-being. Moreover, there might be important implications for the quality of teaching their students may receive as well as the attitudes they may have towards their job, institution and colleagues.

CONCLUSION

This study shows that half of the students entering the BA in Foreign Language Teaching were convinced of becoming teachers but later, some of the students became convinced mainly because they found satisfaction in sharing their knowledge and because teaching is one of the predominant job market areas in Tlaxcala and Mexico. However, seven participants (13%) teach because they felt they did not have another option and they saw teaching exclusively as a way of making a living.

The results provide the opportunity of improving the vocational guidance since secondary and high school as a continuous process to enter the university. Moreover, they emphasize this guidance in the admission process of the BA program, previous to the candidates' career choice to efficiently match the correspondence between their self-concept (what they think of themselves and their attributes) and the teaching profession. Emphasizing the orientation of the BA program from the beginning in the different courses may help making the students aware of the social commitment that the foreign language teaching profession needs. Consequently, such consciousness may contribute to a more rapid affiliation to the foreign language teaching community of practice and to some extent guarantee their satisfaction, engagement and interest in school and extracurricular activities.

Due to the current working conditions under which foreign teachers work, it is important to support future teachers not only through the development of the knowledge and skills required for the job but also in the formation of networks where more experienced teachers support the novice ones. This is to help novice teacher to relieve the stress that they may feel. In addition, talking with trainees during the courses and listening to their doubts, fears and expectations about the job may be another way of helping trainees to decide about their future careers and be more realistic about their expectations. However, education authorities must also act on the suggestions provided by the OECD to attract, develop and retain effective teachers because well-trained, motivated, satisfied teachers can provide the quality education that students need to succeed in their future lives.

REFERENCES

Albulescu, Mirela, and Ion Albulescu. "Motivational benchmarks for teaching career choice". *Procedia-Social and Behavioral Sciences* 209 (2015): 9-16. Print.

Anghelache, Valerica. "Motivation for the teaching career: Preliminary study". *Procedia- Social and Behavioral Sciences* 128 (2014): 49-53. Print.

Bandura, Albert. "The explanatory and predictive scope of self-efficacy theory". *Journal of Clinical and Social Psychology* 4 (1986): 359-373. Print.

Evans, Hyacinth. "The choice of teaching as a career". *Social and Economic Studies* 42.2 (1993): 225-242. Print.

Gottfredson, Linda S. "Circumscription and compromise: A developmental theory of occupational aspirations". *Journal of Counseling Psychology* 28. 6 (1981): 545-579. Print.

Low, Ee Ling, et al. "Pre-service teachers' reasons for choosing teaching as a career in Singapore." *Asia Pacific Journal of Education* 31.2 (2011): 195-210. Print.

INEE (Instituto Nacional para la Evaluación de la Educación). *Los Docentes en México. Informe 2015.* Distrito Federal: INEE, 2015. Print.

OECD (Organization for Economic Cooperation and Development). *Atraer, Formar y Retener Profesorado de Calidad. Reporte sobre la situación de México.* Distrito Federal: OECD, 2004. Print.

OECD (Organization for Economic Cooperation and Development). *Teachers Matter: Attracting, Developing and Retaining Effective Teachers.* Paris: OECD, 2005. Print.

Park, Hyunjoon and Byun, Soo-yong. "Why Some Countries Attract More High-Ability Young Students to Teaching: Cross-National Comparisons of Students' Expectation of Becoming a Teacher". *Comparative Education Review* 59. 3 (2015): 523-549. Print.

Ponte, Eva. "'Wow, this is where I'm supposed to be!' Rethinking gender construction in teacher recruitment". *Asia-Pacific Journal of Teacher Education* 40.1 (2012): 43-53. Print.

Ribak-Rosenthal, Nina. "Reasons Individuals Become School Administrators, School Counselors, and Teachers". *The School Counselor* 41.3 (1994): 158-164. Print.

Richardson, Paul W., and Helen M. G. Watt. "Who chooses teaching and why? Profiling characteristics and motivations across three Australian universities". *Asia-Pacific Journal of Teacher Education* 34.1 (2006): 27-56. Print.

Super, Donald E. "A theory of vocational development". *American Psychologist* 8.5 (1953): 185-190. Print.

Tomsĭk, Robert. "Choosing teaching as a career: Importance of the type of motivation in career choices". *TEM Journal* 5.3 (2016): 396-400. Print.

Topkaya, Ece Zehir and Mehmet Sercan Uztosun. "Choosing teaching as a career: Motivations of Pre-service English Teachers in Turkey". *Journal of Language Teaching and Research* 3.1 (2012): 126-134.

CHAPTER 6

EFL Pre-Service Teachers' Perceptions on Their *Práctica Docente I* Teacher's Support

Ana Fabiola Velasco Argente

INTRODUCTION

Since the late 1980s mentoring pre-service teachers has been generally promoted as a significant component in pre-service teacher education (Hobson et al. 207; Hobson et al. 69; Hudson and Nguyen 1; Lai 107) and especially in EFL pre-service teachers' school-based experiences (Hudson and Nguyen 1). Although it is recognized as an important component in teachers' professional preparation, there is no single definition for what mentoring is (Ambrosetti and Dekkers 43, Lai 1). Kemmis et al. affirmed that mentoring "is understood and conceptualized in different ways (sayings), enacted in different ways (doings), and that people relate to one another differently (relatings) in different forms of mentoring" (155). These authors emphasized that just as mentoring does not have a single meaning, there is not a unique purpose of mentoring. Hence, many versions of mentoring can be distinguished according to their purposes, actions and ends. Drawing on empirical evidence from several studies carried out in Australia, Finland and Sweden, Kemmis et al. demonstrated the existence of three archetypes of mentoring, namely supervision, support and collaborative self-development. For these authors, supervision is based on a more instrumental view; this means, assisting the new teacher for passing through probation in order to qualify as a member of the profession. Support, on the other hand, copes with a more traditional view of mentoring in which both support and guidance is offered through a mentor (an experienced teacher who does not establish a supervisory relationship) for the development of the mentee's professional knowledge, skills and values. Lastly, collaborative self-development copes with professional growth through peer-group mentoring. Kemmis et al. suggests a combination of these three archetypes can be adopted by any educational system.

Considering Kemmis et al. archetypes of mentoring and my experience as part of the alumni of the English Language Major at UQRoo, in Chetumal, the practicum periods in this university may include those forms of mentoring and could be practiced in different extents. However, the present work is limited to mentoring as supervision. That is, the form of mentoring that the EFL pre-service teachers from this university receive is solely from their instructor of the course of ACPLE-144 Práctica Docente I. This teacher is a more experienced professional in the area of EFL teaching and is responsible for assisting the EFL pre-service teachers in overcoming the challenges of being a beginner teacher and helping them in that way in their professional development through supervision and feedback.

PROBLEM STATEMENT

The University of Quintana Roo (UQRoo), in Chetumal, Quintana Roo, offers school-based experiences for their pre-service teachers since 2011 according to the Programa de Enseñanza de Inglés en el Sector Social (PEISS). Hence, the ELT practicum for English Language Major students at UQRoo, in Chetumal, takes place in the last year of the BA, in order for students to apply the knowledge, attitudes and skills developed in previous courses such as ACPLE-140 Philosophy of Education, ACPLE-141 Educational Technology, ACPLE-142 Methods and Techniques for Teaching English, and ACPLE-143 Development of Teaching Materials (Licenciatura en Lengua Inglesa, 1995). Furthermore, mentoring is provided in several forms within this practicum, such as peer mentoring or cooperating teachers' mentoring.

Eby et al. state that "although the benefits of being mentored are well-documented, research has called into question the idea that mentoring relationships are always positive experiences for protégés" (412). Ragins et al. (1177) state that mentoring relationships can be both satisfying and dissatisfying; consequently, leading to positive and negative outcomes (Eby et al. 412). Eby et al. remark in their study that "protégés perceive a variety of problems with their mentors, ranging from relationships that appear to be quite dysfunctional to those that offer protégé little guidance or support, to those that are simply not a good fit" (439).

There are studies that have investigated the problems pre-service teachers encounter during their practicum (Hamaidi, Al-Shara, Arouri and Awwad; Mukeredzi and Mandrona; Merc; Yunus et al.). Findings from these have demonstrated that pre-service teachers experienced lack of guidance and communication from the part of either their mentors or supervisors during their teaching practice. Some others have explored pre-service teachers' perceptions on their mentoring experiences or mentors' practices while carrying out their practicum (Hopson et al.; Hudson and Hudson; Hudson and Skamp; Sedibe; Tok and Yilmaz). These have revealed pre-service teachers can perceive both positive and negative support from their mentors. Nonetheless, there is scarce literature on exploring only EFL pre-service teachers' perceptions concerning the mentoring they are given (Hudson et al.; Kourieos; Rakicioglu-Soylemez and Eroz-Tuga).

Surprisingly, Encinas and Sánchez (47) confirm there is little research on mentoring in Latin America, particularly in Mexico, in both the in-service and the pre-service context.

Within our national panorama, according to Ramírez et al. who compiled research in the field of foreign language teaching and learning in Mexico during 2000 to 2011, mentoring and supervision have been addressed in a small number of studies. So far, no research in Quintana Roo has addressed neither mentoring nor supervision; hence, this study seeks to obtain data which will help to address this research gap.

PURPOSE OF THE RESEARCH

Bernhardt highlights that exploring students' perceptions can show us the real picture of what processes work best with students ("Multiple Measures" 1). Likewise, Prosser and Trigwell indicate that the way in which students perceive their learning and teaching environment influence the quality of their learning (17). They add that each student focuses on different aspects of their learning and teaching context.

The term perception has been defined by Rookes and Willson as "a process which involves the recognition and interpretation of stimuli which register on our senses" (1). Maund highlights that perception plays three roles, as means of practical knowledge (identifying and recognizing objects or happenings), means of theoretical knowledge (forming judgments and thoughts of objects of happenings) and means of justifying knowledge-claims (acquiring beliefs) (29).

Additionally, Bernhardt specifies that the word *perception* leads to others such as *observation* and *opinion* which meanings include a view, judgment, or appraisal formed in the mind about a particular matter; a belief stronger than impression and not as strong as positive knowledge; a general view; an expression of judgment or advice, and a judgment one holds as true ("Assessing Perceptions" 1). For the purpose of this study, *perception* will be understood as an opinion or observation on the acknowledgement and understanding of something or someone and the judgments we form of that someone or something.

Bernhardt emphasizes that "students' perceptions can be a major indicator of what needs to change to get different results" ("Multiple Measures" 2). Thus, this work intends to explore perceptions to provide insight into what the pre-service teachers consider is working or not with the mentoring they receive from their Práctica Docente I teacher, providing empirical evidence which could be pivotal and useful to improve the programme of the practicum courses in this institution. It is important to clarify that the programme of English Language Major in the University of Quintana Roo, in Chetumal, specializes in English teacher training. Subsequently, to prepare pre-service teachers for a laborious profession, it includes practicum (teaching practice) which corresponds to the courses ACPLE-144 Práctica Docente I and ACPLE-145 Práctica Docente II. During these courses, pre-service teachers depend on a supervising teacher who is the instructor of the course. Thus, besides providing students with pedagogical instruction as their teacher, he is expected to be responsible for lesson planning supervision, observing the pre-service teachers' performance when carrying out their practicum and providing them with assessment and feedback.

According to Leshmen, the mentoring process is crucial in the pre-service teachers' practicum (413). It is in this process where pre-service teachers are close to the real world of teaching (Eröz-Tuğa 175). This is an opportunity for pre-service teachers to apply the acquired knowledge in the university context (Tok 4143). Moreover, Bates, Drits and Ramirez highlighted that facilitating pre-service teachers with interactions between knowledgeable others, such as supervisors, can help them build support systems that can have impact in their teaching practice (69).

The current study, therefore, explores the perceptions of a sample of EFL pre-service teachers towards the support they received from their Práctica Docente I teacher while carrying out their practicum. Accordingly, this work intends to understand the perceptions of EFL pre-service teachers regarding the support received of their Práctica Docente I teacher, and how beneficial that support is for them. Additionally, it aims to understand to what extent these pre-service teachers feel that their practicum prepares them to teach English as a foreign language. The term *support* in this study refers to any kind of guidance offered in various ways to assist the pre-service teachers. Respectively, the present study seeks to address the following questions:

> ➢ RQ1: What are the perceptions of the participants towards the support of their Práctica Docente I teacher?
> ➢ RQ2: How do the participants perceive they benefit from such support?
> ➢ RQ3: To what extent do these pre-service teachers consider their practicum prepares them to teach English as a Foreign Language?

METHOD

Qualitative research is conducted when a researcher aims to achieve an in-depth understanding of a problem, situation, context or scenario (Creswell 40). As the purpose of this work was to explore and understand the perceptions of EFL pre-service teachers about the support they received from their Práctica Docente I teacher, a qualitative design was the most appropriate to adopt in order to understand and interpret this phenomenon. For the purposes of this work, a collective case study was selected since in the view of Creswell it allows to illustrate better the issue to study. Similarly, in the perspective of Duff , by concentrating one's research in a single person or small number of individuals, it is feasible to collect detailed information and conduct an in-depth analysis of such cases. She also claims that since case studies tend to be exploratory, they open up new areas of study and allow to disclose different viewpoints from the participants themselves.

PARTICIPANTS

For this collective case study, participants were chosen under the criterion of purposeful sampling. Having mentioned that, to accomplish the objectives of the present project, participants were a sample of seven EFL pre-service teachers at the University of Quintana Roo, in Chetumal (Albus, Fred, Harry, Hermione, Luna, Remus, and Ron). Specifically, all students were attending their ninth semester of the major and enrolled in the course of ACPLE-144 Práctica Docente I.

When data were collected, two groups of ACPLE-144 Práctica Docente I were offered in this university; hence, this study sought to have participants from both groups. Included in the research sample, there were students between the ages of 22 and 23 years old. Among them, two pre-service teachers were females and five were males. In addition, four of them belonged to the morning group and three of them were from the afternoon group. Except from two participants (Hermione and Albus), most of them had no previous experience in teaching.

INSTRUMENTS

Interviews seemed the most appropriate instrument to use as they enable participants to "discuss their interpretations of the world in which they live, and to express how they regard situations from their own point of view" (Cohen et al. 349). Given the nature of this study, the interviews took the form of one-to-one, semi-structured, open-ended interviews. Originally, interviews would be the only data source. However, to increase the confirmability of the study, it was latter decided to use narratives as well as a secondary source, since they would allow participants to tell their stories about their personal experiences and provide more explanatory information concerning the phenomenon of study (Creswell, 516).

DATA COLLECTION AND ANALYSIS PROCEDURES

After having the final version of the primary research instruments, the only Práctica Docente I professor, who was in charge of both classes of this course, was asked for her support and collaboration to have access to the participants, and to conduct the present study. Once having her approval, both classes of Práctica Docente I were visited to explain the EFL pre-service teachers the research objectives and importance of the study to encourage them to participate. EFL pre-service teachers who voluntarily accepted to participate were sent a text or Facebook message to schedule the interviews. As previously mentioned, there was only one instructor teaching both classes of Práctica Docente I when the data were collected. Hence, this instructor was asked to participate in this study in order to have the view of all the participants involved in the phenomenon. Nevertheless, this was only carried out for corroboration purpose.

Particularly, EFL pre-service teachers' interviews were conducted in three instances to explore the support students received at the beginning, midpoint, and end of their six-week teaching practicum. Additionally, the participants were informed about the dates of the interviews every two weeks. Once the interviews were finished, participants were asked to write a personal narrative following the guide that was provided to them after the last interview and send it via Facebook two or three days later. On the other hand, their Práctica Docente I teacher's interview was conducted once at the end of the participants' practicum to have a deeper understanding on the support she provided to the students and triangulate her information with the data students provided.

Transcriptions of each one of the interviews carried out were indispensable for data analysis. In total, twenty-two interviews (twenty-one belonged to the participants and one to the Práctica Docente I teacher) were transcribed using Microsoft Word 2010 and Nero ShowTime v.9 for Windows. Furthermore, a thematic analysis was employed to analyse these data. In order to do this, QDA Miner Lite v1.4.3 for Windows was used.

Results and Discussion

Perceptions of the EFL Pre-Service Teachers at UQRoo towards the Support of their Práctica Docente I Teacher

Amongst the most relevant findings, this study demonstrated that the number of supervisions the EFL pre-service teachers went through while conducting their practicum was insufficient. Nevertheless, participants were highly aware that this was the result of having a single professor of Práctica Docente I, professor McGonagall, in charge of both the morning group and the afternoon group and having the responsibility of observing them all (52 students) in a short period of time (six weeks). Some participant expressed the following:

> Es que, si fueran grupos más reducidos pues como que siento que más atención hacia a ti y así, pero pues no... no está esa posibilidad. Los grupos son extensos. Entonces, no puede estar atrás de todos al mismo tiempo [If the groups were smaller, I feel that more attention would be given to us, but no... there's not that chance. The groups are large, and she cannot check on everyone at the same time] (Albus, Interview 1).

> No es lo mismo checar a veinte que a cuarenta y la clase de la mañana es más grande. No tiene suficiente tiempo para checarnos y no nos puede checar más. No podemos mejorar o no podemos recibir feedback porque la maestra está ocupada con los demás alumnos. Es mucha carga para un solo professor [It is not the same to supervise twenty than forty students and the morning class is bigger. We can´t improve or receive feedback because our teacher is busy with the rest of the students. It's a lot of work for one single teacher] (Harry, Interview 2).

> La maestra es demasiado responsable, pero a veces no puede porque los horarios de algunos alumnos chocan y tiene de a tres o cuatro parejas en el mismo horario. Entonces tiene que decidir a cuál ir y "¿Qué día puedo ir a observarlos?". Pero hasta ahora, me ha observado dos veces y está intentando una tercera porque sí somos varios y hay quienes están en Sky High y otros que están en Sunny Side pero sí nos observa, y toma nota para darnos retroalimentación [Our teacher is too responsible, but sometimes she can't observe us because some students' teaching schedules collide and there are three or four pairs teaching at the same time. Thus, she has to decide what classes she wants to attend to and "What day can I observe you?" Until now, she has supervised me twice and she's trying a third time because yes, we are a lot and some students are teaching in Sky High and others in Sunny Side. However, she does supervise us and takes notes to give us feedback] (Luna, Interview 2).

Freiburg and Waxman (qtd. in Bailey, 241) emphasize that most of the supervisors' time is consumed by travelling to and from different places. Thus, it is difficult for them to devote time to the trainees (Bailey 241). Professor McGonagall expressed that being in control of both groups was exhausting because of the fifty-two students she had. Consequently, she voiced that it was impossible for her to be with all the pre-service teachers all time. She reported that because students taught classes in different schools around the city and shared the same teaching schedule, it was hard for her to supervise them constantly. Although professor McGonagall's persistent effort and responsibility was noticeable in the participants' comments, it was impossible for her to keep up with all her 52 students equally.

Consequently, this dearth of supervision affected these pre-service teachers affectively, as some of them felt unmotivated, sad, abandoned and even frustrated, and prevented them from acknowledging the appropriateness of their practical classroom know-how:

> Yo me esmero y mi compañero se espera y que no vaya como que te desmotiva ese hecho [My peer and I put a lot of effort on our classes and not visiting us, demotivate us] (Hermione, Interview 1).

> La vez que nos dijo que nos iba a observar y no fue, me sentí un poco desmotivado. "¿Qué ocurre? ¿Qué va a pasar?" [When she said she would observe us, she didn't. I felt a little unmotivated. "What's going on? What will happen?"] (Albus, Interview 2).

> Un poco triste porque uno quisiera que lo estén supervisando y diciendo "Esto está bien o esto está mal. [I felt a little bit sad because one would like to be supervised and told "This is right or this is wrong"] (Ron, Interview 2).
> Me sentí abandonado y decía "¿Cómo voy a hacer esto si no lo sé?" [I felt abandoned and thought, "How am I going to teach this if I don't know how to do it?"] (Fred, Interview 2).

> Con frustración porque no sabes qué hacer. Entonces, como eres nuevo de plano no sabes qué hacer y "¿Qué hago? ¿Qué digo?". Entonces, tienes como mil preguntas, pero sin una respuesta [I felt frustrated because one doesn't know what to do. Thus, as you are new, you don't know what to do and "What do I do? What do I say?" Consequently, you have like thousand questions without an answer] (Harry, Interview 3).

Furthermore, five of the participants stated that doubting their teaching abilities was also a meaningful consequence of the insufficient supervision they experienced. In his study of teacher concerns, Fuller (qtd. in Portner 48) found that new teachers tend to experience survival concerns such as 'How I am doing?' or 'Will others approve of my performance?'. In addition, Kram claims that young adults launching in new careers are concerned about their competence and their ability to function affectively. Luna said: "Si no me va a ir a ver sí ya te preocupas. "¿Qué estás haciendo bien o qué estás haciendo mal" [If she doesn't observe me, I worry about "What am I doing right or wrong?"] (Luna, Interview 2). Albus echoed Luna's point of view: "Tenía esa intriga de "¿Estoy trabajando bien o estoy trabajando mal?" [I was curious about "Am I doing it right or wrong?"] (Albus, Interview 2).

Additionally, when participants were not supervised and provided with feedback, they tended to make their own assumptions about the suitability of their pedagogy. Remus and Albus voiced that if no one was there for them, to tell them what they did right or wrong, they tended to believe that what they were doing was all right. Similarly, Hermione supported their point of view reporting the following:

> Conmigo no ha habido esa retroalimentación y esas observaciones "Hazlo así o así". A mí… soy bien masoquista. Me gusta que me regañen y me digan "Esto está mal. Haz esto bien". A mí no me enoja que vengas y me corrijas. Si no lo haces me voy a enojar, ¿Por qué no me lo dijiste?"

o al maestro "Maestro, ¿por qué no me dijo desde el principio que no estaba haciendo las cosas bien? Para mí, todo el tiempo lo hice bien" [I haven't received feedback and I haven't been supervised. "Do it like this or this." I'm masochistic. I like to be told "This is wrong. Do it right!" I don't get mad if you come and correct me. If you don't, then I'll get mad. "Why didn't you tell me?" or "Teacher, why didn't you tell me from the beginning I was doing it wrong?" For me, I did it correctly all the time]" (Hermione, Interview 1).

Social constructivism posits that learners construct their knowledge based on their prior experiences. In the view of Ngoepe, "pre-service teachers bring their own set of beliefs, values and attitudes into the classroom where they practice their teaching" (43). Thus, these preservice teachers might have integrated into their pedagogy their beliefs concerning their conceptions of appropriate teaching or/and appropriate teacher's behaviour owing to the absence of a more knowledgeable practitioner, their Páctica Docente I teacher, by their side.

Interestingly, the mere presence of this professor of Práctica Docente I in their classroom made most participants nervous when supervised, as they believed their grade crucially depended on the observable performance. Cuenca claims that "the mere presence of an observer already disturbs some of the ordinary routine of a classroom as it dawns on all members—students and adults alike—that an observer is evaluating the performance of a student teacher" (ix). To overcome this problem, Bailey suggests that familiarity and trust are required (89). Bailey claims that if supervisors are a regular and positive fixture in the programme, the degree of trust among the supervisor and the teacher increases and *the observer's paradox* is lessened (88).

It was also revealed that as a result of the infrequent practicum supervisions and feedback, the EFL pre-service teachers believed that their Practica Docente professor merely observed either a decent or deficient class, which was unacceptable to have a picture of their overall teaching performance. Cuenca explained that besides observing and interpreting the practice of a pre-service teacher, a supervisor evaluates it (viii). Nonetheless, this author mentioned that "the effectiveness or ineffectiveness of practice is predicated for these student teachers-like all teachers-on the array of factors that mediate teacher action and student response" (viii). He stated that there is a great number of factors that could affect the effectiveness of a pre-service teacher's practice. Additionally, he claims that when supervisors walk into a supervision visit, they have little or no understanding of such factors.

Nonetheless, the insufficient supervisions were compensated using Facebook. This study showed that the Facebook groups that were created were valuable tools that allowed the pre-service teachers to be in constant interaction with their Práctica Docente professor. Posts concerning the activities carried out by other pre-service teachers, being praised when supervised, having a rapid answer of their doubts, and having their lesson plans reviewed were the benefits of using such platform.

In addition, as there was a scheduled mismatch between the EFL pre-service teachers and their Práctica Docente professor, these pre-service teachers hardly ever met with her when conducting their practicum. Subsequently, it was reported that tutoring meetings are crucial to review lesson plans, receive feedback, and discuss teaching uncertainties. Hence, this study confirmed that participants are not only looking for more interaction with their Práctica Docente I teacher through constant supervisions but through tutoring meetings as well.

Remarkably, although participants agreed on experiencing dearth of supervision and tutoring meetings, some EFL preservice teachers were supported by their cooperating teachers, peers and more experienced colleagues during their practicum. Albus said that his cooperating teacher was helpful when trying to control her students. Likewise, Ron stated that his cooperating teacher not only assisted him with group management but also suggested him what to teach. Moreover, she was willing to create material for him when necessary and even provided him with background information of his students. In addition, Fred said that his cooperating teacher was by his side providing constant feedback. Together with professor McGonagall's point of view, he had a full panorama of his teaching performance.

Harry, for example, said that he used to ask their classmates what activities they used in their classes for him to have a stock of ideas. He mentioned: "Entre nosotros nos pasamos actividades para que las podamos hacer [We exchanged activities among us so we can do them later]" (Harry, Interview 2). Remus said that working with a peer made everything easier because they worked as a team. Ron voiced Remus' point of view saying: "En mis debilidades me apoya y en sus debilidades yo la apoyo [In my weaknesses, my peer supports me and vice versa]" (Ron, Interview 1). Hence, such support could have been useful for them to overcome common teaching uncertainties, as all these knowledgeable others were guiding and supporting these EFL pre-service teachers when necessary. In the view of Vygotsky, the individuals' cognitive development is fostered by the interaction with people more capable or more advanced in their thinking. Hence, sharing ideas with these more knowledgeable others could have been beneficial for the participants.

EFL Pre-Service Teachers' Perception on How they Benefited from the Support Given

Although evidence demonstrated how insufficient the supervisions were due to the groups' size, this study confirmed that their Práctica Docente professor assisted her students in various ways besides supervising and providing them with feedback. It was reported that she reviewed her students' lesson plans and motivated them. Additionally, she was available to answer any doubt, provided them with valuable opinions and suggestions, answered their uncertainties via Facebook, and was even in touch with their cooperating teachers. Ron highlighted: "Ella estuvo pendiente de nosotros ya sea por medio de una red social o en el horario de clases que estaba disponible [Professor McGonagall checked on us via Facebook or in the class schedule she was available]" (Ron, Interview 3). Similarly, Luna said: "Nos apoyó siempre que lo necesitábamos [She supported us whenever we needed her]" (Luna, Narrative). Remus and Harry said the following concerning this issue:

> Este año se quedó prácticamente sola la maestra. Entonces, tiene que atender tanto al grupo de la mañana y la tarde. Sí he visto que va a observar y está pendiente de todos. Inclusive ella nos recalcó "Chicos, sí tienen algún problema háblenlo conmigo". Nos dio mucho apoyo y nos dijo que no estamos solos en las prácticas docentes y que ella está para ayudarnos [This year, professor McGonagall was the only Práctica Docente I teacher. Thus, she has to check on both the morning group and the afternoon group. I have noticed that she goes and observes my other classmates and that she is looking after all of us. She even emphasized: "Guys, if you have any problem, tell me." She provided us with a lot of support and said that we're not alone in our practicum and that she was there to help us] (Remus, Interview 1).

> De cierta forma sí se preocupaba por nosotros. Y todos los días visitaba a alguien y todos los días mandaba al grupo: "Me gustó que hicieran eso o fíjense de esto y lo otro" o a veces nos mandaba correo diciéndonos "Chicos, esto o lo otro". Sí estaba pendiente de nosotros y sí sentí como que "Sí le importa a la maestra" [In some way, she cared about us. She used to observe someone every day and she posted daily In our Facebook group: "I liked that you did this or check this out" o sometimes she sent us e-mails saying "Guys, this and the other." She did check on us and I felt like "She does care"] (Harry, Interview 3)

Their Práctica Docente Professor's role in the practicum went clearly beyond being just a supervisor. In the view of Gebhard, supervisors can play different roles and functions. He said that generally supervisors direct or guide the teachers' teaching, offer suggestions in the best way to teach, model teaching, advise teachers and evaluate the teacher's teaching (501). Owing to all the assistance received, the participants felt supported, motivated and confident, as a more experienced practitioner was there for them to help and guide them in their first experience with "real" students. They also acknowledged what they could and could not do in their classrooms and more significantly, developed and improved their pedagogical knowledge. Fred, for instance, said that having professor McGonagall's support in any way made him feel that he was not alone in that big step he was making. Moreover, Harry commented that if professor McGonagall would not have been there, it would have been challenging for him to learn how to teach. He stated: "Si no estuviera la maestra, creo que sería muy complicado. Me llevaría las doce horas que voy a enseñar aprendiendo o tan siquiera hacer la primera clase bien [If profesor McGonagall wasn't there, I think it would be really hard. It would take me twelve hours to learn to teach or at al least teach the first lesson correctly]" (Harry, Interview 1). In addition, Albus, Fred and Remus said they felt motivated because of this support. Fred commented the following: "Te dan más ganas de hacer las cosas y de seguir en esta profesión por todo el apoyo que recibes [You're more willing to do stuff and stay in the profession because of all the support one receives]" (Fred, Interview 2). Similarly, two participants reported that having professor McGonagall's support made them feel confident, as they appreciated that the comments she provided came from her experience.

In the perspective of Jansenn and Lazonder, when support is directed to the pre-service teachers' zone of proximal development, they are more successful in integrating pedagogical knowledge (126). Thus, having the support of professor McGonagall in various ways was indeed significant for the participants while conducting their twelve-hour practicum.

Specifically, this study identified that designing better lesson plans, being provided with ideas and suggestions to add, design, eliminate and modify activities, and feeling confident were the results of these EFL pre-service teachers having their lesson plans reviewed, as they had the support of an experienced practitioner whose views were valuable for them to deliver a good class. One of the participants voiced the following:

> Te da la seguridad de que alguien con más experiencia ya lo revisó, puede funcionar, a lo mejor piensa que está bien o si hay que modificarle o agregarle… ella te lo dice. "¿Sabes qué? Mejor agrégale esto o quítale eso o aquello, busca una mejor canción que no esté muy larga porque son niños de tres años, esa mejor funciona con niños de cinco". Por ejemplo, ella nos dijo que los flashcards… no tenía caso escribir en los flashcards porque los niños no leen [You are confident because someone with more experience has reviewed your lesson plan and therefore, it can work. This person perhaps thinks that it's right or something has to be modified. "You know what? It would be better if you add this or eliminate this or that. It would be better if you use a song that is not too long because your students are three year-old children. Maybe that song can work with five year-old students." For example, she told us that the flashcards… that we shouldn't write words in the flashcards because our students don't read yet] (Ron, Interview 1).

Even though these pre-service teachers experienced scarce supervision, participants' comments revealed they could acknowledge their teaching strengths, common mistakes and more importantly how to improve because of having their professor's points of view. In Ali and Al-Adawi's perspective, feedback from the practicum is pivotal for pre-service teachers in order for them to develop their pedagogical and teaching skills (21). Black and William emphasized that research on feedback has demonstrated that quality feedback allows learners to assess their own learning and performance letting them in that way identify their next move. Moreover, Woolfolk claims that the support individuals receive from more knowledgeable others allow individuals to construct a deep understanding that will come in handy to solve problems by themselves (49).

The most surprising finding to emerge in this study was that even though writing reflective journals was reported to be meaningless, most participants voiced having reflected on their practices and benefited from it. According to Wallace, reflection leads to teacher development, as "it is through reflection on professional action that professional expertise is developed" (82). Accordingly, professor McGonagall provided her students with the opportunity to ponder and report on their teaching performance in order for them to improve. In the view of Cohen-Sayag and Fischl, reflection tasks promote pre-service teachers' reflective abilities (21). Although most participants perceived writing their reflective journals to be meaningless, the fact that writing them was mandatory encouraged them to reflect consciously on their teaching performance. By doing that, they were able to acknowledge their strengths and weaknesses as EFL teachers.

Pre-Service Teachers' Perception on How Their Practicum Prepares Them to Teach English as a Foreign Language

Another significant finding that emerged from this study was that duration of the practicum was perceived as too short. Therefore, the practicum was believed to be a sneak peak of reality that these pre-service teachers will be facing in the future as English teachers. Luna had the following observation to share:

> Nosotros nos quitamos cuando apenas pudimos conocer a nuestros alumnos y entablar una relación con ellos, conocerlos para saber cómo ayudarlos a mejorar en la clase y solamente tuvimos una probadita de lo que podría ser dar una clase pero no tanto como una preparación para ser docente [We stopped giving classes when we started to get to know our students and establish a relationship with them to help them improve in our classes. We just got a sneak peak of how a class could be but not enough to prepare us to be teachers] (Luna, Interview 3).

Pre-service teachers in Grave's study emphasized that more time in their practicum could have led to more learning opportunities (17). Therefore, Graves suggests that longer and quality teaching practice experiences are needed in teacher education programmes. On the contrary, Mickelson claimed that even though longer practicum periods are believed to result in better teacher education, "more is not necessarily better" (259). He highlights that is quality rather than quantity of the experience that matters. Subsequently, it is necessary to ensure that EFL pre-service teachers are equipped the necessary tools to face classroom realities and are receiving the sufficient guidance and support from not only their Práctica Docente I teacher but their cooperating teachers and peers as well when conducting their practicum.

Nonetheless, having such first-hand experience allowed most of these pre-service teachers to learn the ropes of the profession. Fred said he could not image how all the teachers around the word teach every day, as a teacher one invests three or four hours in creating material to be used for a few minutes in the classroom. Remus also commented that he realised that in order to be a teacher one requires time, commitment, discipline and respect. He commented:

> Aprendí que ser maestro no es fácil. Que se requiere tiempo, dedicación y disciplina. También, respeto porque los estudiantes van con la idea de que tú les vas a enseñar y tú tienes que prepararte bien para que nos les falles. No ir bien preparado a la clase es faltarles el respeto porque ellos van a invertir tiempo de escucharte y tú tienes que hacer un buen papel [I learnt that being a teacher is not easy. It requires time, commitment, and discipline. Also, respect is required because your students have the idea that you are there to teach them. You have to be well prepared, so you don't let them down. Going to your class not prepared is disrespecting them because they're investing their time in listening to you, so you have to play a good role] (Remus, Interview 3).

For Ulvik and Smith, the main purpose of the practicum is to offer pre-service teachers with an authentic hands-on experience to develop their teaching skills and gain experience to enrich their professional wisdom (520). Thus, everything the participants learnt occurred because they were immersed in the context of a real classroom. This was imperative for the pre-service teachers leaning as they could see at first-hand what being a teacher really involves and feels like.

PEDAGOGICAL IMPLICATIONS AND CONCLUSIONS

The empirical findings in this study provide a clear understanding of the EFL pre-service teachers' needs while conducting their practicum. This could be advantageous for UQRoo curriculum designers and future practicum teachers/supervisor, as a new curriculum of the English Language Major has been accepted by the University Council and has been implemented since the Fall of 2016. Acknowledging the perceptions of these EFL pre-service teachers could provide a deep insight about the EFL pre-service teachers learning environment. Hence, such perceptions could assist school personnel in deciding what improvements need to be done in order to offer the future EFL pre-service teachers with a valuable experience while conducting their practicum.

The evidence from this study thus suggests that it would be essential to offer more groups of teaching practicum in order to have additional practicum teachers/supervisors and reduce the number of EFL pre-service teachers a single teacher is accountable for. Ideally, following the suggestion of Freiburg and Waxman (qtd. in Bailey 241), each practicum group should have from ten to a maximum of fifteen students. Consequently, each practicum teacher/supervisor would have considerable time to be in constant communication and interaction with their students through regularly supervisions. According to Sewall, the quality of encounters that occur between the pre-service teachers and their supervisors during their practicum is an essential factor in an effective teacher-training programme (11). Hence, it is pivotal for the supervisor when working with pre-service teachers to select the most relevant, effective and efficient approach for both parties to conduct the practicum supervision. Sewall claims that anything less than relevance, effectiveness and efficiency can endanger the aim of developing quality teachers (11).

Another alternative to observe the students' performance could be asking the pre-service teachers to video record their classes. According to Bailey, "technological advances can facilitate the collection and analysis of classroom data" (134). Hence, video recordings could be extremely useful for the supervisor and the supervisee, as they provide information about the supervisee's performance, lesson organization and activities conducted.

The current data also highlight the importance of having either one-to-one or group weekly tutoring meetings to discuss teaching uncertainties. As questions arise regarding their teaching skills and abilities, it is essential for the pre-service teachers to have opportunities in which they can be listened and provided with feedback in order to have an alternative perspective and help them resolve problems. Sharing experiences about teaching and receiving feedback can be advantageous for all, as everyone can learn from one another's teaching experience.

Furthermore, it seems that the use of Facebook, when frequent face-to-face communication is not possible, could be a useful tool to share experiences, write comments, and engage in peer-to-peer interaction (Kirschner and Karpinski 1239). Thus, practicum teachers should be encouraged to use such platform to interact with their students.

Since the current data highlighted the importance of supporting the EFL pre-service teachers in this valuable experience, it is suggested to involve cooperating teachers in the pre-service teachers' process of development by reaching to an agreement to make sure students are provided with weekly feedback from them. Having a perspective of someone who has been working with the same students for a while could be highly beneficial. In the perspective of Bailey, "cooperating teachers serve as models, pedagogical tutors, sounding boards, and allies to the student teachers. Their very presence can make the university-based supervisor's role much easier" (234).

Moreover, EFL pre-service teachers who have previous teaching experience or who are more confident while teaching should be encouraged as well to assist their less confident peers by sharing ideas and provide them with suggestions. Subsequently, having the practicum teachers, the cooperating teachers and experienced peers' help, a strong support network could be built to offer guidance and assistance when necessary.

Lastly, as the participants voiced that they needed more time in their practicum, providing longer and quality practicum experiences could be highly advantageous for the future EFL pre-service teachers. This could be a chance for them to have more learning opportunities; therefore, gain additional experience.

Although this study focuses on the EFL pre-service teachers' perceptions, the findings may as well have a bearing on training practicum teachers/supervisors to assist actively their students in their professional development. By providing teachers with this training, they can be informed about how to ably support their students.

Having listed the considerable pedagogical implications, the present study thus makes noteworthy contributions to the future courses of the EFL pre-service teachers' practicum. By taking into consideration the aforementioned suggestions, prospect EFL preservice teachers could be provided with effective guidance and support in their training.

References

Ali, Holi Ibrahim Holi., and Hamed Ahmed Al-Adawi. "Providing Effective Feedback to EFL Student Teachers." *Higher Education Studies* 3.3 (2013): 21-31. Print.

Ambrosetti, Angelina, and John Dekkers. "The Interconnectedness of the Roles of Mentors and Mentees in Pre-service Teacher Education Mentoring Relationships." *Australian Journal of Teacher Education* 35.6 (2010): 42-55. Print.

Bailey, Kathleen M. *Language Teacher Supervision: A Case-Based Approach*. Cambridge: Cambridge UP, 2006. Print.

Bates, Alisa J., et al. "Self-Awareness and Enactment of Supervisory Stance: Influences on Responsiveness toward Student Teacher Learning." *Teacher Education Quarterly* 38.3 (2011): 69-87. Print.

Bernhardt, Victoria L. *Multiple Measures*. California: California Association for Supervision and Curriculum Development (CASCD), 1998. Print.

———. "Assessing Perceptions: Using Education for the Future Questionnaires." *Education for the Future*, 2015. Web. edforthefuture.com/professional-learning. Accessed 23 Oct. 2019.

Black, Paul, and Dylan Wiliam. "Inside the Black Box: Raising Standards Through Classroom Assessment." *Phi Delta Kappan* 80.2 (1998): 139–144, 146–148. Print.

Cohen, Louis, et al. *Research Methods in Education*. London, Routledge, 2007. Print.

Cohen-Sayag, Etty, and Dita Fischl. "Reflective Writing in Pre-Service Teachers' Teaching: What does it Promote?" *Australian Journal of Teacher Education*, 37.10 (2012): 20-36. Print.

Cuenca, Alexander, ed. *Supervising Student Teachers: Issues, Perspectives and Future Directions*. Rotterdam: Sense Publishers, 2012. Print.

Creswell, John W. *Educational Research: Planning, Conducting, and Evaluating Quantitative and Qualitative Research*. Saddle River: Prentice Hall, 2012. Print.

———. *Qualitative Inquiry & Research Design: Choosing Among Five Approaches*. Thousand Oaks: Sage, 2007. Print.

Duff, Patricia. *Case Study Research in Applied Linguistics*. New York: Routledge, 2008. Print.

Eby, Lillian, et al. "Protégés Negative Mentoring Experiences: Construct Development and Nomological Validation." *Personnel Psychology* 57.2 (2004): 411-447. Print.

Eby, Lillian T., et al. "Perceived support for mentoring: A multiple perspectives approach." *Journal of Vocational Behavior* 68.2 (2006): 267- 291. Print.

Encinas, Fatima, and Veronica Sanchez Hernandez. "Constructing an interdisciplinary mentoring framework for ELT teacher education and teacher development." *International Journal of Educational Investigations* 2 (2015): 47-69. Print.

Eroz-Tuga, Betil. "Reflective feedback sessions using video recordings." *ELT Journal* 67.2 (2013): 175-183. Print.

Gebhard, Jerry G. "Models of Supervision: Choices." *TESOL Quarterly* 18.3 (1984): 501-514. Print.

Graves, Shanna. "Mentoring pre-service teachers: A case study." *Australasian Journal of Early Childhood* 35.4 (2010): 14-20. Print.

Hamaidi, Diala, et al. "Student-teachers' perspectives of practicum practices and challenges." *European Scientific Journal* 10.13 (2014): 191-214. Print.

Hobson, Andrew J., et al. "Mentoring beginning teachers: What we know and what we don't." *Teaching and Teacher Education* 25.1 (2009): 207-216. Print.

Hobson, Lisa D., et al. "The Importance of Mentoring Novice and Pre-Service Teachers: Findings from a HBCU Student Teaching Program." *Educational Foundations* (2012): 67-80. Print.

Hudson, Peter B., and Sue M. Hudson. "Preservice teachers' perceptions of their mentoring in primary mathematics teaching." *Proceedings Australian Association of Mathematics Teachers*. Hubart: The Australian Association of Mathematics Teachers Inc. 2007. Print.

Hudson, Peter, et al. "Mentoring EFL Preservice Teachers in EFL Writing." *TESL Canada Journal* 27.1 (2009): 85-102. Print.

Hudson, Peter, and Thi Mai Hoa Nguyen. "What do preservice EFL teachers expect from their mentors?." *Changing climates: Education for sustainable futures: proceedings of the Australian Association for Research in Education (AARE)*

International Education Research Conference 2008. Brisbane: Australian Association for Research in Education, 2009. Print.

Hudson, Peter, and Keith R. Skamp. "Mentoring preservice teachers of primary science." *Electronic Journal of Science Education* 7.1 (2002). Print.

Janssen, Noortje, and Ard W. Lazonder. "Support for Technology Integration: Implications From and For the TPACK Framework." *Handbook of Technological Pedagogical Content Knowledge (TPACK) for Educators*, 2nd ed. New York: Routledge, 2016. Print.

Kemmis, Stephen, et al. "Mentoring of new teachers as a contested practice: Supervision, support and collaborative self-development." *Teaching and Teacher Education* 43 (2014): 154-164. Print.

Kirschner, Paul A., and Aryn C. Karpinski. "Facebook® and academic performance." *Computers in Human Behavior* 26.6 (2010): 1237-1245. Print.

Kourieos, Stella. "The impact of mentoring on primary language teacher development during the practicum." *English Language Teacher Education and Development* 15 (2012): 57-64. Print.

Kram, Kathy E. *Mentoring at Work: Developmental Relationships in Organizational Life*. Lanham: UP of America, 1988. Print.

Lai, Edith. "Mentoring for in-service teachers: Views of mentors, mentees and university teachers." *Australian Association Research in Education Parramatta*. 2005. Print.

Leshem, Shosh. "The Many Faces of Mentor-Mentee Relationships in a Pre-Service Teacher Education Programme." *Creative Education* 3.4 (2012): 413-421. Print.

"Licenciatura en Lengua Inglesa." *Universidad de Quintana Roo.* Web. 25 Oct. 2019. www.uqroo.mx/planes-de-estudio/licenciaturas/chetumal/ lengua-inglesa/.

Maund, Barry. *Perception: Central problems of philosophy*. Montreal: McGill-Queen's UP, 2003. Print.

Merç, Ali. "Self-reported problems of pre-service EFL teachers throughout teaching practicum." *Anadolu University Journal of Social Sciences* 10.2 (2010): 199-225. Print

Mickelson, Norma I. "The role of the practicum in the preparation of teachers." *Teaching, school and society* (1990): 248- 261. Print.

Mukeredzi, Tabitha G., and April R. Mandrona. "The journey to becoming professionals: Student teachers' experiences of teaching practice in a rural South African context." *International Journal of Educational Research* 62 (2013): 141-151. Print.

Ngoepe, Mapula G. "Examining Student Teachers' Perceptions on Mentoring During Field Experiences in Distance Learning: A Pilot Study." *Journal of Social Sciences* 40.1 (2014): 41-49. Print.

Portner, Hal. *Mentoring New Teachers*. Thousand Oaks: Corwin P, 2008. Print.

Prosser, Michael, and Keith Trigwell. *Understanding Learning and Teaching: The Experience in Higher Education*. Philadelphia: SRHE and OUP, 1999. Print.

Ragins, Belle R., et al. "Marginal Mentoring: The Effects Of Type Of Mentor, Quality Of Relationship, And Program Design On Work And Career Attitudes." *Academy of Management Journal* 43.6 (2000): 1177-1194. Print.

Rakicioglu-Soylemez, Anil, and Betil Eroz-Tuga. "Mentoring Expectations and Experiences of Prospective and Cooperating Teachers during Practice Teaching." *Australian Journal of Teacher Education* 39.10 (2014): 146-168. Print.

Ramírez Romero, José L., ed. *Una década de búsqueda: las investigaciones sobre la enseñanza y el aprendizaje de lenguas extranjeras en México 2000-2011*. Ciudad de Méxio: Pearson Education, 2013. Print.

Rookes, Paul, and Jane Willson. *Perception: Theory, Development and Organisation*. London: Routledge, 2005. Print.

Sedibe, Mabatho. "Exploring Student Teachers' Perceptions on Mentoring during School Experience at High Schools in Gauteng Province, South Africa." *Journal of Educational and Social Research* 4.3 (2014): 197-201. Print.

Sewall, Marcia. "Transforming supervision: Using video elicitation to support preservice teacher-directed reflective conversations." *Issues in Teacher Education* 18.2 (2009): 11-30. Print.

Tok, Hídayet, and Muammer Yilmaz. "Student teachers' perceptions about mentor teachers: A case study in Turkey." *Ozean Journal of Social Sciences* 4.2 (2011): 101-108. Print.

Tok, Şükran. "The problems of teacher candidate's about teaching skills during teaching practice." *Procedia - Social and Behavioral Sciences* 2.2 (2010): 4142-4146. Print.

Ulvik, Marit, and Kari Smith. "What characterises a good practicum in teacher education?" *Education Inquiry* 2.3 (2011): 517-536. Print.

Wallace, Michael J. *Training Foreign Language Teachers: A Reflective Approach*.Cambridge: Cambridge UP, 1991.

Woolfolk, Anita E. *Educational Psychology*. London: Allyn & Bacon, 2005. Print.

Yunus, Melor M., et al. "Understanding TESL pre-service teachers' teaching experiences and challenges via post-practicum reflection forms." *Procedia - Social and Behavioral Sciences* 9 (2010): 722-728. Print.

Capítulo 7

Análisis de la Competencia Interaccional Áulica en la Clase de Lengua Inglesa

Ariel Vázquez Carranza y Liliana María Villalobos González

> ...language teachers can improve their professional practice by developing a closer understanding of classroom discourse and, in particular, by focusing on the complex relationship between language, interaction and learning.
>
> Steve Walsh (Exploring Classroom Discourse 1)

Introducción

Debido a las actuales exigencias globales de dominio de una segunda lengua en los diferentes tipos, niveles y grados educativos, la profesionalización del docente de inglés como lengua extranjera evoluciona día con día y es cada vez más necesaria y demandada. Dicha profesionalización se compone actualmente de perspectivas, criterios y estándares locales, nacionales e internacionales, en los que se tratan temas como los procesos cognitivos y de identidad, la práctica reflexiva, la práctica pedagógica, la investigación en el aula el desarrollo de competencias en el docente, entre otros. Estas temáticas son discutidas en los programas de licenciatura con el objeto de resolver problemáticas y crear puentes de encuentro entre el conocimiento y la práctica en el afán de lograr elevar los tan requeridos estándares de dominio de la lengua extranjera en nuestro país.

Docentes en formación

La oferta de programas de licenciatura en la docencia y/o enseñanza del inglés como lengua extranjera a nivel nacional responden en gran medida a la demanda de docentes de lengua inglesa, con un perfil que integre tanto las competencias de conocimiento, como las competencias de práctica. Se busca que estas competencias lo habiliten en su labor de orientar en el aprendizaje del inglés como lengua extranjera dentro de un espacio áulico determinado.

La asociación internacional de enseñanza del inglés a hablantes de otras lenguas (TESOL, por sus siglas en inglés) (véase Kuhlman y Knezevic) reconoce y aborda el compromiso de los docentes en base a las exigencias a las que se enfrentan en la complejidad de su práctica argumentando la necesidad de alinear estas demandas con las competencias necesarias para esta tarea multifacética. Richards y Burns mencionan que a raíz de la gran demanda que hoy en día de programas de inglés de calidad, los profesionales en la enseñanza del inglés como lengua extranjera están comprometidos a una continua revisión y evaluación de sus conocimientos, responsabilidades y práctica.

Competencias en el docente en formación

Strong y Hogan presentan una serie de descriptores (véase cuadro 1) compuesto por ocho competencias que definen el campo especializado de la enseñanza del inglés como lengua extranjera, tanto para los programas universitarios enfocados en la formación docente, como también para las evaluaciones de profesores en activo y sus empleadores en el sector educativo. Estas ocho competencias están divididas en dos grupos, el grupo formado por las competencias en el área del conocimiento, y el grupo formado por las competencias en el área de la práctica.

Tabla 1: Competencias del Docente de lengua Inglesa

Competencias de conocimiento	Competencias prácticas
1. Pedagogía del lenguaje	1. Diseñar currículo y metodología a la medida de las necesidades del estudiantado
2. Enfoques teóricos del lenguaje y su aprendizaje	**2. Promover oportunidades para el desarrollo de las habilidades de producción en un ambiente de aprendizaje positivo.**
3. Práctica política, sociocultural, económica y educativa relevante en *TESOL*	3. Aplicar los principios y técnicas para la evaluación del inglés hablado y escrito.
	4. Evaluar la efectividad del programa de enseñanza de idiomas / inglés como lengua extranjera
	5. Trabajar eficazmente con personal

Competencias de conocimiento	Competencias prácticas clave en una variedad de contextos.

Fuente: Adaptado de (Strong y Hogan 5)

Para efectos de este estudio nos enfocaremos en el rubro dos de la competencia en el área de la práctica en el que el docente promueve oportunidades para que el alumno desarrolle tanto el inglés hablado como el escrito dentro de un ambiente positivo de aprendizaje en el espacio áulico.

Caso – LIDILE

La Licenciatura en docencia del inglés como lengua extranjera, mejor conocida por sus siglas, LIDILE, de la Universidad de Guadalajara "capacita e instruye a sus alumnos, admitidos con un nivel de dominio de la lengua extranjera específico como requisito de ingreso, en convertirse en profesionales en el área de la enseñanza del inglés como lengua extranjera", a través del desarrollo de competencias de conocimiento como prácticas, y que también cuenta con el Programa abierto de lenguas – PAL, que permite a los docentes en formación poner en práctica sus conocimientos teórico-prácticos adquiridos dentro del periodo de cuatro años, ante alumnos de diferentes niveles. Los alumnos-docentes son observados por profesores de la licenciatura con el objeto de "servir de guía para la mejora de su práctica pedagógica" (LIDILE). Ahora, Walsh cuestiona dos aspectos muy importantes implícitos en esta formación de pregrado en el desarrollo de la competencia práctica en cuestión y es, a) "¿de qué manera pueden los docentes hacer un uso efectivo de la lengua extranjera?" y b) "¿cuál es la relación, si la hay, entre el lenguaje utilizado por los docentes y los alumnos y el aprendizaje que se produce?" (*Classroom interaction for language teachers* 2).

ESTUDIO

Tomando como pilar a estos cuestionamientos partimos del supuesto que, en el aula de lenguas extranjeras, las interacciones que se generan entre alumno y docente producen aprendizaje: como bien lo menciona Walsh cuando sugiere que "donde el uso del lenguaje y el propósito pedagógico coinciden, se facilitan las oportunidades de aprendizaje" (traducción de los autores) (*Investigating Classroom Discourse* 5), y los maestros que constantemente facilitan estas oportunidades tienen un nivel más alto de competencia interaccional en el aula de segunda lengua. Pero qué sucede, siguiendo a Walsh, cuando pasa lo opuesto, cuando se presenta una ausencia de estructuras pedagógicas interaccionales entre docente y alumno, cuando el docente carece del desarrollo de esta competencia,

¿en qué medida la ausencia de estructuras pedagógicas interaccionales entre el docente en formación y alumno obstaculizan las contribuciones de parte del alumno en el aprendizaje de la lengua meta?

Para responder a las preguntas de investigación trabajamos con un grupo de docentes en formación de la LIDILE durante un periodo de 10 semanas dentro del PAL. Obtuvimos el consentimiento manifestado en un escrito tanto de los ocho alumnos PAL participantes como de los cinco docentes en formación para video-grabar cinco sesiones de 50 minutos cada una, esto con el objeto de recolectar los datos necesarios para el análisis conversacional de estas interacciones y valorar el rol tanto del docente-hablante como del alumno-oyente. A continuación, presentamos la metodología de análisis que utilizamos, seguido de algunas observaciones preliminares de los datos.

Análisis conversacional

La metodología que se conoce actualmente como Análisis Conversacional (AC en adelante) surgió a mediados de los años sesenta en la Universidad de California por un grupo de sociólogos (etnometodólogos) liderados por Harvey Sacks. El AC tiene influencias de la sociología de Goffman en cuanto a que en el análisis se toman en cuenta los aspectos rituales y sistemáticos de la interacción cara a cara. El AC tiene influencia principalmente de la etnometodología de Garfinkel, de manera particular, en la descripción de cómo las personas llevan a cabo sus actividades diarias basándose en expectativas, las cuales se cumplen constantemente en la interacción diaria de las personas (e.g., al decirle "hola" a alguien se crea la expectativa de que la persona responda el saludo, si la persona responde, la expectativa se cumple y si no el hecho puede implicaría una "falta" social). El AC es considerado frecuentemente como una continuación de la etnometodología (por ejemplo, para Williams). Sin embargo, tanto la sistematicidad y el rigor metodológico que le incorporaron Sacks y sus asociados al estudio del habla interaccional y los avances que se han generado hasta la fecha en el área, hacen que se considere al AC como una disciplina separada de sus principales influencias.

El objetivo del paradigma de investigación del AC es describir el orden social desde una perspectiva micro; es decir, busca describir, analizar y entender la organización, estructura y desarrollo de las acciones sociales de las que se compone la interacción social, i.e., el habla interaccional. Por acción social se entiende la conducta humana realizada por un individuo con un mutuo entendimiento de otro u otros individuos e.g., preguntar, responder, evaluar, pedir, informar, corregir, entre otros (véase el trabajo de Schütz, Parsons, y Grathoff). El AC asume que la interacción social es metódica, ordenada y mediante ella los hablantes llevan a cabo sus actividades diarias. Para el estudio del habla conversacional el AC utiliza grabaciones de audio y video de interacciones reales cara a cara o por teléfono.

La investigación que ha generado el AC se puede dividir en investigaciones que utilizan datos de interacciones mundanas, i.e., conversaciones entre amigos, familiares, en contextos informales, entre otros; y datos de interacciones denominadas institucionales (véase Drew y Heritage) las cuales son interacciones que se llevan a cabo en contextos laborales o profesionales; por ejemplo, consultas médicas, llamadas de emergencia, interacciones de compraventa, interacciones entre profesor y alumnos en el salón de clase, por mencionar algunos. Las interacciones institucionales se diferencian principalmente de las mundanas en que las primeras se llevan a cabo con fines muy particulares, por ejemplo, la interacción entre profesor y alumnos en el salón de clase tiene los objetivos de *enseñar* y *aprender*. Las interacciones institucionales están limitadas a seguir temáticas particulares del contexto, además de que tienen un límite temporal claro; en la mayoría de ocasiones ambas características son preestablecidas.

El análisis que se realiza dentro del AC se basa enteramente en el dato, es decir, se basa en un análisis turno a turno, o momento a momento, de la conversación. En el apartado cuatro del presente artículo se muestra el tipo de análisis que se realiza utilizando el AC. Los ejes de este análisis son principalmente tres: composición (estructura lingüística), posicionamiento (estructura secuencial) y significado interaccional (véase Clift; Vázquez Carranza, *Análisis Conversacional*). El análisis se basa en identificar cómo el recipiente de un turno de habla responde a este y cómo se desenvuelve secuencialmente la interacción. Para esto se utilizan transcripciones detalladas de interacciones. Las convenciones de transcripción más usadas son las convenciones Jeffersonianas (véase el apéndice y Jefferson); con ellas se busca representar, en detalle, la producción temporal, lingüística y paralingüística de la interacción.

El AC y la enseñanza de lenguas

Entre las investigaciones que han utilizado la metodología del AC para el estudio de datos provenientes de interacciones en el salón de clase (i.e, en contextos de enseñanza-aprendizaje) se pueden identificar dos corrientes principalmente. Por un lado, están las investigaciones enfocadas a las prácticas interaccionales que se llevan a cabo en el contexto áulico; es decir, las que les interesa, de manera particular, describir, analizar y entender la organización, estructura y desarrollo de las acciones sociales que se llevan a cabo dentro del contexto institucional (por ejemplo, los trabajos de McHoul; Markee; Macbeth; Seedhouse; Sert; *inter alia*). Y, por otro lado, las investigaciones que utilizan la metodología del AC como herramienta para investigar diversas temáticas relacionadas con el aprendizaje y la enseñanza. Los estudios de esta segunda corriente parten de los objetivos del primer tipo de investigaciones para entender, atender y resolver problemáticas muy particulares del contexto interaccional (por ejemplo, los trabajos de Markee y Kasper; Hall, Hellermann y Doehler; Wong y Waring; Sert; Walsh, *Classroom Discourse and Teaching Development*; Walsh y Li; inter alia). Es importante señalar que no hay una línea clara que delimite estrictamente ambas corrientes ya que hasta cierto punto se pueden considerar complementarias; se distinguen simplemente por sus objetivos de investigación.

En el campo de la docencia de lenguas extranjeras resaltan los estudios que han tomado al AC como fuente de información para la enseñanza de patrones lingüístico-conversacionales; por ejemplo, la colección de estudios editada por Hall, Hellermann y Doehler enfatizan la importancia del desarrollo de la *competencia interaccional* en la segunda lengua o lengua extranjera; porque, si bien, las acciones sociales pueden llegar a considerarse universales; el formato y su interpretación varía de lengua a lengua; véase, por ejemplo, la diferencia en el formato lingüístico de secuencias conversacionales de evaluación en inglés (véase el trabajo de Heritage) comparadas con secuencias evaluativas en español (Vázquez Carranza, "Some uses of 'no'..."); o bien, el uso de la interjección inglesa "oh" (véase también el trabajo de Heritage) y sus contrapartes en español "ah" y "ay" (Vázquez Carranza, "Aceptación y resistencia..."). Wong y Waring diseñaron un libro de texto que sirve de guía para maestros de inglés como segunda lengua o lengua extranjera para la enseñanza de algunas de las características conversacionales de hablantes nativos de la lengua inglesa.

La utilización del AC en el ámbito de la enseñanza y el aprendizaje de lenguas también ha servido para llevar los reflectores al *desempeño interaccional efectivo* de parte del docente de lengua en el salón de clase. Es en este rubro donde nuestra investigación se desarrolla: a continuación, explicaremos las nociones fundamentales de nuestro paradigma de investigación y después presentamos algunas observaciones preliminares del estudio.

AC aplicado a la formación docente

El aprendizaje no es solamente un proceso cognitivo, sino también es un proceso social (véase Lave y Wenger; Kasper y Wagner). En el salón de clase el profesor y los alumnos entablan una interacción social con los objetivos principales de enseñar y aprender. Por definición, toda interacción social humana es cooperativa (véase, Grice; Tomasello); es decir, en este caso el profesor y los alumnos de manera cooperativa se orientan a lograr los objetivos institucionales. Por lo tanto, desde una perspectiva analítico-conversacional, el aprendizaje en el salón de clase emana de la participación interactiva, i.e., se logra a partir del intercambio de turnos entre el profesor y los alumnos (véase Seedhouse y Walsh). El rol del profesor en la interacción en el salón de clase es fundamental ya que el profesor es quien tiene la "batuta" conversacional: es quien designa quien habla o quien participa. Consideramos que el poder interaccional que tiene el profesor es determinante para el cumplimiento de los objetivos de enseñanza, particularmente en el salón de clase de lengua, ya que, por ejemplo, es común que los alumnos practiquen o tengan contacto con la lengua meta solamente dentro el salón de clase.

Competencia interaccional áulica

Entre los elementos esenciales a tomarse en cuenta en la formación de profesores de lengua inglesa, Richards y también Roberts hablan de las *habilidades pedagógicas*, las cuales incluyen la planeación, evaluación y el manejo de situaciones de enseñanza en el aula. Dentro de estas habilidades esenciales podemos incluir también la maestría de conducir la interacción en el salón de clase de una manera efectiva para que tanto la enseñanza como el aprendizaje se logren eficazmente. Walsh acuña y desarrolla el concepto de *classroom interactional competence*, el cual traducimos aquí como "competencia interaccional áulica", y que es definida por el autor como la habilidad de profesores y alumnos para utilizar la interacción "como *herramienta* para mediar y asistir al aprendizaje" (traducción de los autores, énfasis añadido) (Walsh, *Exploring Classroom Discourse* 158). Con la definición se asume que existen ciertas habilidades interaccionales que el maestro de lengua debe aprender y desarrollar para crear un salón de clase más comunicativo; es decir, un salón de clase donde exista un contexto áulico que facilite las oportunidades de aprendizaje de la lengua mediante un manejo interaccional exitoso de las actividades pedagógicas (véase el trabajo de Sert). Walsh identifica las cuatro características más relevantes del discurso del salón de clase de lengua desde la perspectiva del profesor (4). La primera característica es *el control de la interacción* que tiene que ver con el control que tiene el profesor sobre el contenido y los procedimientos de la clase y sobre el control de la participación de los alumnos. El segundo es la *adaptación o modificación del discurso del profesor*; por ejemplo, es común que el profesor utilice un código lingüístico más restringido o "simple" al explicarles algo a los alumnos y que su habla sea pausada, en un volumen alto y enfática. Esta adaptación del discurso también incluye aspectos más interaccionales, por ejemplo, es común que el profesor constate frecuentemente el entendimiento de los alumnos, o que reformule o aclare alguna enunciación del alumno. Un ejemplo concreto de esto es el concepto de *space for learning* (espacio para el aprendizaje) (véase Walsh y Li) que se refiere a la creación de oportunidades de participación, particularmente tiene que ver con el tiempo de espera de respuesta del profesor ante el parafraseo y reformulación de respuestas del estudiante. La tercera característica consiste en el conjunto de *técnicas que promuevan la participación*. Por lo general estas técnicas consisten en rutinas de preguntas y respuestas. Cabe mencionar que la secuencia interaccional más común en el salón de clase es la denominada IRF (por sus siglas en inglés, véase Sinclair y Coulthard); en la cual el profesor inicia con una pregunta, después el alumno responde y en tercera posición el profesor da su evaluación o retroalimentación. En este respecto, la habilidad del profesor consiste en ir más allá de esta secuencia; es decir, la habilidad radica, como menciona Schwab, en implementar un modelo interaccional multipartito, donde los alumnos puedan participar en otros espacios a parte de los asignados por el modelo IRF. Finalmente, la cuarta característica que identifica Walsh es *la reparación*, que se refiere a las maneras en que el profesor maneja la corrección de errores. Las formas de lidiar con errores incluyen ignorar el error del alumno o corregir directamente el error, o hacer que el alumno corrija su propio error, o bien, hacer que otro alumno corrija el error. Como se plantea en la introducción, el presente proyecto se centra en el estudio de la competencia interaccional áulica de los profesores de lengua inglesa en formación o en entrenamiento. Consideramos que al identificar las características de su discurso áulico se puede contribuir a su profesionalización, particularmente con respecto a la búsqueda de eficiencia en sus prácticas pedagógicas interaccionales dentro del salón de clase. A continuación, procedemos a mostrar un ejemplo del análisis que hemos realizado de los datos recabados hasta el momento.

OBSERVACIONES PRELIMNARES

En un acercamiento inicial a los datos recolectados hasta el momento, hemos podido identificar algunas estructuras interaccionales que no favorecen a la labor pedagógica. Por ejemplo, en el extracto de interacción que se muestra abajo, los profesores (T1 y T2) están iniciando la introducción de la temática de la actividad la cual es sobre viajes. En este tipo of actividades introductorias es recurrente que el profesor introduzca el tema mediante preguntas directas a los alumnos. El extracto inicia precisamente con una de esas preguntas en donde el maestro, T1, les pregunta a los alumnos si han ido de vacaciones a los Estados Unidos, líneas 01 y 02.

(1) Part1.Monterrey.3-17
01 T1: …have you guys have gone to any different parts of
02 the US like for vacation,
03 (.)
03 S1: I (go) to California
04 T1: California?
05 S1: ∘Sí∘
06 T1: What part of California?
07 S1: m:Long Beach
08 T1: LOng Beach. (.) Really cool (I've heard) location.
09 A:m Over here anybody, you gone to a place in the
10 US for vacations or just to visit. No?
11 (.)
12 T1: what about a:: I don't know maybe to Guatemala or
13 something (like that)=
14 T2: Maybe in the country=,
15 T1: =yeah maybe in Mexico
16 T2: you do not have to go out hehe
17 S2: I went to Monterrey
18 T1: Monterrey

19 S2: and Baja California
20 T2: N<u>ice</u>
21 (1)
22 T1: and you have family there,[or you just went to
23 S2   [((asiente))
24 T1: vacations ((asiente))
25 T2: O:h ((asiente))
26 (1)
27 T2: (those type of sites) are like- well I don't like
28   like the weather in am: Monterrey,
29 SS: ((asiente))
30:T2: it's kind of crazy hehe hehe Yes. So- but it is
31   like- (.) well all those places have like some
32 (other)beautiful stuff there. So who else, am:
33 what about you…

Si bien el maestro hace un intento de pedir más información sobre la respuesta del alumno, línea 06, el profesor en su siguiente intervención realiza simplemente una evaluación sobre el lugar que visitó el alumno y se orienta a conseguir otros participantes, líneas 08-10, es decir, el maestro no elabora más sobre la respuesta del alumno. Si bien, al hacer esto, el maestro busca participación de otros alumnos, el profesor pierde la oportunidad de hacer que el alumno que le respondió intervenga más en ese momento en la clase y así practique más el inglés. El maestro pudo, por ejemplo, pedirle al alumno una descripción mayor de su viaje a Long Beach. De manera similar, cuando la estudiante S2 responde que ella ha ido a Monterrey y a Baja California, líneas 17 y 19, el maestro T2 se limita simplemente a evaluar (de manera ritual) las visitas de la alumna, línea 20, y de nueva cuenta el maestro no hace que la alumna dé más detalles de sus viajes y así practique la lengua extranjera. Por otro lado, el maestro T1, interviene a ese respecto en la línea 22 pero no lo hace de manera eficiente ya que solamente obtiene un par de asentimientos por parte de la alumna con los que confirma simplemente lo que los maestros le piden. El resto del extracto ilustra como el maestro T2, en lugar de hacer que la alumna diera más detalles sobre sus viajes, comienza a dar sus propias impresiones sobre el clima de Monterrey, líneas 27-33, y de esta forma abandona uno de los objetivos centrales de este tipo de actividades que es esencialmente hacer que los alumnos practiquen su habilidad oral en la lengua extranjera al mismo tiempo que se introduce la temática de la actividad. De manera particular, el extracto muestra falta de continuidad a las respuestas de los alumnos por parte del profesore: los profesores utilizan solo preguntas cerradas (líneas 06, 09, 10, 21); utilizan evaluaciones que sólo implican cierre interaccional (véase Pomerantz) (líneas 08 y 20) y marcadores de recepción informativa (línea 23) que interaccionalmente implican también cierre secuencial (véase Heritage); y prácticas de monólogo (líneas 28-31) que centran la interacción en el profesor.

El siguiente extracto muestra un comportamiento similar de parte del profesor.

(2) Part.1.Chiapas.6-19
01 T2: so who else a:m wants to share maybe some place
02   that you you visited once that you liked a lot.
03   (1)
04 T2: Do you like to travel, girls?
05 S1: ((asiente afirmativamente))
06 T2: Yes.
07 S3: (a place with various)people
08 T2: Yeah that you visited like- in the past
09   maybe this vacation maybe when you were a child
10   (.)
11 S3: Chiapas.
12 T2: Chiapas?
13 S3: ((asiente afirmativamente))
13 T2: That's beautiful .hh I know someone else
14   ((señala a T3))went to Chiapas this a:this Summer
15   she was like-
16 T3: (it was amazing)
17 T2: Yeah (.) super beautiful. So did you watch the
18   video…

En este caso, el profesor, de la línea 01 a la 04, pide participación y pregunta específicamente a un par de alumnas si les gusta viajar. Las alumnas responden mínimamente: por un lado, asienten afirmativamente con la cabeza, línea 05, e intenta dar una respuesta más extensa, línea 07, sin embargo, esto no se logra ya que el profesor cuestiona nuevamente especificando más su pregunta, líneas 08 y 09. En la línea 11, la alumna da una respuesta: "Chiapas", a lo que le sigue una pequeña secuencia de chequeo informativo por parte del profesor, líneas 12 y 13. El profesor nuevamente toma el turno y hace una evaluación del lugar, en este momento interaccional, el profesor no le pide al alumno que expanda más su respuesta; el profesor le pudo haber preguntado, qué hizo en Chiapas, con quién fue, qué lugares visito. En lugar de esto, el profesor comenta que el otro profesor, T3, fue a Chiapas el verano pasado, y como se puede observar en el resto del ejemplo, el alumno ya no participa más, son los profesores quienes comentan sobre el tema.

Encontramos ejemplos donde, a pesar de que el profesor no crea el contexto interaccional idóneo para promover la participación extensa de los alumnos, los alumnos sí intentan participar de manera amplia, sin embargo, el mismo comportamiento interaccional de los profesores no permite que eso suceda o continúe. Ejemplo de esto es el siguiente extracto, en el cual la conversación gira en torno al tema de hospedarse en hostales cuando uno viaja.

(3) Part.1.Hostel.13.10
01 T2: ...that's cool. If you don't want to spend like
02   like a lot of money in a place to to sleep
03   well you can do it in a hostel and it's just
04   like the best option, so:
05 S3: but in the hostels a:: people is very friendly
06 T3: Yes ((asiente))
07 T2: The-=
08 S3: =you can [meet other people
09 T2:   [have you ever stayed there?
10 S3: Yes ((asiente))
11 T2: Yes. ↑nice
12 S3: ([ )
13 T2:   [so it is like a good idea if you want to
14   stay there?
15 S3: a: is depending your (type of trip) if you
16   don like a:: a:: meet a: lot people or sleep with
17   a lot of people is not good idea, but if you like to share
18   with other people and be friend, is a good idea.
19 T2: Coo:l. So it is not that I don't like to share but it is
20   like I don't know why I think like too much in those things
21   so you nev- as you don't know the people it is like m: maybe
22   I should like take this with me [heheh hehehe hehe yes
23 SS: [((laugh))
24 T2: (h) to save it in another place (h) hehe he so I- I love
25   the idea maybe I would like to to: stay in one of those
26   places maybe one day a::nd

En la línea 05, el alumno menciona que en los hostales hay gente amigable. El profesor aquí pudo ahondar más en la respuesta del alumno, por ejemplo, preguntándole sobre alguna buena experiencia en un hostal. El profesor en cambio le hace una pregunta que requiere solamente una respuesta de sí o no, línea 09. En seguida el maestro parece buscar mayor elaboración de la respuesta del alumno y pregunta si es buena idea quedarse en un hostal, hace esto nuevamente utilizando una pregunta cerrada, pero la alumna no confirma ni afirma, sino explica que todo depende; es decir, ahora sí, la alumna da una respuesta extensa, líneas 15 a 18. Sin embargo, nuevamente, el profesor en lugar de promover mayor participación o mayor comentario de la alumna, toma el turno y comenta sobre su propia experiencia, lo cual no es inadecuado, ya que la interacción se basa en una mutua cooperación y aportación temática, pero en el contexto áulico, el profesor debe evitar realizar monólogos que eviten o limiten la participación de los alumnos que son los que requieren practicar la lengua inglesa.

Si bien, en estos pequeños extractos se pueden observar aspectos positivos sobre el entrenamiento de los maestros (e.g., está clara la parte introductoria de la temática de la clase y la estrategia de preguntarle directamente a los alumnos sobre sus experiencias), como se pudo observar, hay aspectos interaccionales que los maestros pueden mejorar para lograr una mayor efectividad pedagógica, por ejemplo, promover mayor participación interaccional de parte de los alumnos mediante preguntas de contenido, preguntas que ahondan en las respuestas de los alumnos y evitar los monólogos extensos que limitan la producción oral de los alumnos.

COMENTARIO FINAL

El análisis del reporte "El aprendizaje del inglés en América Latina", de la autoría de Cronquist y Fiszbein reitera "la creciente demanda de profesores de inglés y señalan a México como un claro ejemplo de la gravedad de este desafío" (44) señalando como prioritario la profesionalización del docente para garantizar la calidad en la enseñanza. La meta principal de esta investigación es reconocer la importancia del desarrollo de la competencia interaccional áulica en el docente en formación y con ello mejorar su práctica pedagógica. El docente al promover oportunidades para el desarrollo de las habilidades de producción (véase Strong y Hogan) cumple con una de sus tareas primordiales dentro del espacio áulico que son las contribuciones de parte del alumno en el aprendizaje de la lengua meta.

El análisis y las observaciones preliminares de los datos de esta investigación nos indican que existe espacio de mejora, particularmente con respecto a la competencia interaccional áulica del docente en formación. Al reconocer la compleja relación entre lenguaje, interacción y aprendizaje a través de una comprensión cercana del manejo y desarrollo de la competencia interaccional áulica (véase Walsh, *Classroom interaction for language teachers*), nos damos cuenta que los programas de licenciatura en docencia del inglés como lengua extranjera necesitan proveer al docente en formación de la oportunidad de desarrollar, a la par del conocimiento en métodos de enseñanza, el entendimiento de los procesos de interacción y la relación en que el lenguaje es utilizado para establecer, desarrollar y promover aprendizaje de la lengua extranjera.

REFERENCES

Burns, Burns, Anne and Jack C. Richards. Eds. *The Cambridge Guide to Pedagogy and Practice in Second Language Teaching.* New York: Cambridge University Press, 2012. Print.

Clift, Rebecca. *Conversation Analysis.* Cambridge: Cambridge University press, 2016. Print.

Cronquist, Kathryn. and Ariel Fiszbein. "El aprendizaje del inglés en América Latina". *El Diálogo.* Liderazgo para las Américas. 2017. Web. 16 Oct. 2019. <https://www.thedialogue.org/wp-content/uploads/2017/09/El-aprendizaje-del-ingl%C3%A9s-en-Am%C3%A9rica-Latina-1.pdf>

Drew, Paul and John Heritage. *Talk at Work: interaction in institutional settings.* Cambridge: Cambridge University Press, 1992. Print.

Garfinkel, Harold. *Studies in Ethnometodology.* Cornwall: Prentice-Hall Inc, 1967. Print.

Goffman, Erving. "The interaction order: American Sociological Association, 1982 presidential address.". *American Sociological Review* 48.1 (1983): 1-17. Print.

Grice, Herbert Paul. "Logic and conversation". Eds. Cole, Peter y Jerry L. Morgan *Studies in Syntax and Semantics III: Speech Acts.* New York: Academic Press, 1975. Print.

Hall, Joan Kelly, John Hellermann and Doehler Simona Pekarek. *L2 interactional competence and development.* Germany: Multilingual Matters, 2012. Print.

Heritage, John. "A change-of-state token and aspects of its sequential placement". Eds. John M. Atkinson y John Heritage. *Structures of social actions.* Cambridge: Cambridge University Press, 1984. Print.

Jefferson, Gail. "Glossary of transcript symbols with an introduction". Ed. Gene H. Lerner. *Conversation Analysis: Studies from the First Generation.* Amsterdam: John Benjamins, 2004. Print.

Kasper, Gabriele, and Johannes Wagner. "A conversation-analytic approach to second language acquisition". Ed. Dwight Atkinson. *Alternative Approaches to Second Language Acquisition.* London: Routledge, 2011. Print.

Kuhlman, Natalie and Bozana Knezevic. *The TESOL Guidelines for Developing EFL Professional Teaching Standards. Alexandria*: TESOL Press, 2014. Print.

Lave, Jean and Etienne Wenger. *Situated learning: Legitimate peripheral participation.* Cambridge: Cambridge University Press, 1991. Print.

"Licenciatura en Docencia del Inglés como Lengua Extranjera (LIDILE)." *Universidad de Guadalajara.* 2019. Web. 17 Apr. 2019. <http://www.cucsh.udg.mx/licenciaturas/licenciatura_en_docencia_del_ingles_como_lengua_extranjera>

Macbeth, Douglas. "The relevance of repair for classroom correction". *Language in Society.* Nov. 2004: 703-736. Print.

Markee, Numa. "Zones of Interactional Transition in ESL Classes". *The Modern Language Journal.* Nov. 2004: 583-596. Print.

Markee, Numa and Gabriele Kasper. "Classroom Talks: An Introduction". *The Modern Language Journal* 88.4 (2004): 491-500. Print.

McHoul, Alexander. "The Organization of Turns at Formal Talk in the Classroom". *Language in Society.* Ago. 1978: 183-213. Print.

Pomerantz, Anita. "Agreeing and disagreeing with assessments: some features of preferred/dispreferred turn shape"s. Eds. John. M. Atkinson y John Heritage. *Structures of social actions.* Newcastle: Cambridge University Press, 1984. Print.

Richards, Jack C. (1998). *Beyond Training.* Cambridge: Cambridge University Press,1996. Print.

Roberts, Jon. *Language Teacher Education.* London: Arnold, 1998. Print.

Sacks, Harvey. *Lectures on Conversation.* Cornwall: Blackwell, 1992. Print.

Schütz, Alfred, Talcott Parsons and Richard Grathoff. *The theory of social action: The correspondence of Alfred Schütz and Talcott Parsons.* Bloomington: Indiana University Press, 1978. Print.

Schwab, Götz. "From dialogue to multilogue: a different view on participation in the English foreign language classroom". *Classroom Discourse* 2.1 (2011): 3- 19. Print.

Seedhouse, Paul. *The Interactional Architecture of the Language Classroom: A Conversation Analysis Perspective.* Oxford: Blackwell, 2005. Print.

Seedhouse, Paul and Steve Walsh. "Learning a second language through classroom interaction". Eds. Paul Seedhouse, Steve Walsh, y Chris Jenks.

Conceptualising Learning in Applied Linguistics. Basingstoke: Palgrave MacMillan. 2010. Print.

Sert, Olcay. *Social Interaction in the L2 classroom*. Edimburgo: Edinburgh University Press, 2015. Impreso.

Sinclair, John and R.M. Coulthard. *Toward an Analysis of Discourse*. Oxford: Oxford University Press, 1975. Print.

Strong, Rosalind and Susan Hogan. "TESOL Teacher Competencies Document." *28th Annual Meeting of the Teachers of English to Speakers of Other Languages – TESOL*, Baltimore, USA, 8-12 March, 1994. Tomasello, Michael. *Origins of Human Communication*. London: MIT Press, 2008.Print.

Vázquez Carranza, Ariel. *Análisis Conversacional: estudio de la acción social*. Guadalajara: CUCSH, Universidad de Guadalajara, 2019. Print.

———. "Aceptación y resistencia: un análisis de 'ah' y 'ay' como indicadores de cambio de estado". *Cuadernos de Lingüística de El Colegio de México* 3.2 (2016): 71-103. Print.

———. "Some uses of 'no' in Spanish talk-in-interactions". *International Review of Pragmatics*. 9.2 (2017): 224-247. Print

Walsh Steve. *Investigating Classroom Discourse*. London: Routledge, 2006. Print.

———. *Exploring Classroom Discourse: Language in action*. London: Routledge, 2011. Print

———. *Classroom Discourse and Teaching Development*. London; Routledge, 2013. Print.

———. *Classroom interaction for language teachers*. Alexandria: TESOL Press, 2014. Print.

Walsh, Steve and Li Li. "Conversations as space for learning". *International Journal of Applied Linguistics* 23.2 (2013): 247-266. Print.

Williams, Glyn. *Sociolinguistics: a sociological critique*. Cornwall: Routledge, 1992. Print.

Wong, Jean. y Waring Hansun Z. *Conversation Analysis and Second Language Pedagogy: a guide for ESL/EFL teachers*. New York : Routledge, 2010. Print.

APÉNDICE: CONVENCIONES DE TRANSCRIPCIÓN

(1)   El número en paréntesis indica la duración de una pausa en segundos.
(.)   El punto indica una micro pausa.
[El corchete indica el punto en el que traslape inicia.
=   Las líneas conectadas con dos signos de igual indican que la segunda línea sigue la primera sin algún silencio que se pueda identificar entre las dos, o que ocurren totalmente "pegadas" una con la otra.
:   Indica que el sonido anterior está prolongado, entre más puntos haya más prolongado fue producido el sonido.
hehe   Indica risa. Entre más "haches" haya más prolongada es la risa.
Pal-   Indica que la palabra o enunciación está cortada.
PALABRA   Letras versales indican un incremento de volumen.
(cálculo) Palabras entre paréntesis indican un cálculo aproximado a lo que hablante dice.
((palabra))   Palabras en paréntesis dobles contienen descripciones de eventos.
°palabra°   Palabras entre signos de grados indican que el habla es suave o muy queda.
palabra? Signo de interrogacion indica entonación de pregunta.
...   Indican que hay conversación omitida en la transcripción.

CAPÍTULO 8

La Licenciatura en la Enseñanza del inglés y el Centro de Auto Acceso: Taller de Preparación para Certificación de Inglés

Norma Lucero Pérez Rodríguez y Rosalba Leticia Olguín Díaz

INTRODUCCIÓN

El presente trabajo responde a la tendencia global generada en los últimos años con respecto a la inclusión de las tecnologías de la información y la comunicación (TIC) dentro del contexto educativo para favorecer el aprendizaje de un idioma extranjero. Obedeciendo a este contexto globalizado, la Benemérita Universidad Autónoma de Puebla (BUAP), a través de su Plan de Desarrollo Institucional Gestión 2017-2021, plantea que uno de los ejes rectores para el desarrollo de la institución es el de Docencia (BUAP 29), cuyas metas proponen el compromiso de asegurar una educación de calidad académica impartida por docentes competentes a través de los recursos digitales e informáticos pertinentes para la construcción de aquellas competencias requeridas según el perfil de egreso. También se subraya la importancia del aprendizaje de las lenguas extranjeras y su subsecuente certificación, lo cual incidiría favorablemente en la movilidad académica tanto para docentes como para estudiantes. Se puede hablar entonces de una tendencia evidente hacia la internacionalización en el marco de la educación superior.

Asimismo, la Asociación Nacional de Universidades e Instituciones de Educación Superior (ANUIES) plantea que la educación superior se debe adaptar y transformar a los nuevos contextos sociales, económicos y políticos para así avanzar hacia una comunidad del conocimiento más apta y participativa en los distintos procesos que la globalización trae consigo. Las instituciones de educación superior (IES) se convertirán entonces en agentes de cambio cuya misión será la de preparar a individuos mejor calificados y capacitados para enfrentar los retos que el entorno global demande, pero también para atender aquellas necesidades que el entorno local exija (ANUIES 7). En este marco, el manejo de una lengua extranjera, y en este caso en particular el inglés, se vuelve uno de los objetivos dentro de la agenda educativa en México.

Esto último se puede ver claramente en la reforma educativa implementada por la Secretaría de Educación Pública (SEP), la cual establece un nuevo Modelo Educativo (75) que contempla la inclusión curricular de la asignatura de inglés como lengua extranjera para todos los niveles educativos, desde preescolar hasta el nivel medio superior, con el objetivo de capacitar individuos con una formación bilingüe que más adelante pueda ser evaluada positivamente por una institución internacional certificadora. Esta agenda educativa trae, a su vez, un reto: capacitar en inglés a los docentes de las distintas escuelas normales del país para que se certifiquen y que a su vez estos puedan también capacitar a sus propios estudiantes, especialmente a aquellos que serán futuros docentes de inglés. El objetivo es claro: que todos los estudiantes mexicanos que concluyan su formación básica (educación preescolar hasta media superior) cuenten no sólo con el nivel B2 de idioma de acuerdo con el Marco Común Europeo de Referencia para las Lenguas (Consejo de Europa 5-7), sino que además obtengan la certificación oficial que avale dicho nivel.

Por todo lo anterior, la BUAP propone el Modelo Universitario Minerva (BUAP 23), un modelo educativo que postula una modificación en la estructura curricular y que la divide en cinco ejes transversales: 1) formación humana y social, 2) desarrollo de habilidades del pensamiento superior y complejo, 3) desarrollo de habilidades en el uso de la tecnología, la información y comunicación, 4) desarrollo de habilidades en lenguas extranjeras e 5) investigación. El eje de lenguas extranjeras hace hincapié en la necesidad de lograr que el alumno cuente con la competencia de una lengua extranjera como medio de acceso a la información y a la transmisión del conocimiento, y que además egrese con una certificación del idioma entre ellas inglés.

La creación de un currículo con orientación internacional en contenido y forma busca preparar a los estudiantes para que puedan realizarse en un contexto internacional y multicultural (Romo, Romero y Guzmán 1-3). Por tal razón, una de las tareas primordiales de la BUAP es proveer a los estudiantes con los recursos formativos que promuevan y fortalezcan el proceso de internacionalización. En cuanto al eje del desarrollo de las habilidades en el uso de la tecnología, la información y comunicación, éste enfatiza el uso de dichas tecnologías para la obtención de información y generación del conocimiento, siendo el inglés el idioma preferente que los usuarios utilizan dentro del internet (Roca 25). El propósito de fomentar el uso de las TIC es la construcción de conocimiento significativo, pero además dinámico y transversal (Lion 20). Estas tecnologías han hecho que el acceso a la información sea cercano, amigable y sin restricciones. La inclusión de las TIC en un ambiente escolar en donde la gran mayoría de los estudiantes son nativos digitales (Cassany y Ayala 56) o de la generación Milenaria puede resultar todo un desafío, más aún si este ambiente es en una clase de lengua extranjera.

Es aquí donde cabe mencionar a los Centros de Auto Acceso (CAA) y su rol en el aprendizaje de idiomas. Los CAA fungen como espacios que promueven y facilitan el proceso de aprendizaje de una lengua extranjera de los estudiantes a través de los distintos recursos tecnológicos y humanos que ofrecen con respecto al nivel de proficiencia del aprendiente y de sus habilidades lingüísticas (Zorro y Baracaldo 175; Acuña 23). Y es que, en la actualidad, el quehacer académico de un aprendiente se caracteriza visiblemente por la inclusión de la tecnología en su práctica cotidiana (Martínez, López y Rodríguez 933). Es debido, principalmente, a esta tendencia tecnológica en la educación superior que la Benemérita Universidad Autónoma de Puebla busca que sus egresados cuenten con el conocimiento académico y las herramientas tecnológicas necesarias para ser agentes de cambio dentro de su propio entorno, para así, llevar a cabo mejoras sociales, académicas y políticas en beneficio de la sociedad. Por ello, la universidad ofrece distintos recursos académicos en materia de lenguas extranjeras a través de los diferentes centros al interior de la misma, por ejemplo, los cursos de idiomas en el Centro de Lenguas (CELE) así como también los cursos de Extensión Universitaria (CEU) dentro la Facultad de Lenguas, además de los cursos de Lengua Extranjera como parte del currículo universitario (Tronco Común), y también aquellos cursos y talleres de idiomas organizados por los Centros de Auto Acceso. Todos estos esfuerzos están encaminados para lograr que los alumnos universitarios eventualmente se certifiquen, particularmente, en el idioma inglés o en cualquier otro idioma extranjero al momento de su egreso. (BUAP, Plan de Desarrollo Institucional 26).

 Al interior de la Facultad de Lenguas de la BUAP se cuenta con un Centro de Auto Acceso (CAA), el cual contiene los materiales y los recursos tanto pedagógicos como tecnológicos y humanos para que el alumno de la Licenciatura en la Enseñanza de Inglés (LEI) los utilice en la realización de las prácticas necesarias para fortalecer sus habilidades lingüísticas del idioma. Esto, eventualmente, lo ayudará a lograr tanto los requerimientos del programa de estudios de la Licenciatura en la Enseñanza del Inglés, así como la obtención de la certificación de idioma correspondiente. Si dichos recursos tecnológicos se adaptan al salón de clases, el quehacer docente puede entonces enriquecerse con nuevas formas de conducir al alumnado al conocimiento de manera más inclusiva e integral (Moreira 11).

 Por tales razones, el presente documento tiene el objetivo de reportar la experiencia de un taller piloto de preparación para certificación PET (Preliminary English Test) de inglés diseñado para vincular el Centro de Auto Acceso (CAA) con la asignatura de Lengua Meta II en la Licenciatura en la Enseñanza del Inglés (LEI) de la BUAP. El objetivo de dicho taller fue explorar los posibles beneficios que los alumnos de Lengua Meta II obtendrían al ser partícipes de un curso de inglés dirigido a involucrarlos de manera más particular no sólo al aprendizaje del idioma inglés sino también al desarrollo de aquellas habilidades inherentes a la certificación del mismo a través de los recursos tecnológicos pertinentes (TIC).

Este taller estuvo encaminado a familiarizar a los estudiantes de la LEI con ejercicios y estructuras propias de un examen de certificación en aras de prepararlos para, en un futuro, presentar satisfactoriamente la certificación oficial. Se utilizaron los recursos tecnológicos del CAA para realizar prácticas asignadas que ayudaron a los estudiantes a mejorar su nivel de inglés por medio de plataformas, páginas de búsqueda, nubes de almacenamiento y aplicaciones digitales que enriquecieron su experiencia de aprendizaje. Por último, se exploró el impacto pedagógico que este taller tendría al vincular el CAA con la LEI a través de un taller que, no sólo reforzaría el aprendizaje de un idioma, sino que también los prepararía para la eventual certificación del idioma correspondiente.

ANTECEDENTES

En el contexto de la enseñanza-aprendizaje de lenguas extranjeras es indispensable mencionar de manera particular aquellos factores que han influido en su práctica y aprendizaje. Tales aspectos se pueden vincular, en primera instancia, a los constantes cambios sociales que se han suscitado con respecto a la educación y al aprendizaje de lenguas en ambientes propicios como los entornos de aprendizaje que se dan al interior de los centros de Auto Acceso. Asimismo, el fomento de la autonomía dentro y fuera del aula toma un rol importante en los alumnos con respecto a su aprendizaje y en la subsecuente consolidación del idioma aprendido. Todo esto, dirigido al logro de resultados óptimos en dicho idioma y que éste se manifieste en una certificación, la cual representa la cúspide de todo ese cúmulo de aprendizaje.

A nivel mundial, los movimientos sociales en Europa en los años 60 se caracterizaron por la presencia de diversos grupos que abogaban por crear mejores condiciones de vida para los ciudadanos (Mongelos 44). Dichas mejoras incluían el reconocimiento de los derechos de la población femenina; la lucha por los derechos laborales; el derecho a la libertad de credo; y el derecho de la población a la educación, entre otras. Sobre la misma vena de la educación, se pugnaba por una educación pública en la que además los estudiantes estuvieran involucrados en la toma de decisiones sobre su proceso de aprendizaje, es decir, se pensaba en los alumnos como individuos y no como un colectivo (Ramón 3). En otras palabras, se consideraron las diferentes maneras de aprender y también las necesidades de aprendizaje de cada uno. Este concepto de aprendizaje se ve plasmado, más adelante, en el primer centro de Auto Acceso CRAPEL de la Universidad de Nancy en Francia en la década de los 70's (Zorro y Baracaldo 3). Tendencia que se extiende posteriormente al resto de Europa.

Es importante destacar que es hacia los años 90, que se suscita un hecho notable con respecto a la evolución tecnológica; la aparición del internet, (Flores y Meléndez 5). Dicho recurso tecnológico vino a modificar de manera significativa los alcances didácticos y académicos para los alumnos debido a que la red les permitía tener acceso a un gran número de recursos auditivos, de pronunciación, de práctica de gramática y vocabulario, así como de lectura. Esta nueva manera de explorar y aprender en la red abrió la ventana a una nueva forma de aprendizaje, el aprendizaje autónomo.

Desde la perspectiva de Escobar y Morales (11) el aprendizaje autónomo pretende que el aprendiente sea quien tomara el control total sobre su aprendizaje, es decir, que él planteara sus objetivos de aprendizaje, se hiciera cargo de su progreso y que, además, evaluara dicho aprendizaje (Mongelos 44). Sin embargo, es importante destacar que la autonomía ya no se entiende como un proceso por el cual los alumnos deban caminar en solitario durante su aprendizaje (Mata 19) debido a que un aprendizaje aislado podría ser que sólo unos alumnos logren llegar a sus metas y otros no. Es aquí en donde los asesores de los centros de Auto Acceso se convierten en generadores del aprendizaje autónomo o independiente a través de la enseñanza de diversas rutas de aprendizaje, de la utilización de los espacios y materiales, y de guiar a los usuarios sobre el uso de estrategias de aprendizaje, con el tiempo se empezó a poner más atención a los procesos cognitivos y sociales de aprendizaje (García, Ferreira, y Morales 25).

Es precisamente que al mirar el proceso de aprendizaje desde una perspectiva social se fomenta que el profesor ya no sea el único poseedor del conocimiento al interior del salón, sino que él sea el promotor del conocimiento a través de distintos y variados acercamientos didácticos para que los alumnos también sean partícipes de la construcción del mismo. La zona de desarrollo próximo de Vygotsky establece que en el aula es en donde se puede tomar ventaja de los diversos procesos de socialización que se dan al interior de dicho contexto por medio de las diferentes interacciones que se pueden promover entre el profesor y los alumnos (Martinez, Rodríguez y Díaz 537).

Sumando a la teoría de Vygotsky, López y Hederich (19) precisan mencionar el concepto del andamiaje y su relevancia en la enseñanza-aprendizaje. El andamiaje, según ellos, se concibe como una estrategia didáctica que le confiere control al docente, pero sólo para guiar al alumno en su ruta de aprendizaje a través de la socialización en grupo y la retroalimentación constante. Entre las diferentes actividades que pueden promover el andamiaje en el salón de clases están los trabajos en equipo donde el trabajo en conjunto fomenta el intercambio de ideas entre los estudiantes a la par de la construcción del conocimiento a través del diálogo y el intercambio de ideas. Dichas interacciones, dentro y fuera del aula, se entienden como todas aquellas actividades que promueven la mediación y el apoyo a manera de orientar y planear el aprendizaje en donde tanto el profesor como los estudiantes crean una suerte de plataforma para construir y proveer al alumno de oportunidades de aprendizaje, de conocimiento y de desarrollo de habilidades. (Del Mastro 98). De tal manera, que sea el mismo alumno el que determine los aspectos a trabajar y concentrase así en sus propias áreas de mejora.

Ante esta nueva perspectiva de andamiaje y autonomía en el aprendizaje, también se empezó a observar cuál era el rol que desempeñaban los asesores del CAA en el proceso de aprendizaje de idiomas. García, Ferreira, y Morales (25) argumentan que los asesores son los principales promotores del desarrollo de la autonomía haciendo esto a través de un trabajo en el cual el asesor observa las metas de aprendizaje planteadas por el alumno, le asiste en alguna etapa del proceso, y le ayuda a establecer la metodología; es decir, determinar los materiales, las estrategias de aprendizaje, las técnicas de estudio que el alumno empleará, así como la modalidad de aprendizaje que el alumno escogerá para llegar a sus objetivos.

Es durante este proceso en el cual los asesores se vuelven más que simples espectadores sino mediadores del aprendizaje pues perciben a la autonomía como un proceso en el que los alumnos van desarrollando de manera gradual sus habilidades, sus estrategias de aprendizaje, la concientización y la responsabilidad sobre las tareas que tendrán que realizar para llegar a su meta particular. Es por tal razón que el rol del asesor del Centro de Auto Acceso no es solamente la de ayudar al alumno a conocer qué estrategias son las más adecuadas, o a localizar los materiales que le puedan ser de más ayuda para lograr sus objetivos, sino crear o proveer las circunstancias y los medios necesarios para que el alumno logre sus metas de aprendizaje (Monleón y Zarco 46).

Aunado a esto, Wang et. al., expresan que la relevancia de fortalecer la motivación intrínseca de los aprendientes se logra a través de determinados pasos tales como una reflexión sobre las necesidades de aprendizaje que los alumnos tienen y que una vez establecidas dichas necesidades éstas sean cubiertas a través de alternativas de aprendizaje pertinentes (227). El propósito de esto es que los estudiantes tengan la certeza de estar aprendiendo, de constatar que sus metas de aprendizaje son cubiertas dándoles así un sentimiento de realización, satisfacción y de conexión con sus necesidades de aprendizaje promoviendo así que el alumno pueda encaminarse a la autonomía y enfrentar satisfactoriamente una certificación, si es que el caso lo amerita.

Con respecto a lo anterior, (Herrera 34) considera que una etapa definitiva o final del proceso de aprendizaje es cuando los alumnos tienen la capacidad para presentar una certificación del idioma y así comprobar la habilidad que tienen en el manejo del mismo. Aunado a esto, la gama de certificaciones del idioma inglés que existen, son variadas y es por eso que los alumnos deben reflexionar sobre el tipo de certificación que se adecúa más a sus necesidades y destrezas (García 103). De igual manera el hecho de contar con una certificación del idioma inglés al egresar del nivel superior provee de mejores oportunidades a los alumnos en el campo laboral y agrega un peso sustancial a su hoja de vida o *curriculum vitae*.

La relevancia de certificar una lengua extranjera se ha hecho más evidente en los últimos años debido a la creciente movilidad estudiantil y profesional. Tener la competencia lingüística en un idioma no sólo permite la comunicación eficiente con otros individuos, sino que además ofrece la oportunidad de tener acceso al conocimiento producido en dicho idioma. Esta premisa ha generado que tanto las instituciones educativas como las labores soliciten certificaciones válidas y confiables expedidas por organismos prestigiados y reconocidos en el área a manera de acreditar que los estudiantes tienen el bagaje académico y lingüístico adecuado.

Lo anterior, también ha dado apertura a la creación de distintas certificaciones de lengua extranjera, y de acuerdo a Doval (566), se han establecido tres parámetros para avalar que dichas certificaciones sean admisibles. Por ejemplo, que una certificación sea equiparable sin importar el país en que se otorga, que el proceso de evaluación de dicha lengua sea preciso y avale una competencia lingüística lo más cercana a la realidad y por último que estas certificaciones sean aceptadas internacionalmente por organismos educativos y empresariales. Aunado a esto, Quiroga y Nigro (368) consideran que la popularidad de las certificaciones se puede explicar también por la amplia disponibilidad de sus descriptores y exámenes modelo para que los usuarios se autoevalúen, a su vez, que estos descriptores sirven de guía para las instituciones educativas al momento de diseñar cursos y administrar exámenes internos lo cual garantiza que los estudiantes tengan una exposición más pertinente al formato y contenidos de un examen de certificación para obtener así una noción más objetiva sobre su nivel de proficiencia.

Además de esta proficiencia, está el aspecto comunicativo inherente a una certificación de lengua extranjera, en palabras de Elejalde et. al. (4) una certificación sirve para comprobar si el estudiante cuenta con la competencia lingüística pero también si ha internalizado su uso con respecto a un contexto determinado lo cual hablaría de una competencia comunicativa. En este sentido, y considerando lo que una certificación mide, el proceso de enseñanza-aprendizaje de una lengua extranjera debería de beneficiarse, entonces, de aquellos contenidos y oportunidades comunicativas que incidan favorablemente en el desarrollo y uso de dichas habilidades lingüísticas y comunicativas de la lengua determinada.

Los conceptos desarrollados anteriormente permiten identificar aquellos elementos que se entretejen en la enseñanza-aprendizaje de lenguas extranjeras en el marco de las certificaciones. Es evidente que los centros de Auto Acceso son parte de la evolución educativa que se ha dado, en gran medida, a las demandas educativas que se desprenden de los cambios sociales inherentes al avance de la sociedad. Es innegable, también, que a partir del surgimiento del internet el abanico de recursos se ha ampliado para enriquecer el aprendizaje de lenguas más allá del aula y de los centros de Auto Acceso, sino que, además, ha abierto la puerta a nuevas formas de aprendizaje como lo es la autonomía en el aprendizaje.

El aprendizaje autónomo ha dado pie a reorientar los esfuerzos de los centros Auto Acceso, de los asesores y de los docentes de lengua extranjera para diseñar estrategias más pertinentes al cambio de paradigma en la enseñanza-aprendizaje de una lengua extranjera. Ejemplo de esto es el alumno que traza su propia ruta de aprendizaje con el apoyo y acompañamiento de los asesores del CAA además de la línea de aprendizaje dictada por su docente de lengua. El alumno se vuelve un individuo proactivo y consciente de su propio proceso de aprendizaje y necesidades, capaz de redirigir, en caso necesario, dicho proceso y todo lo que conlleva en aras del logro de sus metas.

Además de todo lo anterior, cabe mencionar que la medición fiable y válida del nivel de dominio de una lengua extranjera se torna de vital importancia. La evaluación de una lengua extranjera requiere mecanismos confiables y válidos para avalar el manejo de un idioma lo cual ha dado pie al desarrollo de formas más sofisticadas de evaluación. Las certificaciones son una clara instancia ya que por su naturaleza estandarizada y sistematizada permiten medir de manera precisa el conocimiento lingüístico de un idioma además de su uso apropiado en tareas comunicativas por lo que representan el paso obligado para todo estudiante de lengua extranjera después de finalizado el proceso de aprendizaje. Finalmente, es gracias a que los centros de Auto Acceso, los asesores y los docentes que se han mantenido a la par de las demandas tecnológicas y educativas que los alumnos pueden desarrollar sus habilidades lingüísticas, pero también las tecnológicas para complementar su aprendizaje y, sobre todo, para dimensionar la importancia de una certificación de lengua en un mundo cada vez más interconectado y globalizado.

Método

Se trata de un estudio de tipo mixto. Creswell (226) y Cresswell y Plano conciben la metodología mixta como la mezcla en donde el conocimiento se puede representar de mejor manera a través de la recolección de datos tanto numéricos como cualitativos (108). El impacto del taller piloto de preparación para una certificación requiere de un análisis con un paradigma cualitativo puesto que implica un grupo de enfoque para explorar las percepciones de los alumnos al término de dicho taller. Por otro lado, los porcentajes de los exámenes aplicados al inicio y al término del taller ofrecen datos estadísticos que ayudarán a entender mejor los resultados del mismo. Definitivamente, el atractivo para usar un método mixto reside en el uso de lo mejor de dos paradigmas debido a que, en conjunto, le imprimen fortalezas y reducen debilidades al momento del análisis y la recolección de datos y así facilitar la comprensión del fenómeno bajo estudio (Dörney 25; Dörney y Taguchi 10).

Este proyecto siguió los lineamientos de la categoría de estudio de caso ya que se enfoca en la especificidad de un grupo en particular: estudiantes de Lengua Meta II de la Licenciatura en la Enseñanza del Inglés. El fin del taller consistió en explorar el impacto y los alcances en el aprendizaje y manejo de habilidades lingüísticas de los alumnos para enfrentar una certificación. El estudio de caso gira en el análisis detallado y minucioso de una situación, un lugar o un individuo o grupo de individuos delimitado dentro de un espacio particular y observado en un marco de tiempo (Gerring 19; Merrian y Tisdell 39; Yin 43). Lo que sí es cierto es que un estudio de caso se concentra en la exploración de una entidad o grupo de entidades en donde la recolección de datos y muestras es extensa y se puede obtener de múltiples fuentes tales como entrevistas, grabaciones, documentos y materiales audiovisuales. De acuerdo a Creswell, un estudio de caso está delimitado por un tiempo y un espacio en donde se descarta la idea de generalizar un fenómeno, pero sí de representarlo como único y particular dentro de ciertos límites (14).

Este estudio de caso permitió explorar el impacto del taller piloto de preparación para una certificación PET (Preliminary English Test) en los estudiantes de la LEI. No existe, como tal, una preparación para certificación dentro de la clase de lengua meta ya que es una asignatura donde los contenidos se relacionan con el desarrollo de las competencias lingüísticas del idioma inglés, dejando de un lado las particularidades de una certificación *per se*. Se eligió este diseño debido a que era un taller piloto con el que se buscaba explorar los alcances con respecto a su impacto en los estudiantes de lengua meta II, verificar cualquier evidencia de progreso y mejora y, por último, evaluar la vinculación entre la Licenciatura en la Enseñanza de Inglés (LEI) y el Centro de Auto Acceso (CAA). La hipótesis de trabajo fue que los estudiantes de lengua meta II se sentirían atraídos a la idea no sólo de usar ampliamente las TIC dentro del aula sino también de que éstas les ayudarían a prepararse para la certificación por medio de actividades y ejercicios bajo el formato de una certificación internacional de Cambridge (PET) con el apoyo de un asesor del CAA.

PARTICIPANTES

Los participantes de este taller piloto de preparación para una certificación PET fueron 18 estudiantes de la Licenciatura en la Enseñanza de Inglés (LEI) de la generación 2016 de la Facultad de Lenguas de la BUAP, inscritos en el segundo semestre de Lengua Meta Inglés II (equivalente a un nivel B1 de acuerdo al MCERL), cuyas edades oscilaban entre los 19 y 24 años. Los alumnos participantes debían tomar cinco cursos curriculares de lengua meta a lo largo de la licenciatura para alcanzar el nivel B2 según reza en el perfil de egreso. Semanalmente, los alumnos tomaron diez horas durante 18 semanas de acuerdo al programa de estudios. La logística para la selección del grupo se determinó de acuerdo a la disponibilidad de horarios en el turno vespertino. Se solicitó la autorización y gestión para la participación del grupo a través de la coordinación de la LEI. Se contó también con el consentimiento del docente a cargo de lengua meta para que permitiera a sus alumnos asistir dos horas a la semana al taller piloto dentro del horario de su clase de lengua meta.

PROCEDIMIENTO

Para recabar la información se utilizaron, primeramente, dos exámenes de simulacro PET (o Mock Exam por su nombre en inglés) por computadora, uno de entrada y otro de salida. Ambos exámenes, tanto el de entrada como el de salida, eran similares en estructura, formato y tiempo para identificar y evaluar compresión auditiva y compresión de lectura. La primera sección era la de comprensión auditiva, que estaba conformada por 25 ítems de opción múltiple; la segunda parte era para comprensión de lectura y estaba conformada también por 35 ítems de opción múltiple.

Previo al inicio del taller piloto, los alumnos presentaron el examen de simulacro PET, de entrada, en computadora; las habilidades que se evaluaron fueron las de comprensión de lectura y de comprensión auditiva. Al final del taller, los alumnos, nuevamente, tomaron una versión distinta del mismo tipo de examen, esta vez el de salida, con la finalidad de determinar sus puntajes. Este procedimiento permitió recabar información con respecto al rendimiento académico con el fin de identificar el progreso de los participantes en cuanto a su aprendizaje y así poder comparar resultados cuantitativos con respecto a comprensión auditiva y lectora respectivamente. Todo esto encaminado a poder responder las preguntas de investigación: ¿Cómo impacta un taller de certificación PET en la mejora de las habilidades comunicativas de los alumnos de la Licenciatura en la Enseñanza de Inglés (LEI)? y ¿Cuál es el impacto del taller de preparación PET para el Centro de Auto Acceso y la Licenciatura en la Enseñanza del Inglés? La duración del taller fue de seis semanas, los alumnos asistían a una sesión semanal de dos horas durante el horario regular de clases, ya que era problemático que pudieran asistir en otro horario debido a su agenda de clases. Los alumnos también tuvieron que realizar diez horas de práctica en el Centro de Auto Acceso.

Finalmente, se llevó a cabo un grupo de enfoque con la intención de identificar las percepciones y opiniones de los participantes en relación a su desempeño académico y al rol del taller piloto dentro de su preparación para la certificación. El grupo de enfoque se realizó al final del taller piloto. Los alumnos fueron informados previamente sobre el propósito de dicha dinámica, el cual era discutir particularidades sobre el taller. Se les solicitó autorización para ser video grabados y se hizo hincapié en que su participación era voluntaria, así como que el uso de los datos obtenidos sería anónimo. El grupo de enfoque tuvo una duración de sesenta minutos aproximadamente.

Si bien es cierto que los contenidos del taller piloto fueron gramaticales debido a que estaban relacionados con los temas que los alumnos estaban aprendiendo en su clase de lengua meta II también obedecían a los contenidos de una certificación PET. Aunado a esto, se desarrollaron varias actividades que incluyeron el uso de recursos multimedia tales como vídeos e imágenes y la revisión de páginas de internet para el aprendizaje de vocabulario y expresiones gramaticales. Estos materiales digitales también les permitieron a los alumnos tener una visión más amplia sobre las distintas manifestaciones culturales y formas de vida y expresiones lingüísticas (Florez 8). De igual forma se integraron actividades de lectura y audio además de actividades tales como los *role-plays*, para ayudar a los alumnos a desarrollar sus habilidades lingüísticas y comunicativas. Además de esto, se utilizó un manual basado en el Preliminary English Test (PET) para familiarizar a los alumnos con los ejercicios y el formato del examen. Sin dejar de lado la autonomía en el aprendizaje, ya que los alumnos realizaron diez horas de práctica en el centro de Auto Acceso a la par del taller siendo ellos mismos los que decidían sus objetivos de aprendizaje y seleccionaban los materiales y áreas de práctica, esta fue su oportunidad para que practicaran o, bien, reforzaran aquellas habilidades o contenidos que se estaban aprendiendo en el taller (García, Ferreira y Morales 23).

Resultados

Al comparar los resultados entre los dos exámenes de simulacro PET se detectó una mejora substancial tanto en la comprensión de lectura, como en la comprensión auditiva en términos de los puntajes. Asimismo, al triangular esta información con el grupo de enfoque se pudo verificar no sólo el progreso en dichas habilidades sino también la mejora en subhabilidades desarrolladas dentro del taller piloto tales como gramática y vocabulario. A continuación, se describen los resultados encontrados por cada variable y la correlación entre ellos.

Comprensión de lectura y comprensión auditiva

A continuación, se muestran los resultados obtenidos en este taller. En la gráfica 1 se presentan los puntajes que los alumnos obtuvieron la primera y segunda vez que presentaron el examen PET así como sus respectivos puntajes.

En comprensión auditiva, durante el primer examen simulacro de entrada, un alumno obtuvo menos del 20% de aciertos en la prueba, otro alumno obtuvo el 20% de aciertos, mientras dos alumnos obtuvieron el 28%, tres alumnos obtuvieron el 40%, cinco alumnos obtuvieron el 44%, tres alumnos más obtuvieron el 48% de aciertos y sólo un alumno obtuvo el porcentaje del 72%. Lo cual muestra que el grueso de los alumnos, previo al taller, tienen un desempeño bajo a excepción del que obtuvo el puntaje más alto. Respecto a la segunda vez que los mismos alumnos presentaron el examen de salida, un alumno obtuvo el 24% de aciertos, tres obtuvieron el 28%, dos el 44% mientras que uno el 48%, otro alumno obtuvo el 52%, tres alumnos obtuvieron el 60%, un alumno el 64%, dos alumnos obtuvieron el 68% y dos alumnos más el 72%. Estos resultados muestran que hubo un incremento en el desempeño de todos los alumnos inclusive de aquellos con bajos porcentajes ya que, en general, aumentaron su rendimiento en comprensión auditiva.

Comparando los porcentajes que los alumnos obtuvieron la primera vez que presentaron el examen con los porcentajes obtenidos de la segunda vez se puede determinar que ningún alumno reporto un porcentaje igual o menor del 20% en la comprensión auditiva. Esto habla de que aquellos alumnos que obtuvieron inicialmente este porcentaje aumentaron dicho porcentaje al momento de hacer el examen de salida. Cabe mencionar que la primera vez que los alumnos presentaron el examen, cinco de ellos obtuvieron un porcentaje de 44% pero la segunda vez sólo fueron dos alumnos con ese porcentaje lo que podría traducirse como que más de la mitad de estos alumnos subió su porcentaje. De igual manera podemos decir que la primera vez que presentaron el examen, tres alumnos tuvieron el 48% de aciertos, pero la segunda vez solo un alumno obtuvo ese 48%. Nuevamente, se puede concluir que arriba de la mitad de dichos casos también despego hacia la mejora en su rendimiento. Finalmente, a diferencia de la primera vez, la segunda vez que presentaron el examen, un alumno obtuvo el 64% de aciertos mientras que dos alumnos el 68% de aciertos, y en el segundo examen dos alumnos obtuvieron el 72% a diferencia de la primera vez que solo fue un alumno el que había obtenido el porcentaje del 72%. Es decir que la tendencia fue de aumento para todos incluso si este fuera moderado para algunos de ellos. Se debe mencionar también que la mejora que obtuvieron los alumnos, al comparar los resultados de ambos exámenes y habilidades, se puede atribuir no únicamente a las sesiones del taller sino también a las diez horas de práctica que realizaron en el CAA como parte de los lineamientos del mismo taller.

Gráfica 1: Resultados de Comprensión Auditiva

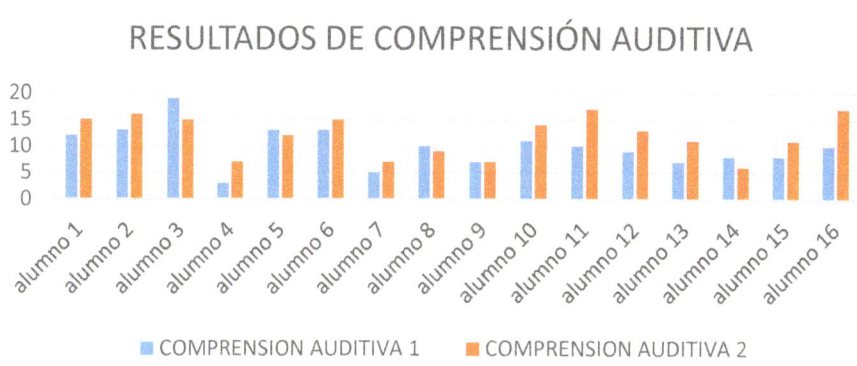

Fuente: Propia

Respecto a la compresión de lectura, la primera vez que los alumnos presentaron el examen simulacro, de entrada, dos alumnos obtuvieron el 71% de aciertos, mientras que tres alumnos obtuvieron el 65% de aciertos, uno obtuvo el 60 %, otro más el 54%, dos alumnos el 51%, otros dos el 48%, uno el 42% de aciertos, dos alumnos contabilizaron el 40% de aciertos, uno más el 34 % y finalmente otro alumno sacó el 25%. Respecto a la segunda vez que los alumnos presentaron el examen de simulacro, de salida, un alumno obtuvo el 80%, tres alumnos el 74%, dos alumnos obtuvieron el 71%, uno el 62%, y otro alumno el 60%, respectivamente, cada uno de los siguientes seis alumnos obtuvo el 51% de aciertos, otro alumno obtuvo el 48 % de aciertos, otro alumno el 42%, otros dos alumnos el 40% y el 37 % de aciertos, y el ultimo alumno obtuvo el 31%.

Al comparar los porcentajes obtenidos la primera y segunda vez que los alumnos realizaron ambos exámenes se puede percibir que dos alumnos obtuvieron un porcentaje del 80% y del 74% de los aciertos y cabe mencionar una mejora evidente a diferencia de la primera vez en donde el porcentaje más alto fue del 71%. También se puede observar que dos alumnos mantuvieron el porcentaje del 71% de aciertos en ambos exámenes, es decir, se mantuvieron estables. De igual manera, dos alumnos incrementaron sus porcentajes de aciertos la segunda vez que presentaron el examen ya que uno de ellos obtuvo el 60% de aciertos mientras que el otro alumno logró el 62% de aciertos. Cabe mencionar que la primera vez que presentaron el examen hubo dos alumnos que obtuvieron el 51% a diferencia de la segunda vez que solo un alumno obtuvo dicho porcentaje. Finalmente, un alumno que obtuvo el porcentaje del 25% de aciertos la primera vez, cuando presentó el examen por segunda vez éste logró un ligero aumento de aciertos debido a que obtuvo el 31% lo cual muestra una mejora del 6%. Es relevante mencionar que los resultados de la comprensión de lectura son incluso más altos que los alcanzados en comprensión auditiva en el primer examen de entrada. Esto se tradujo en la necesidad de dirigir la atención para trabajar más el aspecto auditivo al interior del taller obedeciendo a las necesidades de los alumnos y poder lograr una mejora en el examen de salida.

Figura 2: Resultados de Comprensión de Lectura

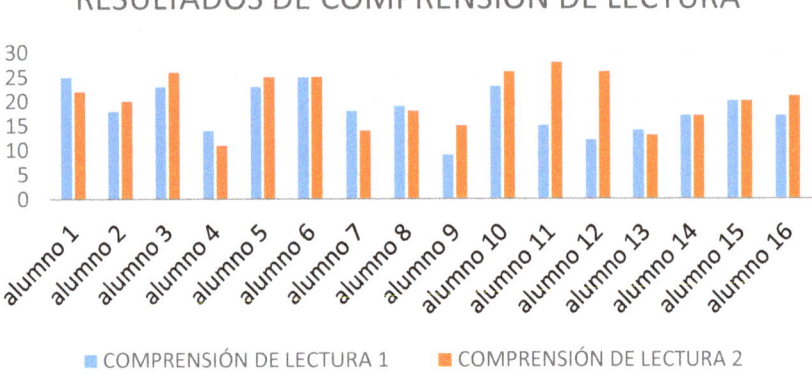

Fuente: Propia

Impacto del taller piloto

Al analizar la data del grupo de enfoque para correlacionar los datos estadísticos emergieron tres categorías que se describen a continuación.

Vocabulario en contexto. Los alumnos reportaron que haber aprendido más vocabulario que estaba relacionado con el examen les ayudó a tener una mejor compresión tanto del apartado de compresión auditiva, como del de compresión de lectura. Para los alumnos el aprender vocabulario antes de escuchar los audios o hacer las lecturas era muy importante ya que cuando ellos realizaron el examen PET por primera vez se dieron cuenta que en estos exámenes incluían bastante vocabulario que ellos desconocían.

Sergio: *"... más vocabulario, muchos sinónimos, antónimos, cosas así..."*

Gustavo: *"Sobre todo el vocabulario, me quedaron más claras algunas palabras, su definición y todo eso..."*

Mario: *"... antes de hablar de un tema o de escuchar un listening, aprender vocabulario..."*

Formato del examen. Una segunda categoría que los alumnos mencionaron como relevante, fue que a través de los ejercicios auditivos y de lectura realizados en el taller, les permitió poner en práctica el idioma y, además, se familiarizaron con cada una de las secciones del examen. Pudieron revisar el tipo de ejercicios de compresión auditiva, saber cómo contestar cada sección, reflexionar sobre el tipo de ejercicios que encontrarían en la prueba de compresión de lectura y poner más atención a las preguntas de opción múltiple que al principio les resultaban difíciles. También aprendieron que cada sección está cronometrada y que era importante administrar su tiempo al momento de contestar el examen.

Mariana: *"Seguir la estructura de una prueba, por ejemplo: las preguntas, las respuestas..."*

Carlos: *"Me ayudó mucho en los exámenes..."*

Javier: *"yo más que nada me baso en los exámenes, a mí eso fue lo que me ayudó más de todo".*

Marta *"me motivo saber que esto es una preparación para el examen".*

Actividades comunicativas. Sin duda la categoría concerniente a las actividades de *Role-Play* que se incluyeron fue una de las actividades que más les gustaron a los alumnos. Para ellos, el haber tenido la oportunidad de interactuar en diversas situaciones sociales les daba la oportunidad de comunicarse y practicar el idioma que estaban aprendiendo a través de situaciones cotidianas tales como una consulta médica, una entrevista laboral, o una conversación informal en el café con los amigos. Todas estas actividades siempre se practicaron en un ambiente de respeto y los alumnos siempre prestaban atención cuando sus compañeros participaban. Al término de cada *Role-Play* los alumnos recibían comentarios de la profesora y la asesora y eso les ayudaba a mejorar su producción oral. Sin duda, estas actividades fueron de las que los alumnos aprovecharon más para practicar el idioma.

Ximena: *"A mí me gustaban las, como aparecían las actividades donde pasábamos al frente, eran muy como las situaciones muy reales, muy cotidianas que podemos aplicar a nuestra vida y siempre es bueno perder el miedo a hablar".*

Claudia: *"Yo también estoy de acuerdo en la parte donde hacíamos lo de los Role-Plays, eh, y sobre todo en la parte que al final del... del... de la conversación nos corregían..."*

América: *"Bueno también los Role-Plays porque a mí sí, bueno, me gusta hablar y todo eso".*

Graciela: *"...de la conversación nos corregían del cómo debíamos de pronunciarlo o decirlo, entonces es una manera que se te queda y ya no lo vuelves a hacer o tratas de que ya no ocurra lo mismo".*

CONCLUSIONES

La realización de este proyecto trajo consigo resultados reveladores y significativos cuya utilidad serán para el beneficio futuro tanto de los alumnos como de las docentes que participaron en el mismo. Uno de los aspectos más sobresalientes a destacar es la vinculación entre una asesora del CAA y una docente de la LEI ya que dicha interacción permitió a los alumnos recibir mayor apoyo para la mejora de su nivel de inglés. Aunado a esto, los alumnos mostraban una motivación intrínseca evidente ya que el acercamiento que tenían con el formato y la preparación de una certificación les impulsaba a asistir al taller de manera ininterrumpida. La existencia de un taller de preparación que se pueda intercalar con el curso regular de lengua meta podría incidir en la mejora no sólo del idioma, sino que traería el fortalecimiento de la preparación de los alumnos para poder enfrentar, más adelante, una certificación real, sin la necesidad apremiante de tomar un curso de preparación previo a una certificación, como sucede en la mayoría de los casos.

Es importante enfatizar también que el trabajo colaborativo entre la docente y la asesora promovió una evaluación formativa pertinente en la que los alumnos participaban de manera activa en la toma de decisiones con respecto a los componentes del curso. Un ejemplo de esto es la inclusión de los *role-plays* en cada una de las sesiones del taller a petición de los alumnos. El argumento para incluirlos en las sesiones fue que eran actividades que promovían la mejora de la habilidad de expresión oral y apreciaban que la asesora siempre les proporcionara retroalimentación inmediata y objetiva al final de cada actividad oral en rubros tales como vocabulario, frases, o en expresiones que habían usado. Los alumnos enfatizaron al final del taller que ésta había sido una de las actividades que más les había gustado por la práctica que tuvieron y la retroalimentación recibida. La retroalimentación es un aspecto que se debe considerar a futuro como una sugerencia para los docentes de lengua meta al momento de realizar actividades orales de esta índole, ya que los alumnos ven la pertinencia de su uso al recibir retroalimentación concreta y específica.

Además, se debe mencionar que los alumnos asistieron a las salas del CAA para realizar diez horas de práctica. Dichas prácticas las realizaron después de haber charlado con la asesora y la docente del grupo, quienes sugirieron a los alumnos los materiales que podrían trabajar y en qué salas. Hubo alumnos que decidieron realizar más horas de las establecidas después de haber ingresado al CAA y al percatarse de los diversos materiales que ellos podían utilizar para mejorar su producción oral y compresión de lectura.

Otro resultado positivo de este taller es que los alumnos se familiarizaron con el contenido y formato de la certificación a través de diversos materiales que se encontraban en la sala de diagnóstico y evaluación del centro de Auto Acceso. Una vez que los alumnos realizaron el primer examen de simulacro en computadora, advirtieron con más claridad en qué consistía dicha certificación gracias a la retroalimentación recibida con respecto a las áreas que debían mejorar. Durante el taller se utilizaron manuales de práctica que se encontraban también en la sala de diagnóstico y evaluación en el centro de auto acceso, con dichos materiales los alumnos notaron la importancia de administrar sus tiempos, de utilizar estrategias específicas para tomar el examen y del tipo de vocabulario y gramática que necesitaban saber. Esta experiencia les ayudó a tener un mejor desempeño la segunda vez que presentaron el examen y, a pesar de estar nerviosos, se sintieron más seguros que la primera vez.

Es relevante mencionar que la segunda vez que los alumnos presentaron el examen, el programa de la computadora mostraba una leyenda que especificaba que, si el alumno obtenía determinado puntaje, esto significaba que el alumno podría entonces pasar dicha sección en una certificación real. Esta situación se presentó en dos alumnos que vieron dicha leyenda al terminar su examen al final del taller, lo cual les trajo sorpresa y orgullo por el esfuerzo realizado tanto en el taller como en su clase de lengua meta. La idea de estar preparados para pasar una certificación real, por lo menos en las dos secciones evaluadas, permeó en su motivación intrínseca. Prueba de esto es que la mitad de estos alumnos le solicitaron a la asesora del CAA que les diera un curso de verano al término de su semestre para seguir trabajando con los elementos de la certificación.

Finalmente, con los resultados obtenidos a partir del trabajo realizado durante este taller se pretende generar la inclusión de más docentes de la licenciatura a participar y así motivar a los estudiantes de la LEI a desarrollar no sólo la competencia lingüística inherente a su programa de estudios, sino también a hacer uso del CAA para aquellas herramientas necesarias con respecto a las certificaciones. Si se considera que las certificaciones de un segundo idioma han tomado un gran auge y que además determinan oportunidades laborales y de movilidad académica, la pertinencia de un taller como éste es más que evidente al interior de la licenciatura en la enseñanza del inglés.

INVESTIGACIÓN FUTURA

A manera de reflexión, y como ya se mencionó anteriormente, un aspecto que merece una investigación más a fondo en el futuro es la vinculación entre una asesora del CAA y una docente de la LEI. Este proyecto nació como una iniciativa de ambas docentes para explorar el impacto que tendría un taller de preparación para una certificación en alumnos universitarios cuyo programa de estudios exige un examen de certificación para titularse. Una de las consideraciones para este taller fue el trabajar de manera temprana para familiarizar a los alumnos con los contenidos y formatos correspondientes de una certificación y así evitar que los alumnos llegarán hasta el término de su carrera para prepararse oportunamente.

El trabajo conjunto impulso una comunicación constante entre ambas colaboradoras en beneficio de los alumnos. Prueba de esto, fueron las mejoras constantes con respecto a los contenidos y actividades dentro del taller. Si bien los materiales y contenidos del taller ya habían sido seleccionados por la asesora del centro de Auto Acceso siempre hubo apertura por parte de la asesora para determinar junto con la docente de inglés si el uso de dichos materiales era oportuno para los alumnos. El intercambio continuo de ideas entre la docente del grupo inglés y la asesora posibilito el que ambas planearan, seleccionaran y modificaran algunos temas de acuerdo al conocimiento que la docente de inglés tenía sobre el desempeño de sus alumnos. Esta cooperación marco una diferencia en el trabajo de la asesora del centro de Auto Acceso durante el taller ya que después de cada clase había una sesión breve con la docente de inglés para comentar y sugerir mejoras para el taller. Cabe mencionar que la docente también permanecía en cada una de las sesiones del taller lo cual incentivo a sus alumnos a asistir y participar en el taller. La vinculación entre la asesora del centro de Auto Acceso y la docente de inglés permitió que los alumnos recibieran mayor apoyo para la mejora de su nivel de inglés y que, al mismo tiempo, percibieran el beneficio de esta experiencia académica extracurricular como una oportunidad de mejora de su proficiencia en el idioma.

Finalmente, es indudable que, a pesar de los resultados aquí presentados, aún queda como trabajo pendiente el explorar los beneficios que puede traer la vinculación directa entre un asesor del centro de Auto Acceso y un docente titular de inglés en un programa como lo es la licenciatura en la enseñanza de inglés. Es de suma importancia dar seguimiento a dicha vinculación y trazar una nueva ruta de trabajo que permita la conexión entre ambas áreas y refuerce el trabajo académico dentro del aula en conjunto con el uso de las tecnologías y los recursos humanos ya existentes en un centro de Auto Acceso. Aunado a esto, es también de suma importancia explorar el impacto y los beneficios que la cooperación entre pares aporto con respecto a los alumnos dentro del taller en el sentido de como dicha interacción podría haber influido en su motivación y desempeño en general.

REFERENCIAS

Acuña, Perla. "Importancia de crear centros de Auto Acceso". Akademeia: publicación
académica de la dirección general de escuelas preparatorias de la universidad autónoma de Sinaloa. Mar. 2014: 33-36. Web. 25 Jul. 2018.
http://dgep.uas.edu.mx/akademeia/akademeia11.pdf

ANUIES. Plan de Desarrollo Institucional. Visión 2030. México: ANUIES, 2016. Impreso.

BUAP. Fundamentos Modelo Universitario Minerva. Puebla: BUAP, 2009. Impreso.

--- Plan de Desarrollo institucional. Gestión 2017-2021. Puebla: BUAP, 2017. Impreso.

Cassany, Daniel y Gilmar Ayala. "Nativos e inmigrantes digitales en la escuela". Participación educativa: revista del Consejo Escolar del Estado. Nov. 2008: 53–71. Web. 20 Oct. 2018.
http://www.iessierrasur.es/fileadmin/template/archivos/BiologiaGeologia/documentos/DEP_DE_FORMACION/Nativos_e_inmigrantes_digitales.pdf

Creswell, John. Research design: Qualitative, quantitative,
and mixed methods approaches. Los Angeles, Calif: SAGE, 2014. Impreso.

Creswell, John y Vicki Plano. Designing and conducting mixed methods research. Los
Angeles: SAGE, 2018. Impreso.

Consejo de Europa. Marco Común Europeo de Referencia para las Lenguas: Aprendizaje, Enseñanza, evaluación. Madrid: 2001.Web. 18 May. 2019.
http://cvc.cervantes.es/ensenanza/biblioteca_ele/marco/cvc_mer.pdf

Consejo de Europa. Common European framework of reference for languages: Learning, teaching, assessment. Cambridge: Press Syndicate of the University of Cambridge, 2018. Web.
25 Abr. 2019. https://www.coe.int/en/web/common-european-framework-reference-languages/level-descriptions

Del Mastro Lucia. "El andamiaje metacognitivo en contextos de aprendizaje de una lengua extranjera". Didáctica, lengua y literatura. Feb 2010: 93-124. Web. 8 de Nov. 2019. https://core.ac.uk/download/pdf/41564070.pdf

Dörnyei, Zoltan. *Research methods in Applied Linguistics: Quantitative, qualitative, and mixed methodologies.* Oxford: Oxford University Press, 2007. Impreso.

Dörnyei, Zoltan y Tatsuya Taguchi. *Questionnaires in second language research: Construction, administration, and processing.* New York: Routledge, 2010. Impreso.

Doval, Herminda. "El examen, herramienta fundamental para la evaluación certificativa." *La enseñanza del Español como LE/L2 en el siglo XXI.* Asociación para la Enseñanza del Español como Lengua Extranjera, 2014. Impreso.

Elejalde, Jessica, Anita Ferreira y Ana Enriqueta Vine. "Propuesta de una prueba para medir el nivel de proficiencia." *Suplemento Signos ELE.* Sep. 2015: 1-20. Web. 8 Nov. 2019.
https://p3.usal.edu.ar/index.php/elesup/article/view/3264/4036

Escobar, Adela y María Morales. "Del aula a la mediateca: ¿autonomía o espejismo? Experiencias en el aprendizaje de Francés en la Mediateca del CCH- Sur UNAM". Memorias del 10 Coloquio de lenguas Extranjeras. Universidad Autónoma Metropolitana. Nov. 2015: 11-23. Web. 14 Marzo. 2019.
http://lenguas.azc.uam.mx/publicaciones/memorias_10_coloquio_CELEX.pdf

Flores, Luis y Carlos Meléndez. "Variación de la autonomía en el aprendizaje, en función de la gestión del conocimiento, para disminuir en los alumnos los efectos del aislamiento". *Revista de educación a distancia.* Jun. 2017: 1-15. Web. 14 Jun. 2019. https://revistas.um.es/red/article/view/298871

Florez, Paula. "La incorporación de materiales multimedia en los cursos iniciales de carreras de grado: diversidad y acceso en la modalidad virtual". Repositorio Institucional Digital de Acceso Abierto de la Universidad de Quilmes, Bernal, Argentina. Universidad Nacional de Quilmes. Nov. 2011: 1-44. Web. 15 May.

2019. https://ridaa.unq.edu.ar/bitstream/handle/20.500.11807/65/Florez.pdf?sequence=1&isAllowed=y

García, Edgar. "Planificación Lingüística de Lenguas Extranjeras en la Facultad de Lenguas de la UAEM". Tesis de Maestría. Universidad Autónoma del Estado de México, 2011. Impreso.

Garcia, Jaime., et. al. "Autonomía en el aprendizaje de lenguas extranjera en contextos de enseñanza mediatizados por la tecnología". *Onomázein*. Ene. 2012: 15-50. Web. 10 Mar 2019. http://www.redalyc.org/articulo.oa?id=134524361001

Gerring, John. *Case study research: Principles and practices.* Cambridge University Press, 2009.

Herrera Villa, Jacqueline. "Evaluación del aprendizaje de Inglés y su transversalidad en el programa de psicología". Tesis Doctoral. Universidad Veracruzana, 2013. Impreso.

Lion, Carina. *Desarrollo de competencias digitales para portales de la región.* RELPE, Red Latinoamericana de Portales Educativos. Marzo 2012. Web. 12 Ago. 2018. https://uruguayeduca.anep.edu.uy/sites/default/files/2018-02/09-Desarrollo-de-Competencias-Digitales-para-Portales-de-la-Regi%c3%b3n%20(1)%20(1)(1).pdf

López Omar y Christlan Hederich. "Efecto de un andamiaje para facilitar el aprendizaje autorregulado en ambientes hipermedia". *Revista Colombiana de Educación.* Junio 2010:14-39. Web. 8 Nov. 2019. https://www.redalyc.org/pdf/4136/413635664002.pdf

Martínez Esther, Diego Rodríguez y Neila Diaz. "El andamiaje asistido en procesos decomprensión lectora en universitarios". *Educ. Educ.* Nov 2011: 531-556. Web. 8 Nov. 2019. http://132.248.9.34/hevila/Educacionyeducadores/2011/vol14/no3/5.pdf

Martínez, Jorge. et al. "Las Competencias Digitales en estudiantes de Nivel Universitario." *Academia Journals*. Sep. 2013: 932-936. Web. 9 May. 2019. http://promep.sep.gob.mx/archivospdf/MEMORIAS/Producto2044583.PDF

Mata, Tito. "El asesor y el modelo educativo actual en los centros de autoacceso". *Lenguas en Contexto*. Jun 2011: 16-25. Web. 22 Abr. 2019. http://www.facultaddelenguas.com/lencontexto/?idrevista=8#8.16

Merriam, Sharan y Elizabeth Tisdell. *Qualitative research: A guide to design and implementation*. San Francisco, Calif: Jossey-Bass, 2016. Impreso.

Mongelos, Arantza. "Incidencia de un enfoque basado en la autonomía de aprendizaje en la adquisición de inglés". Tesis doctoral. Universidad del País Vasco, España, 2008. Web.18 Jun 2019. https://addi.ehu.es/bitstream/handle/10810/12303/mongelos.pdf?sequence=1&isAllowed=y

Monleon, Lucrecia y María Zarco. "Evidencias de autonomía en el aprendizaje de inglés". *Temas de lingüística aplicada en universidades mexicanas*. México: RECALE, 2013. 45-58. Web. 12 Jun. 2019. https://www.researchgate.net/profile/Kalinka_Zarate/publication/270285246_Effectiveness_of_compound_focus_on_form_instruction_in_the_learning_of_English_past_and_present_perfect_tenses_in_a_foreign_language_classroom_2013/links/54a6e9380cf257a6360aae74/Effectiveness-of-compound-focus-on-form-instruction-in-the-learning-of-English-past-and-present-perfect-tenses-in-a-foreign-language-classroom-2013.pdf

Moreira, Manuel. "La innovación pedagógica con TIC y el desarrollo de las competencias informacionales y digitales." *Investigación en la escuela*. Feb 2008: 5-17. Web. 20 Sept. 2018. https://idus.us.es/xmlui/bitstream/handle/11441/60859/R64_1.pdf?sequence=1

Quiroga, Ingrid y Daniela Nigro. "Dominio de la lengua y su evaluación." *El Español Por El Mundo. Revista de la AEPE*. Ene 2018: 365-376. Web. 5 Nov. 2019. https://cvc.cervantes.es/ensenanza/biblioteca_ele/aepe/pdf/revista_01_01_2018/revista_01_01_2018_34.pdf

Ramón, Elisa. "Implicaciones Metodológicas De La Autonomía En El Aprendizaje Lingüístico". *El Guiniguada. Revista De Investigaciones Y Experiencias En Ciencias De La Educación*, Oct. 2011:151-176. Web. 25 Mar. 2019.

https://ojsspdc.ulpgc.es/ojs/index.php/ElGuiniguada/issue/view/%22El%20Guiniguada%22

Roca, Raquel. *Knowmads. Los Trabajadores del Futuro*. España: LID, 2015. Impreso.

Romo, Alejandra., et. al. "Visión de la ANUIES frente a las actuales necesidades de formación de los profesionales". Catalogo de Buenas Prácticas. Oct 2015: 1-15. Web. 12 Oct. 2018. http://catalogo-buenas-practicas.portal.anuies.mx/wp-content/blogs.dir/71/files/sites/71/2016/12/Visi%C3%B3n-de-la-ANUIES-frente-a-las-actuales-necesidades.pdf

Secretaria de Educación Pública. Modelo Educativo para la Educación Obligatoria. México: SEP, 2017. Impreso.

Wang, John., et. al. "Can Being Autonomy-Supportive in Teaching Improve Students' Self-Regulation and Performance?". *Building Autonomous Learners*. Singapore: Springer, 2016. Impreso.

Yin, Robert K. *Case Study Research and Applications: Design and Methods*. Los Angeles, Calif: SAGE, 2018. Impreso.

Zorro, Imelda y Deisy Baracaldo. "Estudio exploratorio sobre aprendizaje autónomo de lenguas extranjeras e implementación de un centro de recursos". *Interacción*. Oct 2011:171-192. Web. 13 May. 2019. https://revistas.unlibre.edu.com/index.php/interacción/article/view/2299

Capítulo 9

La internacionalización: Eje Fundamental en el Quehacer del Docente de Lenguas

Jennifer Cucurachi Moctezuma, Izbé Angélica Muñoz Cortés y Alma Patricia Peña Torres

Introducción

En un contexto globalizado caracterizado por la interacción de las economías y los mercados, la producción acelerada del conocimiento y su vertiginosa transmisión, la educación universitaria enfrenta múltiples retos al intentar solucionar las necesidades propiciadas por las condiciones mundiales actuales. Las Instituciones de Educación Superior modifican sus actividades y sus estructuras en función del contexto actual y, para adaptarse a éste, muchas de ellas han optado por incorporar la dimensión internacional a todas sus funciones. En el caso de la Universidad Veracruzana, el proceso de internacionalización se ha formalizado y sistematizado a través de la puesta en marcha de diferentes estrategias, programas, ideologías y acciones. Especialmente desde la creación de la Dirección General de Relaciones Internacionales en el año 2011 hasta el presente. Después de siete años el proceso formal de internacionalización de la Universidad Veracruzana se consolida y al mismo tiempo se transforma de acuerdo a las necesidades internas y externas de la Institución.

El objetivo de esta investigación es conocer las percepciones, necesidades, prácticas y acciones de docentes, estudiantes y administrativos de la DGRI de la Universidad Veracruzana con la finalidad de comprender de manera integral cómo se está llevando a cabo el proceso de internacionalización. Para Knight este proceso es "Integrar la dimensión internacional/intercultural en la enseñanza, la investigación y el servicio de la institución"(4). Por lo anterior y bajo esta perspectiva, la investigación se desarrolla con docentes de inglés y francés del Centro de Idiomas Xalapa, y docentes de español como lengua extranjera en la Escuela de Estudiantes Extranjeros, todos adscritos a la DGRI, así como con estudiantes nacionales y extranjeros que forman parte de talleres de español en la EEE cuya finalidad es desarrollar las competencias interculturales e internacionales.

Antecedentes de la Internacionalización en la Universidad Veracruzana

Las actividades que habitualmente se relacionan con la internacionalización o la dimensión internacional, como la movilidad estudiantil, académica, y más recientemente la movilidad del personal administrativo, se han llevado a cabo en la Universidad Veracruzana desde hace más de cincuenta años; sin embargo, dichas actividades se han realizado de manera gradual a través de los años, hasta formalizar y sistematizar el proceso de internacionalización en la UV, el 16 de diciembre de 2010 con la creación de la DGRI, la cual inicia sus actividades en enero de 2011.

Marco Teórico

Como panorama general de las investigaciones acerca de la internacionalización de la educación superior se pueden mencionar la reseña de Ana María Arce del en donde se analizan las actividades que se realizan tradicionalmente, con el fin de identificar el perfil requerido por el mercado laboral global, así como las competencias internacionales necesarias para desenvolverse en la sociedad del conocimiento (167,168). Por otro lado, Jesús Salvador Moncada Cerón señala a la internacionalización como estrategia para formar profesionales capaces de desenvolverse en un escenario internacional y adaptarse a la nueva realidad global. No solo dirige la mirada a que el perfil de egreso responda a las exigencias de un mercado global, sino que centra su atención en las competencias interculturales que permitirán la convivencia entre diferentes culturas, con respeto y conocimiento (36,37). Para Elena Quiroz la educación intercultural es un punto de fortaleza para la efectividad de las políticas de internacionalización, y la educación intercultural debe abarcar a todos los estudiantes, sin importar el origen étnico (63,64). Muñoz Varela comenta que la internacionalización además de ayudar a reconocer y valorar la cultura local y nacional, coadyuva a ampliar el interés por la investigación para para lograr el entendimiento de problemas y la manera de abordarlos en diferentes áreas disciplinares (24,25).

Los conceptos relacionados al proceso de internacionalización han sido estudiados por De Witt, Beelen, Gacel-Ávila, Deardorff, Knight, entre otros, quienes han aportado su visión de la internacionalización dentro de las IES. A continuación, se mencionarán los términos más relacionados en torno a la internacionalización en la educación superior.

Globalización

Existen diferentes definiciones acerca de la globalización siendo la más adecuada para esta investigación la propuesta por Jane Knight, ya que relaciona este concepto con la educación.

> The flow of technology, economy, knowledge, people, values, ideas . . . across borders. Globalization affects each country in a different way due to a nation's individual history, traditions, culture and priorities. Knight and De Wit (ctd. en HANS DE WIT et. Al. 6).

Según Brody la relación entre la idea de globalización y educación superior es variada, ya que incluye aspectos financieros, culturales o políticos, así como intereses y preocupaciones de diversa índole. Desde la perspectiva de la globalización, las IES se encuentran sometidas a diversas fuerzas y tensiones que la actualidad presenta (párr. 2), por lo que se debe contar con diferentes capacidades de adaptación y ajuste en ellas.

Internacionalización

Los conceptos de globalización e internacionalización están estrechamente ligados, lo que ha llevado a que con frecuencia se empleen indistintamente. Sin embargo, son diferentes en cuanto a significado y a dimensión. El fenómeno de la globalización como se menciona anteriormente podría ser un elemento que hace reaccionar la economía, la política, la cultura y por ende la educación de las sociedades interconectadas actuales; la internacionalización es una respuesta a este elemento y es un término que cada vez se asocia más con la educación.

Para Jane Knight internacionalización de la educación superior es una de las maneras en que un país responde a las repercusiones de la globalización, pero que respeta la idiosincrasia de la nación (1). El concepto de internacionalización es relativamente reciente, antes de 1990 se utilizaba el término "Educación Internacional", el cual comprendía un conjunto de actividades de la educación superior dispersa o fragmentada. Dichas actividades englobaban estudios en el extranjero, intercambio de estudiantes y académicos, asesorías a estudiantes extranjeros, educación para el desarrollo y estudios regionales interdisciplinarios. Jane Knight define a la internacionalización como "un proceso que incorpora una dimensión internacional dentro de las funciones sustantivas de enseñanza/aprendizaje, investigación y servicio en las universidades o *colleges"* (3). Esta definición marca la pauta que permite a las universidades realizar el proceso de internacionalización y replantear las oficinas encargadas de dichas actividades. En un proceso de internacionalización se pueden detectar por lo menos tres estrategias principales, la movilidad de académicos y estudiantes, la internacionalización en casa y la internacionalización del currículum. A continuación, se da una breve explicación de cada una de ellas.

Internacionalización en casa

El concepto de internacionalización en casa fue adoptado por la Universidad Veracruzana a partir de la creación de la DGRI para poder integrar la dimensión internacional en todas sus funciones y para que toda su comunidad adquiriera las competencias internacionales e interculturales requeridas por el contexto actual, lo que Gacel- Ávila expresa de la siguiente manera: "La Internacionalización en casa permite que los estudiantes tengan una visión global a través de experiencias interculturales desde diferentes estrategias académicas, tales como la Internacionalización del currículo, el multilingüismo y la multiculturalidad. Gacel, (ctd. en Universidad Veracruzana 3).

El concepto original de la internacionalización en casa surgió en 1999 en la Universidad de Malmö, como una nueva manera de ver o entender la internacionalización de las universidades.

> Internationalisation at Home as a system of international education offers the possibility of finding a new way in which higher education mainstreams the international dimension in all segments of the universities, reforms the curriculum, mobilizes community resources, institutionalizes international education and focuses on relevance to the global job market. Mestenhauser 2007 (ctd. en Beelem 70).

Internacionalización del currículum

Para definir el concepto de internacionalización del currículum, es pertinente especificar lo que se entiende por currículum:

> Es el conjunto de experiencias formativas que viven los alumnos bajo los auspicios de la escuela, o el conjunto de oportunidades que ofrece una escuela. Es decir, expanden la idea de curriculum al conjunto de experiencias que se van llevando a cabo, y además, no sólo lo expanden del plan a la práctica, sino que lo expanden a la actividad total de la escuela. (Furlan, 5,6)

Por otro lado, Jocelyn Gacel en el Seminario virtual "Responsabilidad y Rehumanización, obligaciones territoriales" Impartido por el Observatorio Regional de Responsabilidad Social de América Latina y el Caribe, ORSALC, menciona que la internacionalización del currículo es integrar la dimensión internacional y multicultural en los contenidos y formas de los programas de curso para formar egresados que actúen profesional y socialmente en diversos contextos, (párr.1).

Movilidad

Para la Universidad Veracruzana, la movilidad se define como:

Una estrategia institucional que promueve que tanto los estudiantes como los académicos realicen estancias cortas o semestrales en otras universidades nacionales e internacionales con la finalidad de cursar experiencias educativas a nivel de licenciatura y de posgrado, llevar a cabo acciones de investigación, realizar prácticas profesionales o cualquier otra actividad que implique reconocimiento curricular en la Universidad Veracruzana. (Universidad Veracruzana, párr.1)

Es vital comprender las diferentes estrategias de la internacionalización para poder saber qué objetivos se persiguen y qué áreas y actores involucrados en la educación superior intervienen y se relacionan en cada una de las estrategias.

Competencia intercultural

Bajo la perspectiva de Byram (ctd. en Deardorff 247), para tratar de definir la competencia intercultural es preciso resaltar la importancia de la competencia lingüística pero también es necesario incluir la identidad y el entendimiento cultural. Para Deardorff la competencia intercultural es "el comportamiento y la comunicación eficaces y adecuados en situaciones de interculturalidad" (247).

A pesar de diversas investigaciones y cambios en la enseñanza intercultural no existe un consenso que articule y unifique los componentes relacionados a la competencia intercultural. Sin embargo, cada investigación aporta datos que resultan de gran interés para la educación superior y el entendimiento del proceso de la interculturalidad.

Competencia global

El manual de PISA 2018 *Global Competences,* define la competencia global como:

> Global competence is a multidimensional capacity. Globally competent individuals can examine local, global and intercultural issues, understand and appreciate different perspectives and world views, interact successfully and respectfully with others, and take responsible action toward sustainability and collective well-being. (OCDE 5)

METODOLOGÍA

De acuerdo a Hernández, Fernández y Bapstista esta investigación tiene un enfoque descriptivo, ya que pretende recolectar las características, percepciones y perfiles de los participantes en la investigación (80). Por lo anterior, no se pretende llegar a resultados cuantificables sino examinar el uso de los elementos del sistema actitud, perteneciente a la teoría de la valoración, por medio de la descripción de información sobre las competencias globales, interculturales e internacionales en el proceso de internacionalización.

PARTICIPANTES

Para comprender el proceso de internacionalización desde distintas perspectivas se consideró un total de 45 participantes, los cuales son docentes del Centro de Idiomas Xalapa, y de la Escuela de Estudiantes Extranjeros, así como estudiantes de la EEE y personal administrativo, todos pertenecientes a la Dirección General de Relaciones Internacionales de la UV. Los participantes fueron seleccionados de acuerdo a su disposición y relación con los procesos de internacionalización de la DGRI.

Tabla 1: Participantes

Participantes	Descripción
15 estudiantes mexicanos	Prestadores de servicio social en los Talleres Libres de Español para extranjeros
9 estudiantes extranjeros	Estudiantes de español, quienes asisten a los Talleres Libres de Español.
9 docentes de idiomas	3 de español para extranjeros en la EEE 3 de francés y 3 de inglés en el Centro de Idiomas Xalapa
12 administrativos	Personal de distintas áreas de la DGRI

Fuente: Elaboración propia

INSTRUMENTOS DE RECOLLECIÓN DE DATOS

Los instrumentos fueron realizados bajo la perspectiva de las variables de internacionalización, competencias globales, interculturales e internacionales y la información para realizarlos se adaptó de la tesis doctoral de Darla Deardorff. Se utilizó una guía de observación para los docentes y cada uno de ellos se observó en cuatro clases, con tal de tener mayor información acerca de sus prácticas. Por otra parte, se aplicaron tres tipos de cuestionarios, uno para docentes, uno para estudiantes y otro más para administrativos.

En el caso de los docentes, se les aplicó un cuestionario con preguntas abiertas en torno a las actividades, competencias, materiales y estrategias que utilizan para llevar a cabo un proceso de internacionalización en el aula. Para los estudiantes se aplicó un cuestionario con preguntas abiertas con respecto a su perfil, la forma en que interactúan con personas de otros países, sus opiniones acerca de las actividades en sus clases de lengua, el entendimiento de su propia cultura y de otras, así como lo que consideran necesario para desarrollar un proceso de aprendizaje adecuado y completo. En el caso de los administrativos, contestaron un cuestionario cuya finalidad fue conocer qué tanto conocen sobre los conceptos relacionados a la internacionalización de manera general y dentro de la Universidad Veracruzana y cómo ubican su actuar como administrativos en este proceso.

En cuanto al manejo de datos se realizó una categorización para el análisis correspondiente y así lograr una visión precisa del encuestado. Para Romero las categorías son los diferentes valores y alternativas de clasificar, conceptuar o codificar un término o expresión de forma clara que no se preste para confusiones a los fines de determinada investigación (113, 118). La categorización se realizó mediante el proceso de saturación de las categorías, el cual se distingue cuando la repetición de una unidad de análisis ya no aporta nuevos elementos para otra categoría.

RESULTADOS

A continuación, se analizan los datos obtenidos a partir de las encuestas aplicadas a los docentes, (Doc), estudiantes, (Est) y administrativos, (Admon).

Tabla 2: Resultados de Encuesta a Docentes

Docentes	
Categoría	Resultado
Estrategias para el desarrollo de competencias en el proceso de internacionalización	a) Revisar páginas web, y diccionarios en línea, así como discusión de lecturas y videos; b) Clases con temas relacionados a festividades de otros países; c) Debate y discusión de diversos puntos de vista; d) Estrategias de mímica y ejemplificación; e) Cultura y literatura. f) Contextualización de las situaciones g) Desarrollo de la conciencia cultural, respeto por otras culturas, empatía cultural, cooperación entre culturas, y motivación.
Experiencia intercultural	a) Posgrado en el extranjero; b) contacto con personas de otros países todo el año;

Docentes	
Categoría	Resultado
	c) asistente de español en Francia o Inglaterra.
Percepciones acerca de la internacionalización	a) Implica el desarrollo de competencias sociolingüísticas por parte de los alumnos; b) Estrategias de internacionalización como movilidad estudiantil y visitantes; c) Curiosidad intelectual e iniciativa; d) En las IES no hay alcance esperado de internacionalización; e) Movilidad sur-sur no es importante;

Fuente: Elaboración propia

La respuesta de los académicos nos muestra que 6 de los 9 docentes participantes conocen qué implica la internacionalización y la importancia de este proceso en el desarrollo de las competencias de los estudiantes. Lo anterior se ve reflejado en el comentario del Doc1: "Competencias relacionadas con la internacionalización son indispensables para una genuina y completa educación". Por otro lado, el Doc4 expresó "Es importante desarrollar no solo las competencias lingüísticas sino las culturales". Aunque los docentes reconocen la importancia del proceso de internacionalización, en ocasiones su práctica en el aula la limitan a un solo país o a temas de tradiciones y festividades como día de muertos, navidad, día de acción de gracias o comida típica, entre otros, tal como lo expresa el Doc7 "Algunas actividades como presentación de festividades de otros países de habla francesa, recetas de cocina, visitas virtuales de algún museo, video corto sobre cultura de Francia". En cuanto a estrategias 3 de los 9 docentes comentaron que utilizan los debates para que se desarrollen competencias relacionadas al proceso de internacionalización, lo que el Doc6 mostró al decir lo siguiente "Leer textos de autores de otros países y confrontar puntos de vista". Por otro lado, todos los docentes han tenido la oportunidad de tener experiencia internacional e intercultural, ya sea por haber vivido o viajado a otro país o bien, por estar en contacto de manera cotidiana con personas de otras nacionalidades.

La percepción que tienen en cuanto a la eficiencia con la que se lleva a cabo este proceso en las IES es que hay una práctica y desarrollo insuficiente de las estrategias y acciones en las instituciones. El Doc1 mencionó que el proceso de Internacionalización de las IES "es indispensable para una genuina y completa educación". Mientras que el Doc3 considera que los maestros necesitan mayor capacitación y que tanto alumnos como maestros requieren mayor difusión de las oportunidades que puedan tener". Aunado a lo anterior 3 de los 9 docentes no respondieron sobre este rubro, ya que desconocen las características del proceso de internacionalización.

En el caso de los administrativos la información se agrupó en cuatro categorías

Tabla 3: Resultados de Encuesta a Administrativos

Administrativos	
Categoría	Resultado
Representación de la globalización	a) Es un fenómeno multidimensional; b) Son acciones a nivel mundial y externas; c) existe una influencia loca para llevarlas a cabo; d) requiere de competencias genéricas para lograr una ciudadanía global.
Representación de la internacionalización	a) Es un tema relacionado con la globalización; b) implica vender productos a otros países, como el petróleo, por ejemplo; c) Competencias como discreción, amplitud de criterio, manejo de idiomas, adaptabilidad; d) uso de las TIC.
Internacionalización del currículum y lo que implica	a) Por medio del desarrollo de un software para enseñar español a distancia; b) Mejorar los procesos administrativos y establecer lazos de colaboración académica; c) Movilidad del estudiante y la vinculación de universitarios con un currículum internacional.
El administrativo y la internacionalización	a) Necesitan realizar investigación y estar vinculados con otras áreas o departamentos; b) Es necesario contar con estrategias para que desarrollen sus competencias, las cuales forman parte de su práctica diaria; c) Colaboran de manera oportuna en el proceso de intercambio de académicos y estudiantes

Fuente: Elaboración propia

La información de los administrativos nos muestra que su actividad se encuentra en el ámbito de trámites y cuestiones de organización, tienen interés por involucrarse de manera más directa con los docentes y las áreas de investigación, ya que consideran crucial su papel dentro de un proceso de internacionalización eficiente, tal como lo comenta Admon10 "Al promover la internacionalización en casa aporto a la inmersión cultural de los estudiantes de la UV al entrar en contacto con personas de otros entornos" mientras que el Admon4 su aporte consiste en "estrechar lazos de colaboración académica en beneficio del desarrollo de competencias integrales en los estudiantes" Así mismo, su entendimiento acerca de la internacionalización y globalización es amplio, ya que tienen conocimiento de las competencias que esto requiere, salvo en el caso de algunos administrativos que lo limitaron al ámbito de los tratados de negocio con otros países. Como ejemplo de lo descrito con anterioridad, se puede citar al Admon8 "Al crear redes se rompen fronteras y el contacto con el otro es más efectivo y directo", por su parte el Admon4 comentó "La globalización es la idea de desarrollar competencias genéricas para la creación de la ciudadanía global, ciudadanos del mundo de acuerdo con la UNESCO".

Por el lado de los estudiantes, los resultados se agruparon en cuatro categorías, tal como se muestra en la Tabla 4:

Tabla 4: Resultados de Encuesta a Estudiantes

Estudiantes	
Categoría	Resultado
Experiencia internacional	a) El diálogo que se entabla con personas de otros países es en las clases o por medio de alguna red social; b) El 70 % de los estudiantes mexicanos no han realizado viajes al extranjero, mientras que el 30% sí ha tenido esa posibilidad; c) Los viajes realizados a otros países han sido por placer y también como parte de su formación académica.
Estrategias de internacionalización	a) Implica herramientas para enfrentar el choque cultural en otros países; b) Hablar con personas de otros países por cualquier medio; c) Debatir en clase temas diversos; d) Conocimientos sobre otra cultura y educación.
Competencia intercultural	a) Implica compartir tanto como puedas acerca de tu cultura para que no haya prejuicios ni racismo sobre otra cultura ni de la tuya; b) Implica entender que la cultura es cuando ves mucho más allá de hechos históricos que marcan a un país; c) Comparar tu cultura con otras culturas de manera neutral.
Competencia internacional y competencia global	a) Convivir con otros implica tener la capacidad de solucionar conflictos de comunicación con un concepto amplio y más abierto sobre el entendimiento del mundo; b) Es importante compartir y aprender de las culturas y el mundo.

Fuente: Elaboración propia

Las respuestas de los estudiantes reflejan un entendimiento amplio de lo que implica la internacionalización. La práctica cotidiana que tienen en los Talleres Libres de Español los ayuda a darse cuenta de la importancia del aspecto cultural, del respeto y la empatía hacía otras culturas y no solamente se refieren a la enseñanza o práctica de un idioma en el aspecto del dominio de la lengua. El Est5, de origen francés, comentó lo siguiente: "Puedes aprender que el mundo es un lugar hermoso y podemos proteger este lugar cuando nos entendemos" El Est13, de nacionalidad mexicana, mencionó "Se puede crear gusto por estudiar diferentes idiomas y conocer diferentes culturas junto con sus costumbres, también se aprende a ser más tolerante". Los estudiantes son conscientes de que la enseñanza de una lengua no solo implica el dominio lingüístico, sino que hay otras competencias que se deben considerar como ejemplo se cita lo que la Est8, de origen mexicano, comentó "La apertura y el interés por conocer distintas culturas, perspectivas, y modos de vida, necesito cultivar el compromiso por compartir y buscar soluciones conjuntas al momento de interactuar con personas de otros lugares, incluso en un contexto nacional".

No todos los estudiantes prestadores de servicio social han tenido oportunidad de viajar al extranjero, por lo que hacen uso de las TIC, Tecnologías de la Información y Comunicación para tener contacto con estudiantes de otros países o de conocer información acerca de otras culturas, por medio de las redes sociales, los videojuegos o de algunas plataformas educativas que les permiten desarrollar competencias globales. Aunado a lo anterior, los Talleres Libres de Español son un espacio para interactuar con una diversidad lingüística e ideológica que puede fungir como un vehículo para el desarrollo de competencias propias de la internacionalización.

En cuanto a los resultados de la observación la tabla siguiente agrupa los principales aspectos:

Tabla 5: Resultados de Observaciones

Recursos didácticos	Desarrollo de competencias globales, internacionales e interculturales	Estrategias relacionadas al proceso de internacionalización
Docentes de español como lengua extranjera ✓ Análisis de textos literarios ✓ Material con información de diversas culturas de habla hispana, predominando España como fuente principal. ✓ Tarjetas con palabras **Docentes de inglés y francés** ✓ Explicación gramatical ✓ Lectura en voz alta ✓ Uso de celular ✓ Análisis de textos literarios ✓ Corrección de errores en cartas	**Docentes de español como lengua extranjera** ✓ Situaciones reales para resolución de problemas ✓ Debate ✓ Propicia la reflexión ✓ Desarrolla empatía Oportunidad de interacción con diversas nacionalidades **Docentes de inglés y francés** ✓ Motivación para presentar certificaciones para intercambios nacionales e internacionales	**Docentes de español como lengua extranjera** ✓ A través de textos ✓ Motivación para aprender la lengua meta ✓ Discusiones temas de carácter global ✓ Solicitar opinión del estudiante **Docentes de inglés** ✓ La competencia comunicativa se reduce a corregir errores gramaticales ✓ Motivación para aprender la lengua meta

Fuente: Elaboración propia

La información de los cuestionarios se contrastó con las observaciones, ya que el 60% de los docentes comentaron tener claro cuáles son las estrategias de un proceso de internacionalización, pero en su práctica 7 de los 9 maestros utilizan como estrategia de enseñanza principal las explicaciones de gramática. Lo anterior sucede con mayor frecuencia con los maestros de francés o de inglés y es menos evidente en los maestros que enseñan español a los extranjeros. En el 80% de las clases observadas, los salones no muestran evidencia de material que tenga como objetivos el desarrollo de las competencias globales o internacionales. En ocasiones en que se utilizan textos literarios para enseñar cultura, predominan los textos de un solo país donde se habla la lengua meta, ya sea Inglaterra, Francia o bien, en el caso del español, España, y no se contempla material de México o de otros países, lo cual sería un acercamiento a la diversidad cultural.

En referencia a las estrategias para desarrollar las competencias interculturales, los docentes que más las utilizan son los de español, ya que en casi la totalidad de sus clases realizan debates, resolución de problemas, desarrollo de la empatía y el contacto con estudiantes de diversas nacionalidades. En el caso de los docentes de francés o inglés como lengua extranjera, en pocas ocasiones tienen estudiantes extranjeros que se relacionen con alguna actividad en la clase, y no hacen uso de las redes sociales para poder apoyarse en este aspecto. Cabe mencionar que, en el caso de dos de los tres maestros de francés, se observó motivación para conocer Francia o Canadá y se habló de las certificaciones internacionales de la lengua, las cuales les dan la oportunidad de intercambios en otros países, siendo esto un discurso que aporta al proceso de internacionalización. En el caso de los docentes de inglés, no se observó algún momento en donde mencionaran algo relativo a las certificaciones, sin embargo, en las encuestas sí lo mencionaron como un elemento importante para la formación de sus estudiantes.

En las observaciones se pudieron destacar frases de los alumnos extranjeros en las clases de español, que son ejemplo del desarrollo de competencias globales, interculturales e internacionales y son detonadores para debates o reflexión por parte de ellos y la comunidad con quien interactúan. Por ejemplo "Aquí la policía es peligroso", "Si tú eres puntual a un bar está mal en México", "Esto es un debate de todo el mundo, tú puedes usar la palabra "negro" en inglés, los negros pueden usarlo", la pregunta "¿Los taxis son más peligrosos que caminar solo por la noche?" o el comentario con respecto a la comparación de su cultura con la cultura de México, *"I don't really like Germany because many people in Germany aren't really social and there are some really racist. The political is most of the time good, but they have some serious problems"*. En relación a los estudiantes de inglés o francés, este tipo de expresiones o reflexiones se observaron en menor medida: "In latino countries we celebrate Christmas on the 24th, in The States they celebrate Christmas on the 25th". Lo anterior puede ser consecuencia de que se da mayor énfasis al vocabulario y la gramática y menor énfasis al entendimiento de otras culturas, la empatía hacia la diversidad, el conocimiento global, la conciencia intercultural, la motivación, entre otros.

Conclusiones

Las actividades laborales de docentes y administrativos pertenecientes a la DGRI se desarrollan en un contexto con características internacionales. Se podría decir que existe poca o nula resistencia a la incorporación de la visión internacional, porque de alguna forma ya está incorporada al entorno laboral de la DGRI. Un ejemplo de esto es la convivencia con estudiantes y profesores provenientes de universidades nacionales o internacionales, la cual permite el desarrollo de competencias globales, interculturales e internacionales por parte de estudiantes, académicos y administrativos.

Los estudiantes extranjeros que toman las clases o talleres de español son quienes generalmente establecen una relación con la cultura meta y su cultura para explicar los contenidos de la clase con problemáticas globales. La interacción de los estudiantes en los Talleres Libres de Español contribuye a su formación como docentes de lengua, ya que desarrollan competencias relacionadas al proceso de internacionalización. En cuanto a los estudiantes de francés o inglés muestran interés por aprender el idioma; sin embargo, hace falta que se realicen prácticas en el salón de clases que vayan más dirigidas hacia el aspecto cultural de los países de interés, y no solamente al perfeccionamiento del nivel de lengua. Lo anterior se podría incluir mediante comparaciones, opiniones, temas de debate, autorreflexión y motivación por conocer diversos países en donde hablan el idioma que están aprendiendo.

En el caso de los administrativos es importante subrayar que tienen idea de los conceptos y del proceso de internacionalización, pero consideran necesario tener mayor capacitación en esta área.

Los académicos conocen la parte teórica y la importancia del proceso de internacionalización y se preocupan por sensibilizar a sus estudiantes sobre la importancia de realizar una movilidad. Sin embargo, se pudo observar que en su práctica no se usan de manera sistemática las estrategias para la internacionalización del currículum, y la movilidad se entiende como pertinente sólo en algunos casos, tal como el comentario del Doc2 lo refleja "un intercambio sur-sur no enriquecería el desarrollo de las competencias internacionales".

Lo anterior es evidencia de que encasillan este proceso en la práctica y uso de un idioma extranjero, cuando el proceso de internacionalización implica mucho más que eso:

> Un concepto crucial es el de internacionalización. El establecimiento de redes y colaboraciones con instituciones de otros países, el acceso a algunos de sus cursos y programas, la movilidad de académicos y estudiantes hacia ellas y la acreditación interinstitucional recíproca son de primer orden, si es que se aspira a que los egresados cuenten con la formación, las habilidades y la autoestima para ser individuos,

ciudadanos y profesionales exitosos en el actual contexto de la globalización. (Universidad Veracruzana, 58)

La internacionalización es un proceso que está en continua construcción por lo que es necesaria la participación de todos los actores. Es importante relacionar los contenidos de un programa de estudios con el desarrollo de los elementos de este proceso. Una práctica continua de pensar en el otro o de actuar para un bien común que permita un mejor entendimiento del mundo y la construcción de un pensamiento crítico y propositivo.

Se puede suponer que a través del contacto con otras personas se van desarrollando actitudes de comprensión y empatía. Sin embargo, si no se cuenta con herramientas que permitan una buena comunicación y disposición para entender al otro, la interacción entre personas de diferentes culturas, incluso en un nivel nacional, podría verse afectada. A pesar de que los sujetos encuentran un lugar en una estructura social, no están completamente determinados por ésta. Por lo tanto, existe la posibilidad de crear nuevas formas de entender la internacionalización y, por consiguiente, de construir el desarrollo social de acuerdo a las necesidades y características del entorno más cercano.

REFERENCIAS

Arce González, Ana María. Internacionalización y Educación Superior. *Revista de la Educación Superior.* Oct-nov. 2015: 165-170. Digital

Beelem, J. Internationalisation at Home on the Move. Artículo presentado en *"Taller sobre implementación de la Internacionalización en casa".* Asociación COLUMBUS. Nov 2013. Digital

Brody, W. La Universidad se vuelve Global, *Foreign Affair en español.* Jul-sept. 2017. Digital

Deardorff, Darla K. The identification and assessment of intercultural competence as a student outcome of internationalization at institutions of higher education in the United States. *Journal of Studies In International Education.* 2006: 324. Digital.

Furlan, A. El currículum y condiciones institucionales. *Documento a partir de conferencia magistral.*1996. Digital

Gacel, J. La internacionalización de la Educación Superior en América Latina: El caso de México. *Cuaderno de Investigación en la Educación*: Núm. 20. 2005. Digital

Hans de Wit et al, ed. *Higher education in Latin America - the international dimension.* Washington, DC : Banco Mundial, 2011. Impreso.

Hernández, R., Fernández, C. y Baptista, P. *Metodología de la Investigación (5ª. ed.).* México: Mc Graw Hill.2010. Impreso.

Knight, J. *Internacionalización de la educación superior.* México. ANUIES. s.f. Digital, OCDE. Manual de Pisa Global Competence. 2018

Moncada Cerón, Jesús Salvador. La internacionalización de la educación superior, factor clave para fortalecer la calidad educativa y mejorar las condiciones de vida de la sociedad. *Revista Xihmai.* No 12. 2011. Digital

Muñoz Varela, Luis. Internacionalización de la educación superior: Una experiencia introductoria acerca de su presencia en las carreras de posgrado de la Universidad de Costa Rica Educación. *Revista Educación.* Jul-dic. 2016: 1-28. Digital

Romero, C. (2005). La categorización un aspecto crucial en la investigación cualitativa. Investigium IRE, 61,113-118. Recuperado de

"Estrategias de Internacionalización". *Universidad Veracruzana*. Mar 2014. Web. 02 feb 2019.
http://www.uv.mx/internacional/files/2014/03/Estrategias-de-Internacionalizacion.pdf

"Plan General de Desarrollo 2025". *Universidad Veracruzana*. Feb. 2008. Web. 23 ago. 2019
http://www.uv.mx/transparencia/files/2013/10/PlanGeneraldeDesarrollo2025.pdf

CHAPTER 10

Language Assessment Perceptions through the Eyes of Undergraduate Accounting Students

Elba Méndez García, María Alejandra Archundia Pérez and Rosalba Leticia Olguín Díaz

INTRODUCTION

Language assessment has become a thriving industry in the education sector. The ubiquitous standardized language tests and certifications are proof of this. These language tests are used as a gateway (Bachman 61; Bachman and Purpura 458; Hughes 3; Shohamy 444) to either enter or exit educational programs or the job market. Therefore, diagnosing students' language proficiency has become a relevant issue regarding which diagnostic tools are available for this matter (Deygers, Van den Branden & Van Gorp 452; Read 218-219; Stiggins 11). This brings ramifications not only for those involved in designing language courses (Bhatia and Bremner 11) but also for those diagnosing and placing university graduates in such courses. The present study addresses the issue of standardized language tests that are used in entry into tertiary education processes, and what issues they raise for both test takers and test administrators.

Recent research in the field of language assessment in tertiary education focuses mainly on assessment of a second language, as reported by studies carried out in some European countries, Australia and in North America (Deygers, Van den Branden & Van Gorp 450; Read 218; Summers, Cox, McMurry & Dewey 273; Weigle 86). On the other hand, some of the research that analyzes foreign language assessment includes studies carried out in the Philippines, Hispanic, Asian and Latin-American regions (Bresnihan, & MacAuley 4; Gonzales & Aliponga 1; González, Trejo, & Roux 91; Zheng, & Cheng 2). Most of these studies acknowledge the use of language level descriptors such as those developed by the Council of Europe and the American Council on the Teaching of Foreign Languages (Council of Europe 5-7). These descriptors, namely the Common European Framework of Reference for Languages (CEFR), and the ACTFL can-do statements, have had their users, their promoters and their critics.

In foreign language contexts as is the case of the present study, however, available research indicates that the use of language level descriptors such as the CEFR or ACTFL is welcome and even desirable, as it provides classroom teachers and institutions with common grounds on which to either base their own forms of assessment (González, Trejo & Roux 94; Pineda 182), or to guide their curriculum goals (Muñoz, Palacio & Escobar 155; Palacio, Gaviria, & Brown 74). In their study, Summers, Cox, McMurry and Dewey (283-284) provide evidence of the helpfulness of ACTFL language descriptors being helpful for both learners and curricula designers. Moreover, these descriptors were perceived as learner self-awareness promoters, which was in turn helpful to design the self-assessment statements they used for their study. From their analysis it can be said that those self-assessment statements help teachers to more clearly make their students' proficiency evident, to them and to students themselves. As well, learners can have full access to how they are being evaluated, what is expected from them and, eventually, they can also learn to self-assess their own performance, which could in turn lead to self-regulate their own learning.

Foreign language contexts also seem to refer to these language level descriptors as well as to other descriptors, for example, National Ministries of Education (De la Barra, Veloso & Maluenda 112), in order to describe and characterize their learners' proficiency, whether as separate skills or holistically (Amengual-Pizarro & García-Laborda 22; Bresnihan & MacAuley 7; De la Barra, Veloso & Maluenda 114; Griffith & Lim 2). There are studies concerned with EFL learners' views about language assessment in EFL Latin-American countries and Spanish speaking regions. Available literature in the area has addressed the design, use and monitoring of EFL assessment rubrics (Griffith, & Lim 4), EFL performance in specific kinds of assessment (De la Barra, Veloso, & Maluenda 118), learners' perceptions about the use of specific teaching techniques or approaches to develop EFL skills and general performance (Bresnihan, & MacAuley 8), or learners' perceptions about their EFL performance in specific kinds of assessment (Amengual-Pizarro & García-Laborda 30; De la Barra, Veloso, & Maluenda 119-120). To the best of our knowledge, however, there are no similar studies in an EFL Mexican context.

Studies that inquire about learners' views on language assessment techniques, procedures or specific international language tests commonly rely on the use of quantitative research instruments such as questionnaires or surveys to collect data for analysis (Bresnihan & MacAuley 4; Cheng, Andrews & Yu 226; De la Barra, Veloso & Maluenda 121). However, Amengual-Pizarro and García-Laborda (31) do elicit qualitative data from their participants by including two open-ended questions that aimed to describe the differences between computer-based and the face-to-face tests. In their study about difficulty perceptions of vocabulary tests in an EFL-EM (English medium) Turkish private university context, Oruç Ertürk and Mumford also approach data collection by using both quantitative and qualitative research instruments, namely a large-scale survey (419-420) and a 50-

minute focus group with ten students purposefully sampled from all faculties (420-421). These studies serve as a starting point for the research design of the present study. It feels relevant to ask EFL learners at a large public Mexican university about the EFL assessment practices that are used at entry, while they are doing their studies and when they finish their academic programs. It also feels relevant to inquire about their views using research methods that allow participants to express their views and opinions in their own words (Creswell and Plano 181; Silverman 308).

RESEARCH PROBLEM

Language certifications have been accentuated as a priority in professional education and training. The Benemérita Universidad Autónoma de Puebla (BUAP), a large public university in Central Mexico, is directing efforts towards having graduates and postgraduates equipped with the adequate language knowledge to succeed professionally. Since 2015, BUAP's academic programs require students from all its schools except the language department to ensure proficiency in EFL. In order to achieve this goal, four EFL courses are part of the curriculum. However, students who hold a valid standardized test that certifies their English language proficiency may be exempt of taking some or all of these language courses.

Alongside this internal language requirement, the university proposed a plan to channel efforts to impulse the university to international fields. The Institutional Development Plan (Plan de Desarrollo Institucional) is a document that attempts to outline what the university envisions for areas that range from teaching and research to student mobility and connections with the local and federal governments (BUAP 23-29). The PDI has many implications for the academic development, as it recognizes the achievements attained but it also formulates the future goals and challenges to be reached inside the university, for future improvement and internationalization. One of these categories considers, as a central role, the pertinence of teaching, assessing and certifying a foreign language, as a strategy to international mobility and professional development for both teachers and students.

In the above scenario, we feel it is crucial to investigate how these two actors, teachers and students, would deal with how teaching, assessing and certifying EFL can impact their academic lives. The present study focuses on students because they may not be as readily available to the researchers as teachers could be. In addition, students may be much more affected than teachers as these institutional planning would undoubtedly impact their future academic and working lives. Therefore, it is considered relevant to explore what EFL assessment practices undergraduate students at a large public Mexican university experience, as well as how they feel foreign EFL learning and assessment can impact their academic development and their future professional lives. In addition, this study also aims at exploring what language skills these students consider relevant to assess their EFL proficiency. In doing so, this study was designed considering the benefits of approaching data collection and analysis from both qualitative and quantitative traditions.

RESEARCH QUESTIONS

In the light of the above discussion, the guiding research questions for this paper are as follows:
- How do BUAP undergraduate Accounting students perceive the EFL assessment practices that allow them entry into higher education?
- What language skills do BUAP undergraduate Accounting students perceive as relevant to assess their EFL proficiency?
- How do BUAP undergraduate Accounting students perceive the impact of EFL learning and assessment for their future professional development?

METHODOLOGY

In order to achieve the above research aims, this study adopted a mixed-method approach within a case study paradigm. Creswell (226) and Creswell and Plano (112) conceive the mixed method as a posture where knowledge claims, based on a pragmatic posture, can be best represented by the gathering of both numerical data and text information. Such an approach can help construct firm and trustworthy data analysis and the further explanation of results. Therefore, this study attempted to explore participants' opinions and perceptions on their language learning and assessment inside their academic context through questionnaires and interviews (Dörnyei 25; Dörnyei and Taguchi 11) that could gather data that was both qualitative and quantitative in nature.

On the one hand, the identification of the language assessment practices is a cognitive-in-nature endeavor, which calls on a qualitative data collection and analysis (Silverman 180). Conversely, frequency, percentage and incidence of occurrence of the perceptions and opinions will be of a quantitative nature, which requires data collection and analysis that allows for statistical analysis (Rasinger 10). Overall, using a mixed method approach aimed at increasing the strengths of both paradigms by reducing their potential weaknesses (Paltridge and Phakiti 63), which we hoped would result in the benefit of our understanding of the phenomenon under study.

This was a case study that focused on the specificity of a group: BUAP undergraduate students' perceptions in respect to language learning and assessment practices within the university. According to Creswell (14) a case study is delimited by time and place, ruling out the idea of a generalization; and it is generally chosen to analyze a unique site within its own boundaries. This paper took on a case study's detailed examination and pondering of the chosen site or group, considering its delimited space and observing the limits of a specific time period (Gerring 19; Merriam and Tisdell 39; Yin 4). The cross-sectional exploration of a particular entity or set of units generally required purposeful sampling, and the design of research instruments to gather quantitative and qualitative data.

POPULATION AND SAMPLING

Population consists of 1179 accounting school students in their second year of tertiary education at a public university in Central Mexico. These students were admitted for university after taking a College Board© admission exam that for the first time included a 50-item EFL component. This EFL component was a version of the College Board© ESLAT, English as a Second Language Achievement Test. These accounting school students are male and female, average age of 20, taking five-month courses in fall and spring terms. Lessons are an hour a day, four to five hours a week, anytime between 7:00 to 20:00. These five-month courses are four in total and prepare students to have A2 CEFL level. These four courses belong to Core Curriculum compulsory subjects; therefore, grades are averaged with all other subjects in their programs. Evaluation criteria for these EFL courses includes departmental achievement tests as well as student course performance. Every class consists of 30 to 50 students depending on classroom size. Convenience sampling for this cross-sectional case study consists of 56 students available from two classes of 35 students each. One of the EFL classes was taking an English III course whereas the other was in an English IV course. All 56 participants answered a questionnaire, and 15 of these participants participated in one of two focus groups as described below. Table 1 summarizes the participants' details.

Table 1: Participant Information (N=56)

Participant characteristic	Response	n	%
Age	19	19	34.5
	20	24	46.5
	21	6	10.9
	22	2	3.6
	23	1	1.8
	24	1	1.8
	25	1	1.8
	29	1	1.8
	39	1	1.8
Gender	Male	15	28.8
	Female	41	73.2
School	Accounting school	56	100

Source: Own Source

INSTRUMENTS AND DATA COLLECTION PROCEDURES

Questionnaire

A printed questionnaire about the 50-item EFL admission exam component, English as a Second Language Achievement Test (ESLAT), was prepared and piloted with 60 students from the target population at the beginning of their second year in university. Final version of the questionnaire for another 70 students during their second year in university is in Spanish and consists of five sections. Section one asks participants to indicate the level of difficulty they give to the 50 item EFL admission exam ESLAT component in a four-point Likert scale. Section two asks participants to mark the two main reasons why they feel this component was as easy or difficult for them. This section offers participants with 15 possible reasons to mark. Section three lists 14 statements adapted from the A2-B1 CEFL statements for participants to self-evaluate in a zero to ten scale. Out of these 14 statements, six statements describe oral and/or written productive language (speaking and writing) skills; two statements paraphrase interaction and conversation skills. The five remaining statements describe linguistic (grammar, pronunciation), lexical (vocabulary) and receptive (reading and listening) skills. Section four is very important to this study. This section lists the same 14 statements and asks students to indicate whether they feel a language certification should evaluate these elements. Section five asks participants for contact details if they are willing to participate in a 25-minute interview to further share their views about the language assessment and the 50 item EFL admission exam component, English as a Second Language Achievement Test (ESLAT). Printed questionnaires were distributed by one of the researchers in two classes of 35 students each. Only 56 students were present for questionnaire application. This process took place at the beginning of the course and lasted ten minutes.

Focus Groups

Focus group protocols were prepared instead of individual interview protocols in order to accommodate for the 19 participants interested in an interview. There were nine interested participants in English III class and ten in English IV class, but only eight and seven participants respectively showed up. Participants were then in two focus groups as shown in appendix B. Each focus group took place in the students' classroom towards the end of the school period, tables and chairs were arranged so that participants were distributed as illustrated. Each participant is shown with a number and a pseudonym for analysis and anonymity purposes. Each participant signed a consent letter a day before the focus group took place.

Focus group protocol was prepared in Spanish. It consists of a welcome and presentation section to tell participants how their interventions will be encouraged and balanced. The second section consists of five question prompts. The first question elicits participants' views about their experience being evaluated in their EFL performance at school. The second question focuses on EFL assessment at university and asks participants to describe how appropriate they feel it is. Question three asks participants to describe whether they knew there was an EFL component in their admission exam, and how prepared for it they consider they were. Questions four and five ask participants to comment on the answers they gave for section four of their questionnaires – whether they feel a language certification should assess the 14 listed elements. For this part of the focus group, answered questionnaires were given back to each participant and emphasis was placed on eliciting the reasons they had for marking any of the 14 statements as not necessary for language certification assessment. Finally, participants were asked for final comments and thanked for their participation.

RESULTS

Quantitative data consists of answers from 56 printed questionnaires. Answers from participants were processed in Excel. Resulting tables and graphs were analyzed and compared with answers from focus groups A and B. Qualitative data consists of full manual transcriptions from focus groups A and B. Cross-reference interpretative analysis was used for each focus group as it was first analyzed separately by two researchers, then each researchers' interpretative analysis was compared to the other researcher's interpretative analysis in order to improve coding and resulting categories. Researchers met to refine coding and rule out unclear categories. Both quantitative and qualitative analysis were discussed, and reflections shared and accorded. Final report is presented here.

Questionnaire

First section of the questionnaire asked participants to indicate how easy or difficult they think the 50-item EFL component in their admission exam the year before was. As it can be seen in table 2, 75.9% of the participants claim that this EFL test was difficult for them. Moreover, less than 20% of them indicate that it was easy for them while another 5.6% state that it was very difficult. Finally, none of the participants indicate that the test was very easy for them.

Table 2: Level of Difficulty of the 50-item EFL Component of Admission Exam (N=54)

Likert scale option	n	%
Very difficult for me	3	5.6
Difficult for me	41	75.9
Easy for me	10	18.5
Very easy for me	0	0

Source: Own Source

The following section inquires about possible reasons for such difficulty. This section asks participants to mark two out of the 15 reasons listed. However, a good number of participants marked more than two. Among the reasons that participants gave, the most chosen ones were those related to experiencing difficulties with English language learning. As it can be seen in table 3, the three most popular reasons were: "I have had English lessons, but I still find it difficult" (53.6%), "I only had English courses in junior high or high school" (46.4%), and "I hardly understand an English lesson – I feel it goes too fast" (33.9%), picked by 30, 26 and 19 respondents respectively. Finally, "I never know how to prepare for an English test" was chosen as a reason by 12 (21.4%) participants.

Table 3: Reasons for Level of Difficulty of the 50-item EFL Component of Admission Exam (N=56)

Reason	n	%
I have lived abroad.	0	0
I speak English as a child.	0	0
I have contact with people who speak other languages.	0	0
I have taken English courses in language schools.	4	7.1
I have had private English lessons.	6	10.7
I have attended bilingual schools or schools where English is taught from elementary levels.	2	3.6
I usually get good grades in English.	6	10.7
I study a lot for an English test.	4	7.1
I always have someone to help me understand my English lessons and study for English tests.	4	7.1
I have had English lessons, but I still find it difficult.	30	53.6
I only had English courses in junior high or high school.	26	46.4
I hardly understand an English lesson – I feel it goes too fast.	19	33.9
I never had English as a subject in school.	0	0
I always failed English as in school.	1	1.8
I never know how to prepare for an English test.	12	21.4

Source: Own Source

Section three of the questionnaire required participants to self-evaluate using a zero to ten scale for 14 can-do statements. There were five statements where participants self-evaluated the highest. The highest mark was eight, and as it can be seen from table 4 below, 26% (n=15) of the participants feel that they can answer grammar exercises correctly and use recently learned words and phrases when writing and speaking. 25% (n=14) feel they can pronounce words and complete phrases correctly. Finally, 19-21% (n=11,12) indicate that they can guess new vocabulary from context and express preferences and opinions orally and in writing.

Table 4: Highest Marks for can-do Statements

Statement 2	Answer grammar exercises correctly. (N=56)									
	0	1	2	3	4	5	6	7	8	9	10
n	0	0	1	2	8	7	8	11	15	3	1
%	0	0	1.8	3.6	14.3	12.5	14.3	19.6	26.8	5.4	1.8

Statement 4	Guess new vocabulary from context. (N=56)									
	0	1	2	3	4	5	6	7	8	9	10
n	1	0	2	2	3	11	12	12	11	2	0
%	1.8	0	3.6	3.6	5.4	19.6	21.4	21.4	19.6	3.6	0

Statement 6	Use recently learned words and phrases when writing and speaking. (N=56)									
	0	1	2	3	4	5	6	7	8	9	10
n	0	1	0	4	3	6	6	14	15	5	2
%	0	1.8	0	7.1	5.4	10.7	10.7	25	26.8	8.9	3.6

Statement 12	Pronounce words and complete phrases correctly. (N=56)									
	0	1	2	3	4	5	6	7	8	9	10
n	0	0	0	1	2	8	10	12	14	7	2
%	0	0	0	1.8	3.6	14.3	17.9	21.4	25	12.5	3.6

Statement 14	Express my preferences and opinions orally and in writing. (N=56)									
	0	1	2	3	4	5	6	7	8	9	10
n	0	1	1	3	7	9	11	9	12	3	0
%	0	1.8	1.8	5.4	12.5	16.1	19.6	16.1	21.4	5.4	0

Source: Own Source

The second highest mark as shown in table 5 below was seven, and it was chosen by 30.4% (*n*=17) of participants to indicate that they can ask for information from someone who does not speak their language. A fourth (*n*=14) of participants feel they can explain in writing how a process occurs and read texts in English without stopping. Finally, 21-23% (*n*=12, 13) of participants consider they can write short texts in English and explain orally how a process occurs.

Table 5: Second Highest Marks for can-do Statements

Statement 1	Read texts in English without stopping. (N=56)									
	0	1	2	3	4	5	6	7	8	9	10
n	0	0	0	1	2	12	9	14	11	6	1
%	0	0	0	1.8	3.6	21.8	16.4	25.5	20	10.7	1.8

Statement 5	Write short texts in English (250 words maximum). (N=56)									
	0	1	2	3	4	5	6	7	8	9	10
n	1	1	2	1	11	8	10	13	6	3	0
%	1.8	1.8	3.6	1.8	19.6	14.3	17.9	23.2	10.7	5.4	0

Statement 10	Explain in writing how a process occurs. (N=56)									
	0	1	2	3	4	5	6	7	8	9	10
n	1	2	2	3	6	13	6	14	9	0	0
%	1.8	3.6	3.6	5.4	10.7	23.2	10.7	25	16.1	0	0

Statement 11	Explain orally how a process occurs. (N=56)									
	0	1	2	3	4	5	6	7	8	9	10
n	2	2	1	5	8	9	9	12	8	0	0
%	3.6	3.6	1.8	8.9	14.3	16.1	16.1	21.4	14.3	0	0

Statement 13	Ask for information from someone who does not speak my language. (N=56)									
	0	1	2	3	4	5	6	7	8	9	10
n	0	1	3	0	4	11	11	17	5	4	0
%	0	1.8	5.4	0	7.1	19.6	19.6	30.4	8.9	7.1	0

Source: Own Source

Participants gave themselves a barely passing mark, six, for statements eight and nine. As the statements in table 6 below show, 32.1% ($n=18$) of the participants feel that they are this good to describe one of their life experiences in writing. Less than a quarter of the participants (23%) ($n=13$) indicate the same for being able to describe one of their life experiences orally. A promising 21.4% ($n=12$) equally chose marks six and seven to self-evaluate their ability to understand conversations between English-speaking speakers. However, 21.4% ($n=12$) of the participants also chose marks five and six to describe how proficient they feel they are at keeping a conversation in English going, which corresponds to statement seven.

Table 6: Third Highest Marks for can-do Statements

Statement 3	Understand conversations between English-speaking speakers.									
	0	1	2	3	4	5	6	7	8	9	10
n	1	0	2	2	3	11	12	12	11	2	0
%	1.8	0	3.6	3.6	5.4	19.6	21.4	21.4	19.6	3.6	0

Statement 7	Keep a conversation in English going. (N=56)									
	0	1	2	3	4	5	6	7	8	9	10
n	2	2	4	5	4	12	12	10	2	3	0
%	3.6	3.6	7.1	8.9	7.1	21.4	21.4	17.9	3.6	5.4	0

Statement 8	Describe one of my life experiences in writing. (N=56)									
	0	1	2	3	4	5	6	7	8	9	10
n	0	1	1	3	6	11	18	7	4	5	0
%	0	1.8	1.8	5.4	10.7	19.6	32.1	12.5	7.1	8.9	0

Statement 9	Describe one of my life experiences orally. (N=56)									
	0	1	2	3	4	5	6	7	8	9	10
n	0	3	2	6	7	6	13	11	6	2	0
%	0	5.4	3.6	10.7	12.5	10.7	23.2	19.6	10.7	3.6	0

Source: Own Source

Section four of the questionnaire reveal whether participants feel that each of the 14 elements described in the above can-do statements should be assessed in a language certification. As it can be seen in table 7 below, a high percentage of participants indicate that elements two, three, seven and twelve should be assessed in a language certification. Being able to keep a conversation in English going and to answer grammar exercises correctly top the list with 89.3% ($n=50$) of the preferences each, while being able to understand conversations between English-speaking speakers and to pronounce words and complete phrases correctly follow in second (87.5%) and third place (83.9%) respectively.

About two thirds of the participants (76.8%) state that being able to read texts in English without stopping should also be included, and less than two thirds (71.5%) feel that describing one of their experiences orally should, too.

About the elements that participants feel that are not necessary for a language certification, describing one of their experiences in writing tops the list with 44.7% ($n=25$). Asking for information from someone who does not speak their language and explaining in writing how a process occurs follow with 41.1% ($n=23$) each. Except for using recently learned words and phrases when writing and speaking, more than 60% of the participants indicate that elements four, five, eleven and fourteen should be assessed in a language certification.

Table 7: Elements that Participants Think Should be Assessed in a Language Certification

	Elements that should be assessed in a language certification N = 56	Should be assessed n	%	Not necessary n	%
1	Read texts in English without stopping.	43	76.8	13	23.2
2	Answer grammar exercises correctly.	50	89.3	6	10.7
3	Understand conversations between English-speaking speakers.	49	87.5	7	12.5
4	Guess new vocabulary from context.	37	66.1	19	33.9
5	Write short texts in English (250 words maximum).	38	67.9	18	32.1
6	Use recently learned words and phrases when writing and speaking.	28	50	28	50
7	Keep a conversation in English going.	50	89.3	6	10.7
8	Describe one of my experiences in writing.	31	55.3	25	44.7
9	Describe one of my experiences orally.	40	71.5	16	28.5
10	Explain in writing how a process occurs.	33	58.9	23	41.1
11	Explain orally how a process occurs.	37	67.9	18	32.1
12	Pronounce words and complete phrases correctly.	47	83.9	9	16.1
13	Ask for information from someone who does not speak my language.	33	58.9	23	41.1
14	Express my preferences and opinions orally and in writing.	39	69.6	17	30.4

Source: Own Source

Focus Groups

After cross-reference interpretative analysis of the data obtained from both focus groups, four major areas seem to stand out that are worth presenting for the reader's consideration. These four areas are (1) EFL learning as a vehicle for future opportunities, (2) gate keeping perceptions, (3) EFL examination issues, and (4) language assessment perceptions. These four topics are discussed and illustrated with participants' quotes below. Participants are all identified by pseudonyms.

(1) EFL learning as a vehicle for future opportunities

The first major category that stemmed out from the data analysis is the perception that interviewees have about EFL learning as a vehicle for future opportunities, which subdivided into job and academic opportunities. On the one hand, focus group participants considered that the knowledge of a second language is another skill that a good professional should have, as it will definitively increase their employability opportunities and consequently their prompt insertion into their future labor markets as the following excerpts from both focus groups illustrate:

> "Well, yes, just like my classmates say, nowadays it is extremely important to be a good professional to speak English at least. If you want to speak another language it is even better because you are updating yourself."
>
> *(Yuri, A)*

> *"I think that as we are learning it help us expand our horizons because just like my classmate said before it would help us obtain a better job abroad and have contact with customers..." (Alfred, B)*

On the other hand, having learned English also represented accessing present and future academic opportunities. According to interviewees' comments, having knowledge of English allowed them and other students to do well in the English component of the entry exam. In addition, it had an immediate impact on their studies as there was the possibility of being exempted from mandatory university English courses that are part of the students' general academic preparation at university. This situation indirectly helped those who were granted with the benefit to concentrate more on their area of specialization subjects or simply to cope better with the adaptation period into university life. This is supported by the following excerpts:

> *"...personally, it helped me concentrate on my other subjects because it was the first semesters and you have to adapt, it truly helped me focus on those difficult subjects." (Alexia, A)*

> *"In my case, just like my classmate said, it helps me to have passed one subject because it opens more space to focus on other subjects and at the same time you feel good because you know you passed it not because of luck or the odds I know that I have the knowledge in that area of English."*
>
> *(Daysi, A)*

Consequently, having certain linguistic capital turned into an academic gain. In the long term, however, it may as well turn into an academic loss since students would likely be disconnected from English while they are studying their major at university. Similarly, they may find it difficult to adapt to the higher levels of their English mandatory university courses as some of the interviewees expressed it:

> *"Well, even when they are mandatory, they are not enough because if you, let's say, have the opportunity to take an English course after those four levels you took, it's great, but if you don't have that chance you lose practice. Then, when you want to get the certification it is going to take you more time and effort." (Amaya, B)*

> *"I was lucky because I answered wanting to know how much I knew and when I was accepted I was told that the section had counted certain points. I was very lucky to have passed two levels. It was a good way to get rid of those two first levels. However, it was hard to adapt during the third level and see my progress, I realized I didn't know certain things*

> but I did my best to adapt to what they were teaching in the third level."
> (Alfred, B)

With this, the connection between the EFL teaching-learning and the EFL assessment is evident and shows its relevance. Not only was EFL assessment a useful tool to evidence proficiency of the language institutionally, but it also turned into an indicator of possible academic gains-and losses. If this fact is appreciated from a positive perspective, it rendered advantages to those who successfully passed the EFL component in the 2017 general admission exam. Therefore, it is crucially important to clearly inform those future university applicants of the benefits that will come along if successful results are obtained in the English general admission exam.

(2) Gate keeping perceptions

The second major salient category that emerged from the analysis was the concept of gate keeping. Participants considered that this language section was relevant to be included since it would put to the test the ability of future undergraduates to manage a language. The inclusion of this language section in the admission exam was perceived as a filter to first, identify who of those candidates have the required language knowledge; and second, to let those who do not have such level of the language to take action to obtain the necessary language level. However, they also mentioned that the EFL component should not be considered solely to determine their entrance or dismissal from university because the other sections of the exam are as equally important to evaluate their overall knowledge. The following verbatim quotations serve as illustration:

> "It is ok they include English in the admission exam because the students to come should be prepared and they must be aware that they should know English even before entering university." (Moni, A)

> "[...] I think that it is a good idea to include English to let students and teachers know the level you have. It is a good indicator." (Janyce, B)

Gatekeeping practices sub stemmed into (a) issues that had to do with the academic background and instruction of applicants, and (b) the quality assigned to higher education that includes English in their admission exam. We discuss these subdivisions below.

(a) Candidate preparation

Participants reported that foreign language ability is the result of their previous foreign language school instruction. They considered that receiving foreign language instruction at a public school would differ from those receiving the same language instruction at a private institution. Participants' perception regarding English language instruction quality is that public institutions are not necessarily fulfilling the language needs students require to better manage the EFL component of the university admission exam. Participants appear to believe private schooling is better in this area, especially if you begin English language instruction since kindergarten; therefore, public schools in the country should include foreign language instruction since the very early years – kindergarten and elementary school – given that English language instruction starts until middle and high school in Mexico. This is illustrated in the following extracts:

> "I feel they should evaluate English since elementary school and by the time you get to the university you would be fluent [...]. In my case, I am struggling to understand it." (Moni, A)

> "[...] it is very important to receive English instruction since kindergarten because we would not only be bilinguals; I don't know... even trilinguals. Private schools are the ones that teach English and do exams in English"
>
> (Lucy, A)

(b) Quality of education

It is worth mentioning that another aspect that surfaced in the analysis was the quality of the higher education in terms of including English in the admission exam. Participants perceived positively the inclusion of the EFL component (ESLAT) as a sign of quality and progress in the requirements to be accepted at the university. Passing the exam would imprint a sense of pride and prestige as the admission exam is organized and structured to measure quality of overall knowledge including that of a foreign language aspect. This is exemplified in the extracts below:

> "It was a sign of progress to include English in the admission exam and this lets us know the type of institution we are attempting to enter and what we will face in the future. If English is a base in the admission exam then you know how important it will be during your career. We have to be prepared for everything." (Yuri, A)

> "Personally, I believe it is good they include this section because they are considering the quality and type of students who are applying to be accepted and we are supposed to have such language knowledge. Besides, the English section should be more difficult because we are talking about entering university; let's not settle for less, it is a higher level of education not like high school." (Lucy, A)

(3) EFL examination issues

On the same string of thought, the preparation that future applicants can get might be directly connected with the clear understanding of the importance of passing the English exam with high results. Apart from being mentally prepared for the experience, future applicants may want to get a hold of the format that the exam will have, as in any preparation for admission examinations. With this understanding, future university applicants may be able to decide to prepare on different skills that will be assessed in the exam. Similarly, they may consider necessary to concentrate on the development of a specific language skill to increase the likelihood of succeeding.

Another important issue that arises from this clear understanding on the part of candidates is that there is an urgent need to design English preparation courses to apply for university entry. These preparation courses' ultimate aims should be familiarizing future applicants with the format of the EFL component of the admission exam, as well as helping them develop further proficiency in English. This need is illustrated below in participants from both focus group sessions' own words:

> "I think that it would be a good option to include English in the prep courses and I also believe that the texts aren't that long and are probably the same length as in Spanish. It is just that we don't master the language much and it is hard to read and understand a long text. Then, I think that is the problem."
>
> *(Alfred, B)*

> "Maybe there should be not just the prep courses for aptitude and general knowledge but also many others and one of them can be in English because there are students who need it just like they need the other areas." *(Lucy, A)*

Such preparation courses would help future applicants with two specific issues that participants seem to believe affected their performance in the EFL component of the admission exam. The first issue is time. As expressed by participants, they feel that they did not handle time so that they could successfully answer the exam, either they lost track of it or they simply did not use it for their best interest. Here are some of the comments related to this problem:

> "...I remember that there was a section where you have to read texts and the section was timed, obviously, therefore I, honestly, could only do one of the texts and it was the shortest one. Then, I don't understand why they would put such lengthy texts if the section was timed." *(Amaya, B)*

> "...true, everyone was under pressure because of the exam, I don't know, around three hours and it was very exhausting having to read all the section with fifty questions in English. In my case, it was stressful that you reach a point where you try to answer or simply don't do it and in the end it happens to have a value for the bachelor. It would be important that they could distribute the section in a different way and not just to let it lay there separately." (Norah, B)

The second issue was the fact that the EFL component was taken at the end of all the admission exam, which seems to have added a physical burden that exam takers had to sort out. This possibly augmented the likelihood of low performance in the EFL component. As stated by participants, sequencing the whole admission test differently, would be likely to result in better marks:

> "Well, I believe that at the beginning of the exam they should not include the English section, they could do so after the aptitude and general knowledge sections. And after, for those who had already been admitted, they could do the English section independently." (Donald, B)

A last, but extremely important point is the need of communicating institutionally what results will be used for since clarity of procedures will help test takers increase the likelihood of excelling at the exam. Both parties will clearly be benefited if they concretely knew what results will be used for as some of the participants brought it into consideration:

> "... but if I had known before, I would have made the effort to pass that exam because I believe that motivates you to study. For example, if you tell the new candidates that they have to do their best for this language section even when they may tell you it doesn't count for your admission but they tell you to try hard because you will pass the first two language levels, I think they will definitely study." (Sherry, A)

> "As for our grades, I mean, they would say "certain given points will help you pass the first and second level and from there you only need to take the third or the fourth level". In my case, I didn't know that it would be considered for that." (Maggie, B)

(4) Language assessment perceptions

Regarding the fourth category, it is observed that participants' perception towards language assessment is positive. Participants agree that English should be assessed and evaluated as it can be an accurate indicator to show them where they are standing and what elements they need to work on for the future. They also believe that English is being assessed properly at university because they see that it relates to instruction. It can be observed that participants are aware of the different types of assessment their teachers apply. Also, they report that teaching is planned and sequenced as such so that they can see progress which, in turn, is reflected in their learning and the eventual passing of the subject. This is exemplified in the extracts below:

> *"Everything is connected...the online tests, the oral exam, the written exam... to learn it better. I believe that's the most important: to understand it" (Yuri, A)*

> *"[...] I like the way they evaluate nowadays because when I first got here I didn't know much and the way they teach you and evaluate you makes you learn and I have learnt many things which can help you pass the subject." (Sherry, A)*

Language assessment perceptions from participants further subdivide into (a) integrated language assessment perceptions and (b) one-trait language assessment perceptions. Participants are clear in terms of the different abilities they are being assessed during their language courses. It is inferred that they perceive language as a whole but that it can also be divided in different aspects or areas. They give special attention to the aspect of communication since, at the end, a language is precisely used for communicative purposes whether in writing or in speaking. The following verbatim quotations serve as illustration:

> *"When you have a conversation, you can display the way you speak, your pronunciation, the phrases and vocabulary you use so you somewhat validate all this in a conversation, you can realize everything. Likewise, when you write, you can clearly see whether it is correctly written or not."*
>
> *(Yuri, A)*

> *"[...] I think all aspects should be considered because they have to do with reading, understanding, communication, pronunciation and giving explanations. I believe it is necessary to evaluate all this to improve and have better language proficiency." (Janyce, B)*

Meanwhile participants perceive language should be assessed thoroughly as it is intended to be for communication, they also mentioned the relevance to evaluate language in its different components. This notion of the segmentation of skills is clearly seen in table 7 above and it is confirmed by analyzed data in both focus group where participants commented that it is more important to first know the grammar of the language to visualize it and then to be able to write until they are finally prepared to speak. The participants agreed that before they can engage in a conversation it is advisable to know what to say and how to say it first. This is illustrated in the following extracts:

> "In my case, I have a hard time understanding grammar and how to write so then it does not help me to speak it if I don't understand what I'm going to say. To me, it is more important to write, to use words in context before I can speak it." (Norah, B)

> "[...] I think that it is correct to evaluate how to request information so you can learn how to speak the language. It is easy for me to read English, but I find it hard to understand it when people are speaking, I don't know what they are talking about." (Maggie, B)

DISCUSSION

The analysis of both qualitative and quantitative data reveals how language assessment practices take place at undergraduate levels inside the university. This, in turn, shed some light on how language learning and assessment are perceived by a representative sample of undergraduate accounting students. The five most relevant points are summarized below.

First, it can be inferred from the data that the inclusion of an EFL component (ESLAT) in the admission exam served two purposes: (1) to inform test administrators about the level of English that test takers brought with them when applying for university, and (2) to place those exam takers that passed it successfully in higher English courses once they were participating fully in the pursuit of their university academic formation. However, as expressed by participants in the present study, the EFL component results may have been affected by different circumstances while taking the exam. While some test takers may have given higher priority to the other components of the exam, others may have answered it randomly to just fulfill the requirement. This situation undoubtedly affects basic test fairness and accountability in that results cannot be entirely trusted (Hughes 29; Shohamy 446) if test takers are not all given the same instructions or if they are not homogenously briefed about what the consequences of test results will be. Authorities in charge of administering the test should see to it that exam purposes are understood fully and advertised broadly.

Secondly, the academic advantage of highly passing the EFL component (ESLAT) of the admission exam could also mean an academic loss for others. In other words, the placement of students into higher levels of English was considered both to render an academic advantage to the students as well as an academic loss for them because of the disconnection from English that those high achievers would have as a result of being exempted from taking some or all

English courses (Bachman & Purpura 459). In the light of these issues, it is highly recommended that the university context under study informs officially, clearly and widely about the EFL component (ESLAT). Certainty as to what the purposes of having it in the admission exam are is crucial for exam fairness and accountability. Moreover, consequences deriving from EFL component results would also have to be weighed in terms of what options can realistically be offered to high achievers who are exempt from taking one or all the compulsory basic courses. This way, these tests can still be considered gate openers for better opportunities (Bachman & Purpura 458; Cheng, Andrews & Yu 223) for both their immediate academic goals and their professional future (Deygers, Van den Branden & Van Gorp 453; Read 226).

Third, participants show a very positive attitude towards the EFL component. Not only do they perceive it as a way to measure the language knowledge of those candidates applying for their undergraduate studies, but they also agree with having a language test as a "door" to allow them to enter university because at this level the demands are higher and only those who have what it is required should be admitted (Bachman & Purpura 461; Deygers, Van den Branden & Van Gorp 466). We can positively conclude that participants welcome the EFL component as a tool that allows the university to identify the breadth and the quality of language knowledge its future graduates hold. The idea behind their conception is that only those worthy to pass are the ones to be recipients of instruction. This should be positively channeled via clear information as to what ESLAT results will be used for (Deygers, Van den Branden & Van Gorp 466; Fox, Haggerty, & Artemeva 51).

Fourth, it is relevant to observe that participants welcome the ESLAT as long as it does not interfere in their admission; perhaps this perception is rooted in the fact that they see their previous language instruction as weak (Fox, Haggerty & Artemeva 50). It can be inferred that their divide of public and private schooling can definitely be a factor to be considered since the academic background and English language instruction may greatly affect the English level candidates have at the moment of taking the EFL component in the admission test. However, participants persistently perceive a direct relation between the difficulty of the admission exam with the high standards university is posing for those attempting to be part of the community. This positive, aspirational perception that only the most apt would be accepted and that it will bring academic gains for them is fertile land for the language department at this university, as preparation, remedial and elementary level courses would be in great demand.

Finally, special attention would have to be given to the way potential students of such courses perceive language learning and language learning assessment. From our data analysis, we could conclude that integrated language assessment appears to be a common feature that participants agree with. This notion of evaluating a language as an integrated entity reflects that students are aware of how language functions in real life situations and that the assessment of such areas would positively have an impact in their future language learning (Bhatia & Bremner 15; Bresnihan & MacAuley 8; De la Barra, Veloso & Maluenda 121-122). As much as they recognize language as a complete entity, however, they also understand that breaking language down in small parts can also be helpful for their learning and improvement. This means that participants prefer to use a scaffolding strategy, so language learning starts off with the smaller units of the language like pronunciation, vocabulary and phrases and then move upward to more complex elements such as listening and speaking (Oruç Ertürk, & Mumford 426-427; Stiggins 11-12; Wei & Zheng 878-879). As young adults, participants seem to be leaning towards a more structured approach which is learning grammar and vocabulary in first place to later use such components to practice speaking, like a puzzle where small pieces make up for the bigger picture.

Limitations

The present study is limited in its margin error of a bit above 10% as the originally planned 70 questionnaires were not answered on the day of application. In addition, there was no access to undergraduates from other disciplines so that we could have a much more representative sample. Although there were no incentives for participation, participants answering questionnaire and focus group protocol questions were students of one of the researchers at the moment of both qualitative and quantitative data collection. This may have resulted in participants expressing what their teacher would have liked to hear instead of what they believe. A further stage of the present research would have to include subsequent admission exam process documents so that clear and widely distributed information about the EFL component can be contrasted with participants' claims.

Pedagogical Implications

As teacher trainers, we see several pedagogical implications deriving from the five topics above. Here we discuss the three we feel are the most relevant. First, we have become aware that we may unintentionally be transmitting our pre-service student teachers an atomized view of language learning and teaching. They could, in turn, perceive and teach language in the same manner, which might result in them not being able to assess language from a more integrative, holistic perspective. Although we may already be assessing our student teachers both holistically and analytically (González, Trejo, & Roux 93; Plough, Briggs, & van Bonn 239), it would be necessary to make students teachers aware of the assessment practices we are applying on them. Exploring how teacher trainers' own teaching practice and assessment literacy echo in their student teachers' teaching and assessment practice (Griffith, & Lim 6-7; Looney 447) might be necessary to determine any course of action.

A second consideration to be made is the exhaustive revision of assessment and evaluation programs in the curriculum (Muñoz, Palacio, & Escobar 156). A proper redesign of the contents should aim to offer a more updated scope of the current practices in the field of assessment. This subject in the BA would have to guide student teachers to be able to determine the reasons why a language should be assessed in an integrative manner or by its separate components. Similarly, our student teachers should also be able to know how to articulate the purpose of any test before it is administered. Helping our BA in ELT students develop a sense of the construct, rigor and systematicity that should ideally prevail in any test (Palacio, Gaviria, & Brown 75-76) could also add to the competencies that might be expected from professionals in the ELT field (Giraldo 190-191; Pineda 182). These changes in the evaluation and assessment program could help future EFL teacher graduates to plan not just their teaching, but also their assessment strategies to make sure their own students can actually perceive the benefits of both.

Third, we feel that helping future EFL teachers become literate in assessment practices will surely help them assist their future students to become independent learners. Student teachers could, for instance, learn to diagnose a candidate's potential and his/her likelihood of achieving the marks he/she needs (González, Trejo, & Roux 92; Gonzales, & Aliponga 5; Pineda 190; Stiggins 11-12). At a later stage, our teacher students may also have to determine language learning or test taking strategies that such candidate would have to undergo (Muñoz, Palacio, & Escobar 153; Summers, Cox, McMurry, & Dewey 284). Indeed, we expect that a representative number of future EFL teachers graduating from our BA in ELT program will be inserted in public schools. Hence, the urgent need to train our student teachers in understanding the value of assessment and how it will likely inform and enrich their daily teaching practice. If future EFL teachers manage to help their students embrace the assessment practices as part of the leaning process, this would bode proficient EFL teachers and competent EFL students, which in turn could contribute to narrow the divide between public and private schooling.

CONCLUSION

The insights from this study do enlighten us about perceptions of university students regarding language learning and assessment. These perceptions are undoubtedly useful for the design of language courses that could be offered to these university students by the language department at our university, and they also triggered reflection on how suited for present and future language learning assessment scenarios our student teachers will be. In the light of these reflections, learning about how other BA in ELT programs in Mexico and Latin-America proceed about developing language teaching, learning and assessment awareness in their student teachers feels definitively relevant. Exploring what other ELT programs are doing regarding assessment could, for sure, shed light on what practices can be implemented for more complete, stronger course programs and for the betterment of student teachers' training in the region. Further research may have to necessarily include the use of technology in assessment procedures, as well as how it contributes to exam fairness, exam administration and accountability, quality control and automated versus human scoring. Collaboration with colleagues from other ELT programs is, without a question, an appropriate alternative to address similar issues, and to redesign language programs as the means to improve our own teaching and assessment practices not only inside our classrooms but in the country, as well.

REFERENCES

Amengual-Pizarro, Marian and Jesús García-Laborda. "Analysing Test-Takers' Views on a Computer-Based Speaking Test". Profile: Issues in Teachers´ Professional Development. 29 Nov. 2017: 23-38. Accessed 22 October 2019 doi: https://doi.org/10.15446/profile.v19n_sup1.68447

Bachman, Lyle. F. Fundamental considerations in language testing. Oxford, England: Oxford University Press, 1990. Print

Bachman, Lyle. F. and James. E. Purpura. "Language Assessments: Gate-Keepers or Door-Openers? Diagnostic and formative assessment". The handbook of educational linguistics. Ed. Bernard Spolsky & Francis. M. Hult. Malden: Blackwell, 2008. 469–482. Print.

Bhatia, Vijay K. and Stephen Bremner. "English for business communication". Language Teaching, 22 Aug. 2012: 410-445. Accessed 22 October 2019 doi: https://doi.org/10.1017/S0261444812000171

Bresnihan, Brian D. and Myles MacAuley. "An integrated approach: four skills, not one and one content, not four". MEXTESOL Journal. Oct. 2014: 1-14. Accessed 22 October 2019 http://www.mextesol.net/journal/index.php?page=journal&id_article=560

BUAP. Plan de Desarrollo institucional. Gestión 2017-2021. Puebla: BUAP, 2017. Print.

Cheng, Liying, Stephen Andrews and Ying Yu. "Impact and consequences of school-based assessment (SBA): Students' and parents' views of SBA in Hong Kong". Language Testing. Abr. 2011: 221–249. Accessed 22 October 2019 doi:10.1177/0265532210384253

Council of Europe. Common European framework of reference for languages: Learning, teaching, assessment. Cambridge, U.K: Press Syndicate of the University of Cambridge, 2018. Accessed 22 October https://www.coe.int/en/web/common-european-framework-reference-languages/level-descriptions

Creswell, John. W. Research Design: Qualitative, Quantitative and Mixed Methods Approaches (4th ed.). Thousand Oaks, CA: Sage, 2014. Print.

Creswell, John. W. and Vicki L. Plano Clark. Designing and Conducting Mixed Methods Research Los Angeles: SAGE, 2018. Print.

De la Barra, Erika, Sylvia Veloso and Lorena Maluenda. "Integrating Assessment in a CLIL-Based Approach for Second-Year University Students". Profile: Issues in Teachers´ Professional Development. 7 Jul. 2018: 111-126. Accessed 22 October 2019 doi: https://doi.org/10.15446/profile.v20n2.66515

Deygers, Bart, Kris Van den Branden and Koen Van Gorp. "University entrance language tests: A matter of justice". Language Testing. Oct. 2018: 449–476. Accessed 22 October doi: https://doi.org/10.1177/0265532217706196

Dörnyei, Zoltan. Research methods in Applied Linguistics: Quantitative, qualitative, and mixed methodologies. Oxford: Oxford University Press, 2007. Print.

Dörnyei, Zoltan and Tatsuya Taguchi. Questionnaires in second language research: Construction, administration, and processing. New York: Routledge, 2010. Print.

Fox, Janna, John Haggerty & Natasha Artemeva. "Mitigating risk: The impact of a diagnostic assessment procedure on the first-year experience in engineering". Post-admission language assessment of university students. Ed. John Read. Swiĵerland: Springer International, 2016. 43–65. Print.

Giraldo, Frank. "Language Assessment Literacy: Implications for Language Teachers". Profile: Issues in Teachers´ Professional Development. 7 Jan. 2018: 179-195. Accessed 22 October 2019 doi: https://doi.org/10.15446/profile.v20n1.62089

Hughes, Arthur. Testing for language teachers. Cambridge: Cambridge University Press, 2013. Print

Gerring, John. Case study research: Principles and practices. Cambridge: Cambridge Univ. Press, 2009. Print.

González, Elsa Fernanda, Nelly Paulina Trejo and Ruth Roux. "Assessing EFL university students' writing: a study of score reliability". Revista Electrónica de Investigación Educativa. Abr-Jun 2017: 91-103. https://doi.org/10.24320/redie.2017.19.2.928

Gonzales, Richard DRLC and Jonathan Aliponga. "Classroom Assessment Preferences of Japanese Language Teachers in the Philippines and English Language Teachers in Japan". MEXTESOL Journal. Aug. 2012: 1-19. Accessed 22 October 2019 http://www.mextesol.net/journal/index.php?page=journal&id_article=94

Griffith, Wanda. I. and Hye-Yeon Lim. "Performance-Based Assessment: Rubrics, Web 2.0 Tools and Language Competencies". MEXTESOL Journal. Aug. 2012: Accessed 22 October 2019 http://www.mextesol.net/journal/index.php?page=journal&id_article=108

Looney, Janet. "Developing High - Quality Teachers: teacher evaluation for improvement". European Journal of Education. Dec. 2011: 440-455. Accessed 22 October 2019 doi: https://doi.org/10.1111/j.1465-3435.2011.01492.x

Merriam, Sharan B., and Elizabeth J. Tisdell. Qualitative research: A guide to design and implementation. San Francisco, CA: Jossey-Bass, 2016. Print.

Muñoz, Ana Patricia, Marcela Palacio and Liliana Escobar. "Teachers' beliefs about assessment in an EFL context in Colombia". Profile: Issues in Teachers´ Professional Development. 1 Jan. 2012: 143-158. Accessed 22 October 2019 https://revistas.unal.edu.co/index.php/profile/article/view/29064/36863

Oruç Ertürk, Nesrin and Simon E. Mumford. "Understanding test-takers' perceptions of difficulty in EAP vocabulary tests: The role of experiential factors". Language Testing. Jul. 2017: 413-433. Accessed 22 October 2019 doi: https://doi.org/10.1177/0265532216673399

Palacio, Marcela, Sandra Gaviria and James Dean Brown. "Aligning English language testing with curriculum". Profile: Issues in Teachers' Professional Development. 7 Jul. 2016: 63-77. Accessed 22 October 2019 doi: https://doi.org/10.15446/profile.v18n2.53302

Paltridge, Brian and Aek Phakiti. Research methods in applied linguistics: A practical resource. London; New York: Bloomsbury Publishing, 2015. Print.

Pineda, Diana. "The Feasibility of Assessing Teenagers' Oral English Language Performance with a Rubric". Profile: Issues in Teachers´ Professional Development. 1 Jan. 2014: 181-198. Accessed 22 October 2019 doi: https://doi.org/10.15446/profile.v16n1.43203

Plough, India C., Sarah L. Briggs and Sarah Van Bonn. "A multi-method analysis of evaluation criteria used to assess the speaking proficiency of graduate student instructors". Language Testing. Apr. 2010: 235-260. Accessed 22 October 2019 doi: https://doi.org/10.1177/0265532209349469

Rasinger, Sebastian M. Quantitative research in linguistics: An introduction. London; New York: Continuum, 2008. Print.

Read, John. "Issues in post-entry language assessment in English-medium universities". Language Teaching. Apr. 2015: 217-234. Accessed 22 October 2019 doi:
 https://doi.org/10.1017/S0261444813000190

Silverman, David. Interpreting qualitative data: Methods for analysing talk, text and interaction. London: Sage Publications, 2014. Print.

Shohamy, Elana. "Critical Language Testing". Language Testing and Assessment. Encyclopedia of Language and Education. Ed. Shohamy Elana, Lair G. Or and Stephen May. New Zealand: Springer International. 2017. 441-454. Print.

Stiggins, Richard J. "The unfulfilled promise of classroom assessment". Educational Measurement: Issues and Practice. Sept. 2011: 5-15. Accessed 22 October 2019 doi: https://doi.org/10.1111/j.1745-3992.2001.tb00065.x

Summers, Maria. M., Troy. L. Cox, Benjamin L. McMurry and Dan. P. Dewey. "Investigating the use of the ACTFL can-do statements in a self-assessment for student placement in an Intensive English Program". System. Feb. 2019: 269-287. Accessed 22 October 2019 doi: https://doi.org/10.1016/j.system.2018.12.012

Wei, Wei. and Ying Zheng. "An investigation of integrative and independent listening test tasks in a computerised academic English test". Computer Assisted Language Learning. 6 Sept. 2017: 864-883. Accessed 22 October 2019 doi: https://doi.org/10.1080/09588221.2017.1373131

Weigle, Sarah Cushing. "English language learners and automated scoring of essays: Critical considerations". Assessing Writing. Jan. 2013: 85-99. Accessed 22 October 2019 doi: https://doi.org/10.1016/j.asw.2012.10.006

Yin, Robert K. Case study research and applications: Design and methods. Los Angeles: Sage, 2018. Print.

Zheng, Ying and Cheng, Liying. How does anxiety influence language performance? From the perspectives of foreign language classroom anxiety and cognitive test anxiety". Language Testing in Asia. 31 Jul. 2018. Accessed 22 October 2019 doi: https://doi.org/10.1186/s40468-018-0065-4.

CHAPTER 11

Teacher Educators' Perspectives and Attitudes towards ICT, a Case Study

Oscar Manuel Narváez Trejo, Patricia Núñez Mercado y Gabriela Guadalupe Estrada Sánchez

INTRODUCTION

The term Information and Communication Technologies (ICT) encompasses any communication device such as television, cameras, IPods, Web 2.0 (social networking sites, blogs, wikis, video sharing sites, hosting facilities, Web apps, etc.), USBs, pcs, laptops, tablets, CD players, apps, Internet, TV, projectors, smartphones, satellite systems, etc. (Shalini Jayanthi and Vijay Kumar 34). To Rouse, the most accepted definition of ICT is referred to as a mixture of devices, applications, networking, elements and systems that individuals use to immerse themselves in the digital globe (par. 2-3). The impact of ICT in every aspect of our daily lives is indisputable. ICT has dramatically altered the way people communicate with each other and has changed our everyday life and how we relate to each other.

According to Noni, Jefri and Nasrullah, recent technology has changed the world we live in and has provoked a paradigm shift in education. In education, the impact of ICT in creating better teaching methods has been considered useful (88). ICT can transform the teaching and learning process in academic settings, given that ICT serves as a tool to assist and strengthen new patterns of communication between educators and learners that can promote learning; consequently, new educational models and educational designs (Deutschmann and Vu 43, Gunawardena et al. 217, Simon 201, Korkut 44) have emerged given ICT impact in and outside the classroom.

The increasing number of technological devices has transformed all levels of the educational system. Integrating ICT is now very commonly seen as essential in order to meet the learning needs of the new generations of students as today's learners perceive and process data differently as natives of the digital world (Prensky 1). However, there are some studies which suggest that there are a number of issues that need to be considered if the goal is for ICT to improve learning and make a difference in the learning process (Higgins and Moseley 191, Hernández 325).

The study of perspectives, attitudes and beliefs about educational issues has permeated the literature in the last years. Its importance relies, according to Richardson, on the fact that they allow understanding of educational actors' actions (102). Richardson grouped attitudes, beliefs, and perceptions as a set of mental constructs that "name, define, and describe the structure and content of mental states thought to drive a person's actions" (102). She also advocates the definition offered by anthropologists, social psychologists, and philosophers that beliefs, and related notions, are "psychologically held understandings, premises, or propositions about the world that are felt to be true" (103). Ferreira refers that several terms have been used as synonyms to beliefs about foreign language learning (e.g. folklinguistic theories of learning, learner representations, learners' philosophy of language learning, and cultural beliefs) (7). According to Ferreira, this is positive as it reflects different researcher stands (25).

Arguing in favour of a social constructivist approach to language learning, Williams and Burden brought to the forefront the close relationship between beliefs and actions among both teachers and students. They claimed that teachers' actions are highly influenced by their beliefs and asserted that their beliefs "will influence their actions in the classroom" (48–49). The authors argued that an essential stage in the social constructivist approach is for educational researchers to identify what educational actors' beliefs are. Thus, in this report, we study beliefs and perspectives from a social constructivist approach, following Williams and Burden's framework.

Regarding the study of ICT integration into education, Lim argues for a more holistic approach by adopting a sociocultural perspective. A sociocultural approach towards the study of Information and Communication Technologies (ICT) in education rejects the view that ICT can be studied in isolation; it must be studied within the broader context in which it is situated (411). With the emergence of technology in education, Mishra and Koehler consider imperative the integration of knowledge of contents, pedagogy and technology in any educational system for effective teaching and to reach quality education (1017). Consequently, they developed a framework called *Technological Pedagogical Content Knowledge* (TPCK). The TPACK framework has been increasingly used by educational technology researchers around the world as a framework to study issue related to technology integration into education. Thus, we approach the study of ICT integration from a sociocultural perspective using Mishra and Koehler's framework.

ICT IN ELT

The incorporation of ICT into English Language Teaching (ELT) is not exactly a new development. It has been around ELT for decades as tape recorders, language laboratories and videos, which have been used since the 1960s and 1970s and are still being used in classrooms around the world. In the middle 1980s, educational technology included more basic electronic and non-digital tools (e.g., chalkboards, overhead projectors, video cassette recorders). However, as the second millennium begun, the use of digital technology increased around the world along with ICT integration into language teaching and learning in the early 1990s; process that has steadily continued up to date.

The use of ICT and media tools in ELT has been well-described in the literature (Bax 13-28, Warschauer 41-45, Cimermanová 13-23). ELT has undergone significant changes due to the specific developments in ICT, and thus the learning environment, classroom practices, material types and the role of teachers have changed dramatically in the last years (Bax 13, Warschauer 41). The inclusion of multimedia and the arrival of the Internet led to a more integrated learning environment with enriched learning materials and better personal interactions, which promised a continuous process towards full ICT integration (Warschauer 41, Cimermanová 13). With the increasing accessibility to the Internet, teachers and students are faced with endless ways of exploring, collecting and sharing knowledge; thus, the nature of communication and the essence of language education have changed dramatically considering that ELT is closely related with human interaction and technology use.

ICT as an instrument for teaching English has grown as teachers have grasped their capacity to develop autonomous and collaborative learning environments in which learners can easily practice and learn the language. The technological hardware and software instruments used in ELT can create many contributions to educators and learners in terms of repeated use of equipment, accessibility of materials everywhere and at all times, costless or low material costs, and efficient teaching in a short time (Gunuç and Babacan 349). Nevertheless, there are some studies that report some of the drawbacks when using ICTs in the ELT classroom such as the difficulty in the integration of ICTs in the lessons, the lack of technical support, insufficient access to the resources, institutional restrictions, among others (Livingstone 9, Çakici 73).

THE STUDY

This study ought to find out how English language teacher educators perceive the use of ICT in an EFL context. A mixed-method approach was used to gather the data. During a first stage, an open-ended questionnaire was administered to general English teachers taking an ICT in ELT course. Then, an adapted version of the survey "Factors Affecting Teachers Teaching with Technology" (SFA-T3) (Papanastasiou and Angeli 81) was administered to teachers giving the English courses of a BA in English. Papanastasiou and Angeli performed an exploratory factor analysis to determine the construct validity of the constructs measured in this questionnaire. They explain that the analysis was performed separately for each section of the questionnaire as it comprises distinct sections that are not comparable to each other and uses different measurement scales. Varimax rotation was used in these analyses for the clearer interpretation of the factors, while the eigenvalues cut-off point for the creation of the factors was set to 1.1. Lastly, 3 other BA teachers were interviewed using a semi-structured interview guide (69-86).

Research Context

The study took place at the School of Languages of a major state university in southeast Mexico. It offers three BA programs (English, French, and ELT), one MA in TEFL and a PhD in Language Studies and Applied Linguistics. It also offers general language courses through its Foreign Language Department, including English, French, Italian, German, Portuguese and Chinese. The English courses from this department are organized in 8 levels that go from beginners (A1) to intermediate (B2), and each level comprises 5 classroom hours a week for 15 weeks.

The BA in English holds both national evaluation and accreditation badges as a quality BA degree program. Its curriculum includes different academic areas such as English language, Spanish language, Linguistics, Culture, Literature, Research, Teaching and Translation. It admits 220 students each year (approximately 40% of the demand), and has two main objectives: to help students develop a good command of English equivalent to C1 of the Common European Framework of Reference for Languages (CEFR) and to provide students with the basic competencies to perform in teaching and/or translation professions, as well as in any other area in which English is the main vehicle of communication. Students must earn 318 credits to graduate, completed in five or up to 10 continuous terms.

The learning experiences related to Teaching that all BA students have to take are *English Teaching and Learning, Current Methods and Approaches in ELT*, and *Teaching Practice Planning*. They can also take three out of the four optional learning experiences offered related to teaching: *Teaching Practice*, *ICT applied to ELT*, *English Teaching and Learning for Young Learners* and *English Teaching through Literature*. As can be seen, only one of them is directly related to the use of ICT to teach the language. The 15-week English courses of the BA are 6, going from beginners (A2) to Advanced (C1); and except for the beginners' course, which is 10 hours a week, all courses are 8 hours a week.

Participants and Research Instruments

The participants of the first stage of the study were six English teachers from the Foreign Language Department. Before they started an ICT in ELT course offered by the School, they were given an open-ended questionnaire with 6 questions related to the use of ICT in the language classroom. The main aim of this questionnaire was to know teachers' familiarity with technological tools. The questions inquired about the technological tools they knew, the ones they used and how frequently, and what they considered the benefits and drawbacks of using technological tools in the language classroom. Lastly, they were asked to mention which tool or tools they would like to know more about.

The participants of the second stage were 10 out of 15 English teachers of the BA in English. They were given the adapted version of the SFA-T3 depending on their availability to answer it (during class, office hours or exam administration). This survey consists of 6 parts: Teachers' background, Knowledge of computer software, Frequency of software for personal purposes, Computer attitudes, Perceived self-confidence in integrating ICT, and School climate and support. The first part inquired general information about the teachers such as age, gender, years of experience, language courses they give, professional development in ICT and whether they owned a computer. The rest of the sections consisted in a Likert scale which varied according to each part. Part 2 offered options regarding the extent to which they could use a variety of computer software. Part 3 options were related to frequency (never, once or twice a semester, a month, a week, almost every day) while parts 4, 5 and 6 consisted in a completely disagree to a completely agree scale.

For the last stage, three English teachers from the BA who had not answered the survey were interviewed using a semi-structured interview guide in relation to their perception of the use of ICT in the language classroom, and their own use of them. There were 4 core questions to this respect, but according to teachers' answers, some of them were rephrased and some other questions emerged.

FINDINGS

During the first stage, mainly exploratory, most teachers expressed that they are acquainted with some digital tools such as Prezi, Power point, Quizlet, and social media. However, they do not use them very often, at most once a week, which could imply that they do not know how to fully integrate ICT in their teaching practice. They agreed that the benefits of using technological tools in the English classroom include learning enhancement, more dynamic classes, the fulfilment of students' needs and context, and simplification of material design (Çakici 76). In general, teachers believe that using as many digital tools as possible is beneficial for their classes. They also expressed that they would like to learn more about tools that help them in the design of interactive materials and videos, as well as statistical software.

From this, it can be inferred that teachers are interested in applying ICT in their daily teaching practice, as they consider this might make their classes more meaningful for students. Nevertheless, teachers also expressed some concerns regarding the use of ICT. They fear that by relying too much on ICT in their language learning, students may not be using their imagination and creativity. They also mentioned that access to some of these tools may not be adequate at school, and that it is very likely that students make wrong use of these tools. Yet, all in all, the general teachers' perception seemed to be that the use of ICT in the English classroom is an issue that cannot be evaded.

After this exploratory stage, we proceeded to survey (second stage) and interview (third stage) the BA English teacher educators. Those who answered the survey, five male and five female teacher educators, were from 30 to more than 60 years old, and had from two to more than 30 years of experience. The English levels they teach covered all the levels offered at the BA (Beginners to Advanced), most of them had taken courses related to the use of ICT in the classroom, and they all own a computer. The backgrounds of those who were interviewed, 2 male and 1 female, also fit into the previous description (SFA-T3 Part 1). Therefore, a wide range of ages, years of experience, and English levels taught were included. It is also fair to say that most seem to be interested in ICT training, and the use of the computer has become essential for their practice in one way or another.

For the second part of the survey, knowledge of computer software, the results can be seen in the following figure (Figure 1), where the colours indicate the extent to which teachers consider they can use the digital resources presented to them.

Figure 1. SFA-T3 Part 2: Knowledge of Computer Software

Word processing **Presentation software** **Internet** **E-mail**	Very well, satisfactorily
Spreadsheets **Graphics**	Well, small extent
Multimedia authoring software **Publishing**	Cannot
Database Concept mapping	Undefined

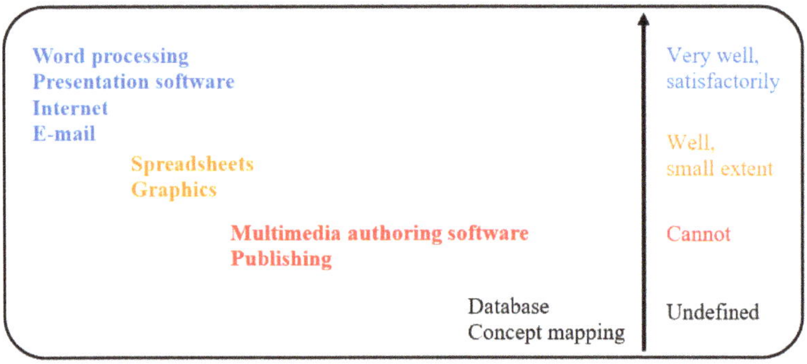

We learn from this, that teachers' use of the ICT seems to be limited to Word, Power Point, Internet & e-mail. This can be corroborated in the following figure (Figure 2), where teachers indicate how often they use some technological tools for personal purposes.

Figure 2. SFA-T3 Part 3: Frequency of Software for Personal Purposes

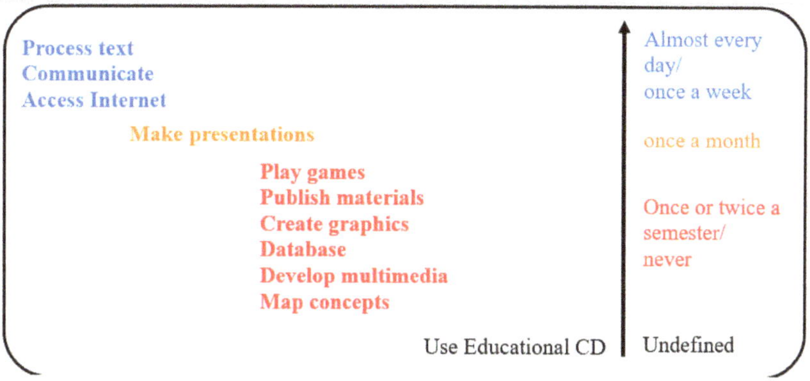

Process text
Communicate
Access Internet
    Make presentations
        Play games
        Publish materials
        Create graphics
        Database
        Develop multimedia
        Map concepts
                      Use Educational CD

Almost every day/ once a week
once a month
Once or twice a semester/ never
Undefined

In the interviews, the answers also corresponded to this limited use of ICT. Although teachers seemed to be eager to use them <u>frequently</u>, they mainly came up with the idea of using Internet to find information, and material so as to adapt it, most likely using Word or Power Point:

"We used computer and projector, web sites <u>at least once a week at least couple of hours</u>. We use CDs and cd players <u>a couple of times a week</u>." *T1*

"We use them <u>in a daily basis</u>. We use it in presentations, sometimes some materials that I collect from the net, so in that way they find it learner friendly." *T2*

"I use them <u>all the time</u> ..." "... if you don't know the meaning of a word you can look it up in your mobile. If you didn't design your materials you can find them online and you can adapt them." *T3*

This is also consistent with the answers from teachers during the first stage of the interview, in which they mainly mentioned software to make presentations and social media as the technological tools they use. Therefore, it could be said that it is true that the use of ICT has become an essential part of the language classroom, but the variety of tools used has not increased over the years as it should be expected given the number of new ICT applications for educational purposes that emerge day a day; and thus it is commonly reduced to what might be the most practical for teachers, which is most likely what they already know how to use.

Nevertheless, when inquired about their perceived self-confidence to integrate ICT in the language classroom (STF-T3 Part 5), teachers seem to feel quite capable of doing so, as it can be seen in Figure 3.

Figure 3. SFA-T3 Part 5: Perceived Self-Confidence Integrating ICT

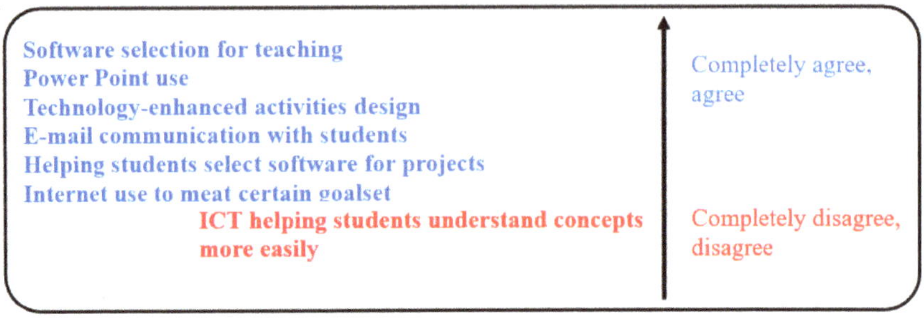

Software selection for teaching
Power Point use
Technology-enhanced activities design
E-mail communication with students
Helping students select software for projects
Internet use to meat certain goalset

Completely agree, agree

ICT helping students understand concepts more easily

Completely disagree, disagree

If teachers consider themselves quite capable of not only using power point and communicating with students via e-mail, but also selecting software for teaching, designing technology-enhanced activities and helping students select software for projects, why does this not seem to be happening? This can probably be explained by understanding teachers' attitudes towards the use of ICT (SFA-T3 Part 4).

Figure 4. SFA-T3 Part 4: Computer Attitudes

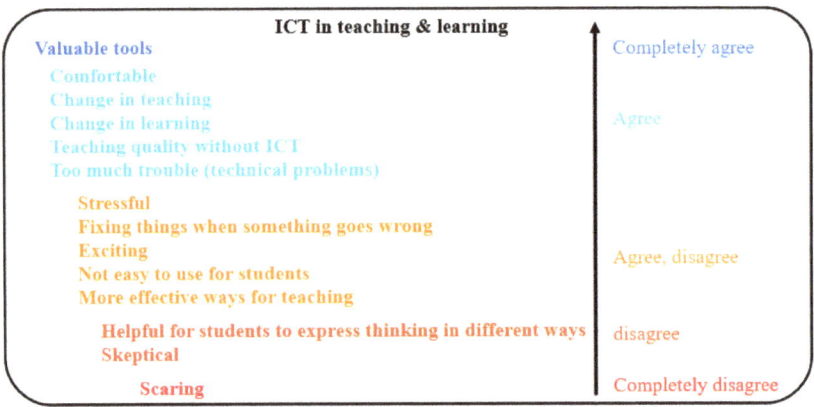

In this part of the survey (Figure 4), teachers were asked in different ways how they felt about using ICT for teaching and learning purposes. It may seem at first sight that teachers have a very positive attitude towards ICT, as it has been demonstrated in other studies (Noni, Jefri and Nasrullah 88-92, Zyad, *Integrating* 65-78, Zyad, *Pre-service* 4-18), since they consider ICT valuable tools that will change the ways in which they teach and the way students will learn. They also claim to feel comfortable with the idea of ICT as tools in teaching and learning, and not to feel scared or sceptical to this respect. In the interviews, teachers also show this apparent positive attitude:

"Adds a little bit of variety to the class. Class is not only book, book. Students seem to enjoy it." *T1*

"ICTs are very necessary nowadays, especially because sometimes the most attractive and visual materials English teachers can get comes precisely from technological sources, so they are very necessary." *T2*

"I think is important to be up to date, it's important for teachers to implement new approaches both pedagogical and technological ones." *T3*

"If you create learning objects, they are likely to be successful because students know what they are all about. You can increase the amount of time of input outside the classroom and I think you're enhancing autonomy because with those resources you're leading, teaching to be further, to be broaden, and students are more involved." *T3*

Nonetheless, from the survey (Figure 4) we also learn that teachers are not sure whether they feel stressed when using ICT or whether they would be able to fix a problem if something went wrong when using them. They are not even quite sure if they feel excited about using them as learning tools, or if they actually help them teach in more effective ways. They also doubt how easy it is for students to use ICT in order to learn. This scepticism was also expressed in the interviews by one of the participants:

"I think it is not a good idea for everyone, but it is a good idea for a lot of people. If you're happy using it it's ok, if you don't feel very comfortable with them maybe you shouldn't use them." *T1*

"Although we might think that we are all very technological and we, teachers, expect students to be more technological, they are not, but it's ok to be at the same level." *T2*

"It seems that students, contrary to the popular belief, are not qualified to use ICT." *T3*

What is more, in the survey (Figure 4) teachers disagreed with the idea that using ICT allows students to express their thinking in better and different ways. They also think that their use implies too many technical problems, and most importantly, they think that they can do what ICT do equally as well when it comes to teaching. This, added to teachers not believing that ICT can help students understand concepts more easily (Figure 3), suggests that teachers are still not quite convinced that fully integrating a wide variety of technological resources in the teaching and learning processes is indispensable. In the interviews, a participant also expressed uncertainty as to whether using ICT constitutes a better way to teach and learn:

"Students seemed to enjoy, but what I mean is that I don't know if they learn more or less because of ICT, so I'm not sure about the results." *T1*

Finally, in the last part of the survey, related to school climate and support (SFA-T3 Part 6), teachers' perspectives were very negative (Figure 5).

Figure 5. SFA-T3 Part 6: School Climate and Support

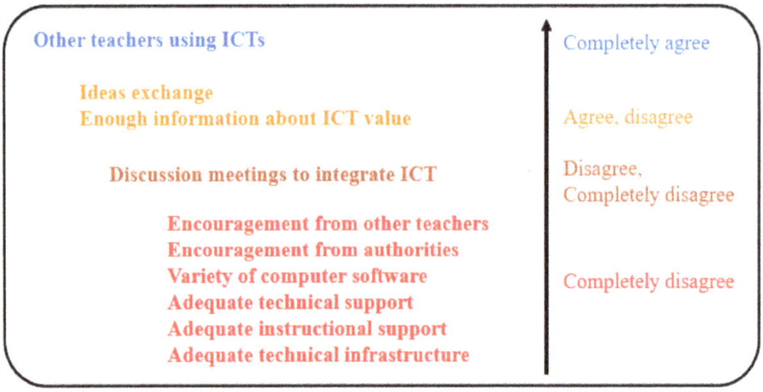

Other teachers using ICTs	Completely agree
Ideas exchange	
Enough information about ICT value	Agree, disagree
Discussion meetings to integrate ICT	Disagree, Completely disagree
Encouragement from other teachers	
Encouragement from authorities	
Variety of computer software	Completely disagree
Adequate technical support	
Adequate instructional support	
Adequate technical infrastructure	

Although teachers do agree that there are several colleagues using ICT, from the previous survey sections and the interviews it can be inferred that they are mainly talking about audio players, computers, projectors, internet as a resource for finding information and material, and word processing software. Furthermore, from the teachers' perspectives, encouragement to use ICT seems to be absent, as well as appropriate training, resources, infrastructure, and despite the importance of using ICT is acknowledged, there does not seem to be much discussion on or knowledge about how to fully integrate them in the curriculum. Some of these problems are also mentioned in the interviews:

"I try to incorporate them, but honestly with the facilities we have, with the server we have, sometimes it is a bit difficult." *T2*

"We are in a public university and we don't have a lot of equipment, tools, the necessary stuff to increase our expertise regarding technology, communication technologies, information technologies, social networks, platforms; internet access, wireless, is really poor, our projectors are not very efficient, not everybody has a smartphone." *T3*

All these problems are similar to results from previous research on the subject when it comes to technical problems, lack of training and support from their work environment (Livingston 21), lack of ICT hardware and learning software, and additional Internet bandwidth capacity (Noni, Jefri and Nasrullah 90), curricular, infrastructural and logistical barriers (Zyad 72), more training to boost teachers' confidence (Mavroudi and Tsagari 344), and lack of integration of technology, pedagogy and content (Zyad 16).

Another issue brought up by one of the interviewed teachers also poses the students' lack of resources as a possible difficulty to overcome when trying to incorporate the use of ICT in the language teaching and learning process:

"If we try to include every single student, we can find that they come from different backgrounds, they are from different walks of life, some of them come from rural areas, they are not in touch with technology, so it's hard they can be integrated, they can be part of the community." *T3*

All things considered, although English teachers at the School of Languages of this university acknowledge the importance of ICT in language teaching and learning processes, they still hesitate to fully integrate them in their actual practice. One of the main reasons for this, deals with a general negative overview of the institution's support and infrastructure, but training is offered more and more everyday regarding different technological tools that can be used in the classroom to effectively foster learning, and corresponding authorities are constantly working on improving internet connection. Also, most of the classrooms at the School of Languages have been recently equipped with projectors. However, the main reason why teachers do not integrate a wider variety of ICT in their daily practice very probably lies within the very same teachers' beliefs regarding this issue; they seem to support the idea that fully integrating technology does not necessarily imply that teaching and learning will be more effective, and thus only use it in the most possible practical way.

Conclusion

The teacher educators consulted are aware of the importance of ICT in English language learning and teaching; nonetheless, they are also aware that, despite the many advantages that ICT offers, there are still many challenges to overcome. If schools are to introduce ICT successfully, several issues need to be resolved in advance. For example, they should increase training in application of social websites for learning and teaching English, overcome any infrastructure barriers so identified by educational participants (sufficient computers, bandwidth, reliable wireless connectivity), and provide carefully crafted use of web-based materials as complement to book-based materials.

Teachers educators also seem to firmly believe that face-to-face traditional instruction is equally valued by teachers. This actually corresponds to the students' preferences in terms of face-to-face interaction in a previous study at the same research context (Narváez, Núñez and Estrada 89-90). In fact, a recent study reports that when it comes to effective teaching, the use of ICT in the classroom is not one of the main characteristics considered by students (Valtonen et al. 431). Moreover, it has also been argued that using ICT for educational purposes does not seem to indicate that there will be better results when it comes to learning (Nilsson 5; Mena, Singh, and Clarke 588).

All in all, the fact that the use of ICT is quite limited indicates that, despite a positive self-confidence perception towards it, a not so favourable attitude still prevails. The lack of adequate infrastructure and training also indicates a not so favourable school climate. Therefore, there is still a lot to do for a change of attitude with respect to the use of ICTs in ELT, at least at this School of Languages; however, a prevailing question remains: how to implement ICT successfully into a teacher education programmme?

REFERENCES

Bax, Stephen. "CALL-Past, Present, and Future". System. 2003: 13-28. Web. 27 Sep. 2019 <http://www.editlib.org/p/96413>

Çakici, Dilek. "The use of ICT in teaching English as a foreign language". Participatory Educational Research (PER). Nov. 2016: 73-77. Web. 28 Oct. 2019 <http://www.partedres.com>

Cimermanová, Ivana. "Historical background and pedagogical principles of CALL". CALL and Foreign Language Education: e-textbook for foreign language teachers. Ed. Silvia Pokrivčáková et al. Nitra: Constantine the Philosopher University, 2015. 13-23. Web. 27 Sep. 2019 < HYPERLINK "http://www.klis.pf.ukf.sk/public/S.%20Pokriv%C4%8D%C3%A1kov%C3%A1%20et%20al.%20-%20CALL%20and%20Foreign%20Language%20Education.pdf" http://www.klis.pf.ukf.sk/public/S.%20Pokriv%C4%8D%C3%A1kov%C3%A1%20et%20al.%20-%20CALL%20and%20Foreign%20Language%20Education.pdf >

Deutschmann, Mats and Mai Trang Vu. "Computer assisted language learning in language education: an overview of theories, methods, and current practices". Språkdidaktik: researching language teaching and learning. Ed. Eva Lindgren and Janet Enever. Umeå: Department of Language Studies, Umeå University, 2015. 43-60. Web, 20 Jul. 2019 <http://urn.kb.se/resolve?urn=urn:nbn:se:umu:diva-106898>

Ferreira Barcelos, Ana María "Researching beliefs about SLA: A critical review". Beliefs about SLA: New research approaches. Ed. Paula Kalaja and Ana María Ferreira Barcelos. Amsterdam: Kluwer Academic, 2003. 7-33. Web. 23 May 2019 <https://www.springer.com/gp/book/9781402047503>

Gunawardena, Charlotte N. et al. "New Model, New Strategies: Instructional design for building online wisdom communities". Distance Education. Aug. 2006: 217-32. doi: https://doi.org/10.1080/01587910600789613.

Gunuç, Selim and Nuri Babacan. "Technology Integration in English Language Teaching and Learning". The Journal of Teaching English for Specific and Academic Purposes. Dec. 2016: 349-358. doi: 10.22190/JTESAP1702349G.

Hernández, Roland M. "Impacto de las TIC en la educación: Retos y Perspectivas". Propósitos y Representaciones. Jan-Jun. 2017: 325-47. doi: http://dx.doi.org/10.20511/pyr2017.v5n1.149.

Higgins, Steve and David Moseley. "Teachers' thinking about information and communications technology and learning: beliefs and outcomes". Teacher Development. Feb. 2007: 191-210. doi: 10.1080/13664530100200138.

Korkut, Perihan. "The Dispositions of Student Teachers Regarding the Use of Technology in Education". Cumhuriyet International Journal of Education. 2016: 44-57. Web. 20 Jul. 2019 <https://www.researchgate.net/publication/330201564>

Lim, Cher Ping. "A theoretical framework for the study of ICT in schools: a proposal". British Journal of Educational Technology. Dec. 2002: 411-21. doi:10.1111/1467-8535.00278.

Livingstone, Sonia. "Critical reflections on the benefits of ICT in education". Oxford Review of Education. Jun. 2011: 9-24. doi: 10.1080/03054985.2011.577938.

Mavroudi, Anna and Dina Tsagari. "Language Assessment Literacy Enhancement: any room for Technology-Enhanced Language Learning?". IEEE 16th International Conference on Advanced Learning Technologies. Austin: Texas, 2016: 342-46. doi: 10.1109/ICALT.2016.87.

Mena, Juajo, Balwant Singh and Anthony Clarke. "Teacher education for ICT integration in classroom". Proceedings of the Sixth International Conference on Technological. Oct. 2018: 588-91. doi: 10.1145/3284179.3284279.

Mishra, Punya and Matthew J. Koehler. "Technological pedagogical content knowledge: A framework for integrating technology in teacher knowledge". Teachers College Record. June. 2006: 1017-54. Web. 23 May 2019. <http://one2oneheights.pbworks.com/f/MISHRA_PUNYA.pdf>

Narváez Trejo, Oscar Manuel, Patricia Núñez Mercado and Gabriela Guadalupe Estrada Sánchez. "Teachers' and students' perspectives on the use of ICT in TEFL". Alfabetización digital para la enseñanza de lenguas. Coord. Manuel Antonio Becerra Polanco and Felipe Hernández González. Cozumel: Universidad de Quintana Roo. 2017: 77-93. Web. 15 Oct. 2019<https://www.uv.mx/idiomas/files/2019/02/EVALUACION_GUIA_2017.pdf>

Nilsson, Sven. "EFL classroom: cherished challenges. A qualitative interview study with six Junior High School English teachers in Sweden". Thesis. Jönköping University, 2018. Web. 15 Oct. 2019 <http://www.diva-portal.org/smash/get/diva2:1225381/FULLTEXT01.pdf>

Noni, Nona, Riny Jefri and Nasrullah. "Teachers' preference toward and needs of ICT use in ELT". Global Journal of Engineering Education. Dec. 2017: 88-92. Web. 13 Oct. 2019 <https://www.researchgate.net/publication/323111424>

Papanastasiou, Elena C. and Charoula Angeli. "Evaluating the Use of ICT in Education: Psychometric Properties of the Survey of Factors Affecting Teachers Teaching with Technology". Educational Technology & Society. 2008: 69-86. Web. 19 Jan. 2019 <https://www.researchgate.net/publication/220374660>.

Prensky, Marc. "Digital natives, digital immigrants". On the Horizon. Oct. 2001: 1-6. Web. 04 Jun. 2019 <www.marcprensky.com/writing/prensky-digital natives, digital immigrants-part1.pdf>

Richardson, Virginia. "The role of attitudes and beliefs in learning to teach". Handbook of research on teacher education. Ed. John P. Sikula, Thomas J. Buttery and Edith Guyton. New York: Macmillan Library Reference, 1996: 102-19. Web. 23 May 2019 <https://www.researchgate.net/publication/239666513>

Rouse, Margaret. "ICT (information and communications technology, or technologies". TechTarget. Web. 19 Jul. 2019. <http://searchcio.techtarget.com/definition/ICT-information-and-communications-technology-or-technologies/>

Shalini Jayanthi, N. and R. Vijay Kumar. "Use of ICT in English Language Teaching and Learning". Journal of English Language and Literature. 2016: 34-38. Web. 19 Jul. 2019 <http://joell.in/wp-content/uploads/2016/03/34-38Use-of-ICT-in-English-Language-Teaching.pdf>

Simon, Krisztián. "Where is e-learning headed?". Argumentum. 2016: 201-15. Web. 20 Jul. 2019 20 Jul. 2019 <http://argumentum.unideb.hu/2016-anyagok/simonk.pdf>

Valtonen, Teemu et al. "Students' perceptions of ICT use in higher education context" Proceedings of EdMedia: World Conference on Educational Media and Technology. Ed. T. Bastiaens et al. Amsterdam, Netherlands: Association for the Advancement of Computing in Education (AACE), 25 Jun. 2018: 431-39. Web. 13 Oct. 2019 <https://www.learntechlib.org/primary/p/184227/>

Warschauer, Mark. "Sociocultural Perspectives on CALL". CALL Research Perspectives. Ed. Joy L. Egbert and Gina Mikel Petrie. Mahwah, New Jersey: Lawrence Erlbaum, 2005: 41-45. Web. 27 Sep. 2019 <http://education.uci.edu/uploads/7/2/7/6/72769947/spoc.pdf>

Williams, Marion and Robert L. Burden. Psychology for language teachers. A social constructivist approach. Cambridge: Cambridge University Press, 1997 Web. 23 May 2019.

Zyad, Hicham. "Integrating Computers in the Classroom: Barriers and Teachers' Attitudes". International Journal of Instruction. Jan. 2016: 65-78. doi: 10.12973/iji.2016.916a.

----. "Pre-service training and ICT implementation in the classroom: ELT teachers' perceptions". International Journal of Education and Development using Information and Communication Technology. 2016: 4-18. Web. 13 Oct. 2019 <https://pdfs.semanticscholar.org/6b9b/92f1172a22fd163a23234b149befe7236586.pdf?_ga=2.38740004.620057613.1587527250-1313034258.1587527250>

CHAPTER 12

Towards a Decolonial Research Methodology: A Pilot Experience

Julia Posada Ortiz

INTRODUCTION

English Language Teacher Education Programs (ELTEPs, henceforth), usually seek that the English Language Preservice Teachers (ELPTs hereafter), develop not only skills to speak the language, but also skills to teach it. The ELPTs should also develop the ability to carry out research in order to contribute to the improvement of educational processes (Johnson and Freeman).

The development of research skills is usually achieved through the implementation of research seminars in which the ELPTs learn about the main characteristics of three research paradigms namely: qualitative, quantitative and mixed. The ELPTs, also learn that these paradigms are useful for solving problems in the area of ELT. However, they are stressed that within the educational field qualitative research represents "a legitimate mode of social and human science exploration, without an apology or comparisons to quantitative research" (Cresswell 6).

Within this tradition both the teacher educators and ELPTs begin to reproduce the methodologies that in one way or another still govern the scholarship thought in a positivist way, a way that privileges distance and objectivity to respond to the notions of rigor and veracity prevailing in the Eurocentric scientific logic (Krabbe). It is not a secret that qualitative research follows the quantitative protocols in order to show that it is a valid and that even within the qualitative paradigm other and recent trends derived from post positivism are in contention (Lincoln et al.).

In my readiness to find a path that promotes ways of doing research beyond the traditional methods, I ventured to propose a relational research methodology that incorporates some elements of the Western tradition, and some elements of the Indigenous Research Paradigm (IRP). This chapter includes an explanation of the relational research methodology, a description of the pilot session of this methodology, its strengths and challenges.

THEORETICAL FRAMEWORK

Due to length constraints, I cannot describe in detail what the decolonial research methodology consists on. However, I would like to make clear that this proposal is derived from a challenge posed by one of the professors in one of the mandatory seminars of my doctoral studies. To respond to this challenge and to demonstrate my willingness to expand the vision of the English Language Teaching (ELT) research community ruled by the Western canons, I hope to carry out together with my ELPTs as collaborators a project that includes elements of Narrative Pedagogy (NP) (Goodson & Gill) Narrative Inquiry (NI) (Barkhuizen; Barkhuizen et al; Clandinin. D. and Connelly, M) and the Indigenous Research Paradigm (IRP) (Arévalo; Chilisa; Smith; Wilson).

According to Goodson and Gill, NP is "the facilitation of an educative journey through which learning takes place in profound encounters…by engaging in meaning-making and deep dialogue and exchange". NP explores "how life narratives can be pedagogic sites" (123,113) where teachers and learners both share their understanding, knowledge, worldviews and personal experiences.

Knowing the experiences lived by the ELPTs and the way in which they give meaning to the concept of community through their autobiographies, can not only make them aware of their capacities to wellbeing and flourishing but also, bring to the fore new sites and practices that "allow for the construction of true knowledge in English teacher education" (Sarasa 21) relevant to teacher educators, ELPTs and the educational community in general, moving away from linguistic and imperialist practices (Phillipson) and opening room for more local perspectives.

Narrative Inquiry is "an alternative paradigm for social research" (Lieblich et al. 1). NI "brings storytelling and research together either by using stories as research data or by using storytelling as a tool for data analysis or presentation of findings" (Barkhuizen et al. 3). Essay, autobiographies, blogs, interviews and journals among others, are also some forms narratives can take (Arfuch). According to NI, learning is a social activity influenced by time, place and sociality and telling your life in written form is a cognitive activity; it makes experience meaningful and permits the co-construction of knowledge. (Barkhuizen).

The characteristics of NI stated above make it possible its use in educational research as a way to know the internal world of the future language teachers and thus to understand "language teaching and learning form the perspectives of the/…/learners/…/" (Barkhuizen, et al. 5-6). For this reason, one of the instruments I chose in the methodology I am describing in this paper is the autobiography, through which the ELPTs will tell their experiences in their learning process in an ELTEP.

The Indigenous Research Paradigm (IRP) "emerges in the particular context of exclusion of the indigenous perspective of doing research in universities and as a way to consolidate an indigenous research approach at the end of the twentieth century." (Arevalo 60). The basic principle of IRP is relationality, a concept that entails an ontology, an epistemology and an axiology.

A relational ontology "emphasizes relations with people, with the environment/land, with the cosmos, and with ideas." (Chilisa 113). Chilisa emphasizes that relationships with people are very important in the community life of indigenous people. For this reason, the researcher must create an environment in which the participants can connect with each other. In the case of my particular proposal, this connection was created through the reading aloud of the autobiographies, as well as the possibility of complementing these autobiographies during our meetings through questions coming from the participants. In addition to this, the autobiographies were published in a blog open to comments. As a researcher, I am part of the experience sharing my autobiography with everyone.

Regarding the relationship with the environment, Chilisa asserts that in the IRP the production of knowledge is linked to the place where the research is carried out. For this reason, I chose a yoga room, so participants could deepen their understanding of each other's experiences in a quiet and relaxed atmosphere.

The relation with the cosmos is about "one's internal sense of connection to the universe" which might include "one's personal connection to a higher being, or humanity, or the environment" (Wilson 91). This connection can be activated through an exercise, which in the case of the piloting that I am describing, was carried out through a mindfulness exercise in which the participants and I visualized the future and returned to the present to add information to our autobiography. Thus, we associated our knowledge production about ourselves with our minds, body and the entire universe.

The relational epistemologies are opposed to the individual ways of knowing that characterize Euro-Western epistemologies (Chilisa) and can be defined as "processes of people collectively constructing their understandings by experiencing their social being in relation to others." (Romm par. 1). In the relational methodology proposed, we all participate in the comprehension, analysis and categorization of the information contained in our autobiographies.

Finally, a relational axiology "is guided by the principles of accountability, responsibility, respectful representation, reciprocal appropriation and rights and regulations." (Chilisa 117). This means that that the emotional and cognitive experiences are linked and that research should acknowledge the multiplicity of subjectivities of both the researcher and the participants. (Arevalo).

IRP, NI and NP share characteristics in common as shown in table 1, among which the most important are the use of narratives and experience as an element to promote transformations. However, the IRP's relationality implies a more holistic view of the research as it goes beyond an earthly and utilitarian view of the research involving not only the people who participate in the process, but also, all the elements involved in the production of knowledge: the environment, the cosmos and even the ancestors (Chilisa).

Table 1: Narrative Inquiry, Narrative Pedagogy and IRP: Intersections and Resonances.

Issue	Narrative Pedagogy (NP)	Narrative Inquiry (NI)	Indigenous Research Paradigm (IRP)
Epistemology	Meaning-making and deep dialogue and exchange. (Goodson and Gill, 2011)	Learning is a social activity influenced by time, place and sociality. Storytelling is a cognitive activity; it makes experience meaningful and permit the co-construction of knowledge. (Barkhuizen, 2013).	Knowledge is socially constructed in our relationship with others that does not include only other people but with ancestors, other living beings, and the environment in general.
Ontology	Reflection on the location and theorization permits the person to craft a new and holistic vision of selfhood (Goodson & Gill, 2011)	Experience is key in the construction of who we are.	Reality can be explained holistically and relationally as a totality of what we are all part of
Methodology	Narrative turn in education. Education endeavours ought to be focused on facilitating dialogue through narrative exchange (Goodson & Gill, 2011)	Social research	Depending on the purposes of the research can take the form of talking circles, stories, observations, proverbs, among others.
Voice	In facilitating narrative learning, the teacher and the learner both share their understanding, knowledge, worldviews and personal experiences.	Narrative is a sense-making activity between the narrator and the one who reads the narrative. Stories re-shape our experience.	People counts, places count, the cosmos counts, our ancestors count.

Issue	Narrative Pedagogy (NP)	Narrative Inquiry (NI)	Indigenous Research Paradigm (IRP)
Values	The teacher is carer and the cared-for, the learner in an act of reciprocity. Teacher and learners mutually enrich each other's humanity (Hayden, 1995)	Mutuality	Relationality, accountability, responsibility, respect, representation, spirituality and reciprocity.

Source: Own

METHODOLOGY

The relational methodological research that I propose here, is made up of four stages, namely, observation, experience, interpretation and commitment and action. (See figure 1). It is necessary to highlight that each stage is a process itself and each stage depends on each other, this is why it is represented as a spiral process.

Figure 1. Stages of the Relational Research Methodology

Observation
(Tools (Arevalo, 2013)-Autobiography-Interviews)

Experience
(Location-Collaboration)

RELATIONALITY

Commitment and action
(Integration-Dreaming)

Interpretation
(Theorization)

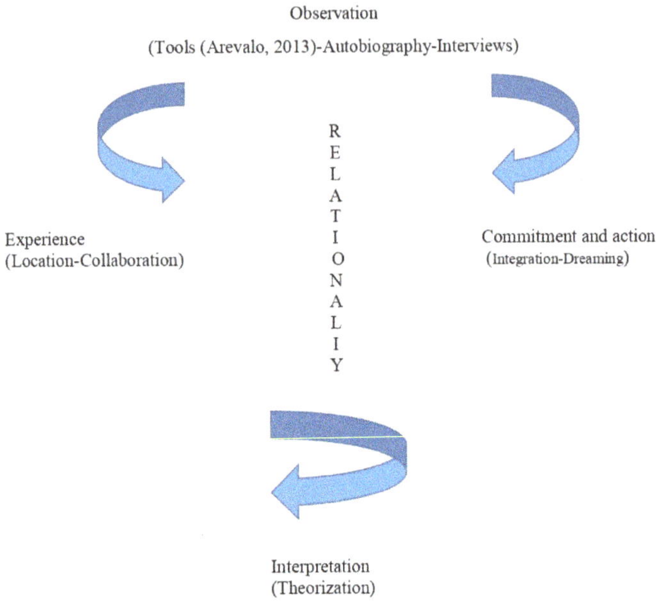

Source: Own Source

Stages of the relational research methodology

In the stage called observation, we chose an instrument to write our stories. The chosen instrument was autobiography, as it is a way to auto portrait lived experiences and it is implicated in history, language and community (Klahn). To complement the information of these autobiographies we carried out some interviews. These interviews were not prepared in advance, they were done after each one had read our autobiographies aloud. The purpose of these interviews was to complement the information given in the autobiographies. In the second stage called experience, we decided where we were going to read the autobiographies. We looked for a place outside the University, so that the activity was not taken as an assignment. The purpose of the reading was to reflect on how places, relationships and temporalities affect our learning experience. Therefore, location in the experience stage means that what happens to us is situated in time, space, socialities and relationality, and that the knowledge we gain from our lived experience is co-constructed with the relationship we have with the environment, and the people with whom we interact. It is not an individual process, it is a collective learning, we learn with others. Learning is then situated and collaborative.

Interpretation is not only about making categories, it is more connected to integration, that is, a cumulative process of meaning-making in order to connect the dots of our life process, so we are able to realize who we are and who we want to become and why. Integration is also connected to dreaming or an envisioning of the possibilities hidden in the present. Integration is a recognition of our strengths and weaknesses in order to build up a better future for the communities we belong to.

In this section, I described the elements that are part of the relational methodology and how they are connected to each other. Next, I will describe the pilot session, results, discussion and limitations.

THE PILOT SESSION

To recruit participants for the pilot session, I made an invitation to the ELPTs who were taking classes with me in fourth and fifth semester in an ELTEP. Out of fifteen volunteers, I chose only five for two main reasons: the first, due to the convenience of the schedule for everyone and the second, because a larger number would have not make it possible the personalized work required by this methodology. Two male ELPTs and three female ELPTs between 19 and 23 years old participated in the piloting. They were asked to sign a consent form and explained what the session would be like and the purposes.

Prior to the pilot session, I wrote a script (shown in table 2). The script consisted of four columns. In the first column, namely stage, I described some of the steps that make up the spiral cycle of the methodological proposal that is to say, observation, meditation, experience, feedback and reading the autobiographies. In the second column, I wrote the activities to be developed, in the third the necessary resources and finally, the time allocated for each activity.

In this way, the five ELPTs who volunteered to participate in the piloting were asked to answer some questions about their knowledge on autobiography, what it consisted of, how it was written and if they had read any. They were asked how they would like to write their autobiography. Since the consensus was a blog they were asked to write their autobiography on their blog and they were given some ideas to start as shown in Table 2.

Table 2: Script for the Pilot Session

Stage	Activity	Time	Resources
Observation Have read an autobiography? Yes/No. If your answer is positive. Tell me a bit about it. What is an autobiography? How do you write it? You are going to write your autobiography as a language and future language teacher at your ELTEP. You are free to write whatever you like, you can use photographs, ask people or do anything that help you remind your experiences at the ELTEP. We are going to write the autobiographies little by little and make comments and questions about it. Are you in? How would you like to write your auto? Permission to make recordings and video recordings of the sessions to come will be requested. Create a blog (this is what they chose). Complete this information about yourself: My name is _____ I was born in_____ I want to be an English language teacher educator because_____ Learning English is like_____because_____ Learning to be an English teacher is_____	I will make a recording about the questions and answers on the stage column.	20 minutes	Smartphone
Experience We will leave our shoes at the door. I will welcome them to a meditation room at the yoga centre. This room will be decorated with cushions, mint scented candles (mint stimulates concentration and attention and activates the mind), dim light, a carpet and a symbol in the middle of the circle. The symbol consists of a metallic spiral on a stone or wood base.	Exploring the Yoga Centre and meditation room.	5-10 min.	Carpet Cushions Blankets Mats Metallic spiral with a wooden base Dim light Rings
I will ask how they are feeling and will ask if someone does not feel comfy with the scented candles, if so I will ask if this person would like to stay or leave. After that, I will explain that we are going to make a mindfulness exercise to concentrate in the present moment and connect to our future. I will ask again who wants to take part of the activity, also if they feel more comfortable lying down or sitting to do the exercise.	Getting acquainted.	2-3 min.	Carpet Cushions Blankets Mats Metalic spiral with a wooden base. Rings. Dim light.
Mindfulness exercise	Listening to the	10 min.	Computer.

Stage	Activity	Time	Resources
Future self-visualization by Phil Okrend https://www.youtube.com/watch?v=rMD2BYgcxdg	mindfulness exercise in the corpse pose (shavasana)		
Feedback I will ask who wants to share how they felt during the exercise, if they remember the questions, what they visualized, if it was easy or difficult for them and why? If they had done something similar, when, how and what for. After that, I will ask if they will add something to what they wrote and if they want to add it. (If they want to add something, I will give them three minutes to do so).	Dialogue	10 min.	Camera
Talking circle I will explain that a talking circle is an ancestral tradition. Natives sit around a fireplace to sing, celebrate or make decisions. The circle symbolizes and encourages sharing ideas, respect of each other's' ideas, togetherness and a continuous and unending compassion and love for one other. The circle also symbolizes equality of members in the circle and connection to the living with the non-living. Finally, it represents collective construction of knowledge. In this circle the moderator is a sacred objet. The person holding the object can read their autobiographies and cannot be interrupted. The others can take notes about what the person is reading and write what they find interesting or common, they can also write a question. However, they can only make questions when the person finishes reading. Then I will check the instructions like this: Remember the person holding the symbol can read and should not be interrupted. The others can write his or her name and write questions about what they heard. (I will distribute pieces of paper and pens).	Dialogue	10 min.	Pieces of paper-pens Scent Candles
Reading my own autobiography We are going to read our autobiography, aloud without interruption while the others write questions if any.	Reading Taking notes	75-80 min.	Pieces of paper-pens
Questions and Answers Each person will answer the questions the others have and then will keep the papers to add that info to their autos and improve it. Then this person will pass the circle and the process starts again.	Questions and answers-Improving my auto.		Pieces of paper-pens.

Source: Own

Two weeks later, we met in a yoga centre, since I thought it would be better to look for a neutral place to carry out the experience of sharing our autobiographies. Before entering the meditation room at the Yoga centre, we left our belongings and shoes in a special place. Subsequently, I carried out a mindfulness exercise entitled Future self-visualization by Phil Okrend (2010). The main purpose of the exercise was to visualize the future and connect it to the present. At the end of the exercise, we listened to each other's reactions to the mindfulness exercise. I found that for some of the ELPTs, it was difficult to stay focus and one of them stated that it difficult for them to envision the future. In general terms, the outcomes of the mindfulness exercise showed that the ELPTs' vision of the future is rather negative. Some of the ELTP explained that they fear the future because they relate it to death or separation from their relatives. Once the reactions have been heard, we added information to our autobiographies derived from the visualization of the future (we had to bring our autobiographies printed or on our cell phones).

Next, I explained the ELPTs that a talking circle was an ancestral tradition and that natives sat around a fireplace to sing, celebrate or make decisions. I also explained what the talking circle implied: Mutual respect and caring and equality of the members. As we were going to use a symbol, a spiral, that represents the research cycle, I explained that this symbol was going to be used to give the floor. I told the participants that when someone spoke they would not interrupt them and that I would fetch them some sheets and pencils so that they could write questions that would only be done at the end of each intervention. Then, each one of us read our autobiography without being interrupted and at the end of each intervention questions were asked to clarify or deepen some aspect of what was read.

At the end of the session, we used some rings that we inserted in the spiral (shown in appendix 1) to represent where we had come with the session and our collective work. We closed our meeting sharing some refreshments in a cafeteria near the yoga centre.

Data Analysis

The relational methodology proposed here is guided by a heterarchical principle understood as a complex structure in which the elements are not ranked according to a hierarchal structure (Castro-Gomez), rather there is a collaborative construction and reconstruction of the participants' memories and experiences in which participation reigns instead of control. For this reason, the categories were elaborated together with the participants.

The participants of the project asked me for an induction on how to analyse data. That was how we arranged a second meeting in which we did an exercise based on Bandura's autobiography. In order to analyse the data we turned to Miles et al. for whom the data must go through two stages of analysis namely, coding and patterns. Through the codes we make sense of the information and through the patterns we can identify emerging categories. Once we did the exercise with Bandura's autobiography, each participant was given a transcript of the pilot session to carry out their coding process. This is how we came up with emerging categories related to communities among which were the participants' families, the school, the university, the ELTEP, their workplace and the teaching practicum.

The results of this exercise showed that the participants' communities are rooted in a sense of belonging, exclusion and inclusion as well as a connections to the languages they are learning.

RESULTS

The results of this pilot study show that that families are the first and most important community for the participants and play a very important role in the decisions they make for their professional future, even if some of their members are not with them anymore: "When I was in the third semester my brother died and I did not want to continue studying, but precisely in him I found the strength to move on" (LV).

The participants expressed different feelings about their primary and secondary schools. For some of the ELTPs, their primary and secondary schools were places where they felt happy and comfortable and in these places they began to elucidate their future as language teachers: "I liked the fact that I was good at English [in high school], my classmates used to look for my help with this language" (SG). For others, however it was a place where they felt lonely and therefore they did not associate it with a community at all: "I remember some of my [primary] school teachers, they were aggressive, and they did not make you feel part of a community" (LV).

The university as a community also represents different experiences for the participants, one them wrote:

Sometimes in college I feel pressured to say or accept things that I do not agree with, because of my beliefs because I believe in God. I have noticed that my classmates and my teachers do not take me seriously because they think that a person who believes in God and goes to church is not capable of thinking or understanding the sciences, which in fact, is a big lie (LA. p.2).

This selection is a sample of how this participant does not identify with the community to which they belong but on the contrary, they experience a distancing and emptying of themselves which they conceal in order to be part of that community. In this sense, they are part a community of death (Esposito) because to be in this community the subject is forced to pretend to be someone they are not in order to be accepted by the group and due to the pressure of that group as the ELPT expressed by saying " In college I feel pressured to say or accept things that I do not agree with" (MT). This same quote gives an account of how when the community is understood in its essential concept, that is, the common, it becomes an element through which the abolition of the strange is achieved and therefore, the community becomes exclusive because only those one who follow the rules are accepted (Esposito, 2012).

Nevertheless, the same community that is exclusive becomes inclusive and even a place where some participants affirm their identity construction:

Although I already understood that I was a non-binary gender person. I think the university helped me to understand this better, there you learn other perspectives, you see life in a different way and you find the support of the people, which not only helps you to understand who you are but also to accept you as you are (CP p.3).

The practicum is a community associated with a lot of emotions, among which there is fear, stress and even terror, but at the same time, it is the setting where the most significant experience of their initial teacher education takes place as stated by one of the ELPTs: "At the moment, I am doing the teaching practicum, and I am terrified!, but at the same time, I feel that it is the most meaningful experience I have had, it is a great responsibility." (SG).

Finally, the ELTEP is a community that allows the ELPTs to dream about the future. A future in which the ELPTs are able to interact with people from other cultures through different languages:

I want to be an English teacher, I want to travel around the world to learn about other visions of good and evil. I am currently studying German and French and I want to learn Portuguese. I want to speak different languages because languages are a way to discover a lot about other cultures (SM, p.5).

The quote above alludes to the ELPT's imagined communities made up mainly by European countries language whose cultures they want to know. There are two interesting elements in this excerpt namely, that firstly, this ELPT's imagined community is not just the Anglo-Saxon culture and secondly, there are no indigenous languages or cultures they want to learn about.

In sum, the analysis of the autobiographies shed light on aspects such as ways to relate to each other, inclusion and exclusion and affiliation connected to self and identity, issues that are connected to the senses of community, which is the main focus of research in the project that led to this pilot session.

Conclusion

The purpose of the pilot study described in this article was twofold. On one hand, it sought to analyse the feasibility and acceptability of a research methodology with a decolonial perspective. On the other hand, it attempted to learn about the senses of community of a group of ELPTs.

The pilot session showed that it is feasible and valid to move towards a relational research methodology. When evaluating the pilot session with the ELPTs, they expressed they felt comfortable and the session allowed them to know themselves and their classmates more deeply. They suggested conducting more sessions with different topics and continuing with the research process, they found that the session was undoubtedly a different way to carry out research.

Regarding the use of autobiography as an instrument of data collection, it could be said that it was very useful since the ELPTs included a description of what they have been through semester to semester. The analysis of the autobiographies shed light on aspects such as ways to relate to each other, identity construction and the senses of community in which it is interesting to note that the senses of primary and secondary school and the university are basically those of exclusion and inclusion. In this regard, these communities become communities of death (Esposito) for those ELPTs who expressed their need to make their subjectivities invisible to survive and be accepted within these communities. This invisibilisation is mainly due to religious beliefs in the case of the university and in the case of the schools due to an unpleasant environment. Nonetheless, it is also true that for some of the ELPTs their schools were sites where they felt happy and their experiences at school paved the road for their professional future.

The ELPTs' families are also key in their decisions to become English language teachers since their parents and relatives helped them and supported them with their choice or became their inspiration to do so. Finally, the ELPTs' imagined communities are not connected only with the use of English or the idea of a global world in which people share an affiliation through the use of English. The ELPTs are interested in other languages and want to communicate in those languages to get to know other cultures. In this respect, it is interesting to note that the ELPTs main interest is on European languages.

As for the practicum, the sense of this community revolves around emotions which is natural since this is the stage in which ELPTs come into contact with "a broad array of stakeholders (e.g. cooperating teachers, university supervisor, and students)" (Deng 442). Deng also states that this contact has an impact on the ELPTs' identity.

This pilot study has some implications for the ELTEPs, among which are the need to introduce relational research methodologies which emphasize that the production of knowledge is tied to the existing connection with everything that surrounds us, including our affective and emotional domains, relational methodologies that emphasize the deepening of knowledge of what happens locally. To achieve this, it is necessary to expand the vision of the Western positivist research and incorporate other methodologies such as the IRP that highlights the knowledge of subjectivities and the collective production of knowledge (Knudson).

Finally, it is important to recognize the senses of community of the ELPTs and their role in the construction of their professional identity. This recognition is useful as it allows the option to think of other ways to design ELTEPs, beyond the standards created by global education policies.

REFERENCES

Anderson, Benedict. Imagined communities: Reflections on the origins and spread of nationalism.
Verso, 1983

Arévalo, Gabriel Andrés (2013). Reportando Desde un Frente Decolonial: La Emergencia del
Paradigma Indígena de investigación. Academia. 4 Oct. 2017.
http://www.academia.edu/8770795/Reportando_Desde_un_Frente_Decolonial_La_Emergencia_del_Paradigma_Ind%C3%ADgena_de_Investigacion._En_Experiencias_luchas_y_resistencias_en_la_diversidad_y_la_multiplicidad._Gabriel_Andr%C3%A9s_Ar%C3%A9valo_Robles_e_Ingrid_Zabaleta_Chaustre_Editores_Bogot%C3%A1_Asociaci%C3%B3n_Intercultural_Mundu_Berriak._2013

Arfuch, Leonor. El espacio autobiográfico. Dilemas de la subjetividad contemporánea.
Fondo de Cultura Económica, 2002.

Barkhuizen, Gary et al. Narrative Inquiry in Language Teaching and Learning Research.
Routledge, 2004

Barkhuizen, Gary. Narrative research in Applied Linguistics. Cambridge University Press, 2013

Chilisa, Bagele. Indigenous Research Methodologies. Sage, 2012

Clandinin. D. Jean and Connelly F. Michael. Narrative Inquiry. Experience and Story in
Qualitative Research. Jossey-Bass, 2000

Cresswell, John. Qualitative Inquiry & Research Design. Choosing among five approaches.
Sage, 2007

Esposito, Roberto. Communitas: Origen y destino de la comunidad. Amorrortu, 2012

Goodson, Ivor F. and Gill, Scherto R. Narrative Pedagogy. Life History and Learning. Peter Lang, 2011

Johnson, Karen and Freeman, Donald. "Teacher learner in second language teacher education:
Asocially-situated perspective." Rev. Brasileira de Lingüística Aplicada Vol. 1 no. 1, pp. 53-
59, 2001, http://www.scielo.br/pdf/rbla/v1n1/04.pdf

Khlan, Norma. Literary (Re) mappings: Autobiographical (Dis) placements by Chicana writers.

Academia,11Mar.2018
https://www.academia.edu/28667579/Literary_Re_Mappings_Autobiographical_Dis_Placements_by_Chicana_Writers

Knudson, Sarah. Integrating the Self and the Spirit: Strategies for Aligning Qualitative Research

Teaching with Indigenous Methods, Methodologies, and Epistemology. Forum: Qualitative Social Research. Vol. 16 n.3 Art. 4, September 2015.
http://www.qualitative-research.net/index.php/fqs/article/view/2362

Krabbe, Julia. (2011). En la realidad: Hacia metodologías de investigación descoloniales. Tabula

Rasa, enero-julio 2011, no. 14, pp. 183-204, http://www.scielo.org.co/pdf/tara/n14/n14a08.pdf

Lieblich, A, Tuval-Mashiach, R and Zilber, T. Narrative Research: Reading, Analysis,
and Interpretation. Sage. 1998.

Lincoln, Yvonna, et al. Critical pedagogy and qualitative research: Advancing the bricolage.
Edited by Denzin, Norman and Lincoln, Yvonna. Sage, 2017

Miles, Mathew B. Huberman, Michael and Saldaña, Johnny. Qualitative Data Analysis. Sage,
2014

Okrend, Phil. (2010, January 16). Future Self Visualization. Youtube, 16 Jan 2010,
https://www.youtube.com/watch?v=rMD2BYgcxdg

Phillipson, Robert. Linguistic Imperialism. Oxford University Press, 2012

Romm, Norma Ruth Arlene. Conducting Focus Groups in Terms of an Appreciation
of Indigenous Ways of Knowing: Some Examples from South Africa. Forum:
Qualitative Social Research. Vol. 16 n 3 Art. 2, January 2015,
http://www.qualitative-research.net/index.php/fqs/article/view/2087/3730

Sarasa, Maria Cristina. Narrative research into the possibilities of classroom-generated
stories in English teacher education. Profile Issues in Teachers' Professional
Development, Vol. 17 n1, pp. 13-24, 2015,
file:///C:/Users/Julia/Downloads/43383-237217-1-PB.pdf

Smith, Linda Tuhiwai. Decolonizing Methodologies: Research and Indigenous Peoples.
Zed Books. 1999

Wilson, Shawn. What is indigenous research Methodology? Canadian Journal of Native
Education, Vol. 25 n 2, pp. 175-180, December 2000,
https://www.researchgate.net/publication/234754037_What_Is_an_Indigenous_Research_Methodology

Wilson, Shawn. Research is Ceremony: Indigenous Research Methods. Fernwood Publishing, 2008.

CHAPTER 13

General and Community Medicine Students' Evaluation Regarding the Flipped Classroom Model's Implementation

Abelardo Romero-Fernández, and Laura Villanueva-Méndez

INTRODUCTION

Education, Technologies of Learning and Knowledge

Alonso-Sáez and Arandia-Loroño (201-203), ANUIES (20), Bauman (7-12), Oppenheimer (155-156), Roca (21-29), Torres (31-35) and UNESCO (10-11) state that globalization, the large amount of information generated every second and its digitization, the automation of routine work and hyper-connectivity has led the information society to become a knowledge society. ANUIES (19) considers that some characteristics of a knowledge society are the increase in the rate of generation, accumulation and distribution of scientific knowledge, the unprecedented development in technologies, the displacement of traditional economic factors (land, capital and labor) and the demand of high qualified people.

ANUIES (25) states that learning and knowledge technologies will modify the rigid and disciplinary character that has been assigned to education from the school. According to UNESCO (16) "the changes that are taking place have consequences for education and denote the emergence of a new global context of learning". Acaso (89-95) states that this new global learning context creates opportunities for new learning dynamics such as Edupunk, Gamification, Digital Narrative, personal learning environments through the PLE (Personal Learning Environment) that potentiate models such as the flipped classroom. This new learning context has been developed because the school has become an inappropriate place for actual learning nowadays (García Masip 16).

Taking into account the new context that technology and information have created for learning, the current formal education model does not seem to have a real relevance regarding to a globalized, digitized, hyper-connected reality where knowledge is the new means of production of wealth and welfare. It is important to keep in mind that the current educational paradigm has its origins in the Prussian model initiated in the eighteenth century and it had the objective of teaching all children in a compulsory and free way to read and write to create a docile working class that will get used to getting up early to work and accept the authority of the bosses without questioning (Oppenheimer, 231). The Prussian educational paradigm and the Fordist model of industrial production (Aguilar 7-8), came together to create a school dynamic in which people are grouped by age in classrooms, all students are seated facing the teacher and classes begin and they end at the sound of a bell; all for the purpose of training manpower for production. For all these reasons, the educational paradigm that characterizes formal education is currently not appropriate for the new learning dynamics generated by a knowledge society.

Authors such as Cobo (70), Cobo and Moravec (54), Oppenheimer (216-219) and Roca (223) state that Learning and Knowledge Technologies are generating new forms of interaction that promotes personalized learning processes that belong to a truly global community. ANUIES (24) states that the Higher Education Institutions should re-consider their role in knowledge societies since they are generating new spaces and learning models outside educational institutions. UNESCO (18) states that Learning and Knowledge Technologies are the great modifiers of space, time and learning relationships that favor the formation of a network of learning spaces that are beyond the traditional formal learning spaces and structures.

This new scenario suggests that education must change to be based on a paradigm where learning is fluid; and not be hampered by bureaucratic processes or segmented teaching methodologies that make teachers to be at the center of the learning process. UNESCO (52) even suggests the existence of Mobile Learning because the learning and knowledge technologies change the nature of educational processes and establish connections between formal, non-formal learning and informal learning.

However, it is important to mention that in this context, teachers will not be replaced by Learning and Knowledge Technologies but that they should evolve their role as teachers to not only be transmitters of information, but collaborators in the environment that encourage students' learning processes (Roca, 107-112 and UNESCO, 59). The flipped classroom model can help teachers to evolve their functions to become curators of information that provide challenges to students and at the same time makes them observers of students' personal learning processes while they are advisors or monitors of students' learning at the same time (Basal, 29; Ekmekci, 152-153; Herreid and Schiller, 62-63; and Kurt, 211-212).

The flipped classroom model emphasizes the effective use of the time that students spend in class through activities that require higher levels of cognitive processes since students can review prerecorded material for the class and get to it with ideas and doubts that can be used by teachers in class. Teachers also become free of "teaching the topics of the class" and become free to interact with students and give each one a more personalized attention (Ekmekci 152-153). Basal (29) describe the flipped classroom as a stage where "what was traditionally done in class is now done at home, and what was traditionally done in homework is now done at home class"; the logic of a traditional class is literally inverted.

According to Basal (211), Ekmekci (153) and Herreid and Schiller (63) an essential characteristic of the flipped classroom model is that students really perceive that they are really achieving learning that is meaningful to them since the classroom environment is more dynamic and allows them to interact in a more natural and relaxed way with their classmates and teacher. Kurt (212) states that with the flipped classroom model the class environment tends to be student-centered and this helps students feel more comfortable in class since they do not fear making mistakes because of self-pacing; therefore the flipped classroom model facilitates the development of an actual learning environment.

According to Angelini and García Carbonell (18), another important feature of the flipped classroom model is the role of the teacher. In the flipped classroom model, the teacher can really change his work dynamics because he does not have all the attention of the group focused on him with a lengthy lecture type lesson; rather, he becomes a curator of information that selects the right material for the students and allows them to work with him while supervising them. The teacher is always immersed in the class and available to students all the time and only intervenes when asked to clarify their doubts and, sometimes, perform micro-lessons. However, the student must develop self-regulation skills and free the teacher from the "information container" function; so that the teacher can develop a new role in the classroom.

According to Leong and Bodrova (parr. 13), self-regulation is an internal mechanism that allows people to participate in the activities they ask for. However, the self-regulation is different from obedience, since a person with a developed self-regulation can create appropriate rules for unknown situations. The characteristics of self-regulated people are that they can perform activities that are not required to do, even if they do not want to do them and can stop doing things they want to do if necessary, they can set clear objectives and work to achieve them and, they are able to prioritize activities according to those objectives.

It is essential that students develop self-regulation skills in order to free the teacher from the information container function. Oppenheimer (215) considers that teachers cannot keep being only containers and transmitters of information because there are already machines can take that function. Teachers need to be free from holding the control of the class to develop skills that will allow them to create original o creative learning environments for the students. However, this will be possible only if students participate more actively in their learning processes. For the flipped classroom it is imperative that students take responsibility for reviewing the videos selected or created by the teacher before the classes so that the time can be used in a more practical way and favors their learning (Ayçiçek and Yanpar Yelken 386-387).

The flipped classroom is a model that aims to use real class time efficiently to enhance the learning processes of students. Somehow, the flipped classroom model also takes Vygotsky's cultural-historical theory concepts (in Wertsch 84-85) as the Zone of Proximal Development where interaction with others is essential for people's learning. The flipped classroom model proposes an evolution for teachers and students' roles and functions in the classes since students are the true managers of their learning with a closer interaction of their peers and the teacher to make learning a more social process.

BACKGROUND

Recent studies by Basal, (29); Ekmekci, (153); Herreid and Schiller, (64-65) and Kurt, (212-213) present strong evidence that the flipped classroom model is an option to give students a new, more active role to take advantage of their PLEs (Personal Learning Environments). It is important to mention that the flipped classroom model can be carried out in different language learning context due to the great possibility that the technologies of learning and knowledge offer today to the general population to learn at any time and in any place. In fact, many times a specialized platform is not necessary, social networks can be used to socialize the necessary information for the course. Most of the studies conducted to know the impact of the flipped classroom model are mixed and have been experimental and quasi-experimental in which quantitative and qualitative instruments are applied; semi-structured interviews are conducted to obtain opinions and Likert scales are applied to know attitudes towards the model. Although the flipped classroom model is being applied in different schools at different educational levels, there are very few studies conducted to verify the impact of the flipped classroom on Mexican students.

The importance of this research project lies in that it responds to the need that has been pointed out by both national and international educational organizations to develop in students a new type of school skills that are more suited to the new dynamics of work and the globalized context of the 21st century. ANUIES (23-24) and UNESCO (62) states that the demanded skills in the labor field have to do with the use of learning and knowledge technologies and the active role of students in their own learning, rather than just receiving information. The exploration of the evaluation of new pedagogical methods and in particular of the flipped classroom model allows to identify and recognize elements that can be retaken and applied in real life activities; a passive education is not suitable for a knowledge society.

This project aims to explore the implementation of the flipped classroom model with Mexican university students since there have not been found studies on this issue in Mexican high education. It is important to implement new and different learning models or approaches that have been created as a result of the learning context created by a knowledge society. Therefore, the exploration of the evaluation that Mexican university students do of the implementation of the flipped classroom model provides evidence of the advantages of these new methods that put the student at the center of learning process and at the same time free teachers from being only information containers to become real learning facilitators.

OBJECTIVES

General objective

- To explore the evaluation that Mexican university students do of the implementation of the flipped classroom model carried out during the Spring 2018 period in the subjects of Foreign Language in the General and Community Medicine Degree Program in a public university.

Specific objectives

- To identify the pedagogical factors that positively impacted the development of the flipped classroom model in the EFL Core Curriculum courses in the General and Community Medicine undergraduate program in the health area in a public university in México.
- To analyze the evaluation that General and Community Medicine students do of the implementation of the flipped classroom model in the EFL Core Curriculum courses in the General and Community Medicine undergraduate program in the health area in a public university in México.

METHODOLOGY

The present research project has a quantitative approach that, according to Hernández, Fernández and Baptista (5-6), involves a set of processes for collecting, analyzing and linking quantitative data in a study or a series of investigations to respond to a problem. The quantitative approach was selected because it allows to gather a big amount of information fast in order to create meaningful evidence that can support the implementation of new learning models or approaches such as the flipped classroom.

Design

The design for the quantitative analysis was a case study with only one measurement of quasi-experimental type, since the instrument was applied once in two different groups of the General and Community Medicine Degree Program during the period of spring 2018. The measurement aimed to explore the evaluation that participants did of the flipped classroom model during the EFL course in spring 2018.

Participants

The research subjects correspond to the students with whom the flipped classroom model was implemented during the spring 2018 period and who agreed to participate in the evaluation of the model.
The participants are distributed as follows:
- 30 second year General and Community Medicine students taking evening lessons, four times a week.
- 33 second year General Medicine and Community Medicine students taking morning lessons, four times a week.

Instruments

The impact of the flipped classroom model was evaluated with an instrument that was developed for that purpose. The instrument for evaluation of flipped classroom has 15 statements that explored students' evaluation of the flipped classroom in four dimensions: effectiveness, self-regulation, class environment and teacher's role. The instrument obtained a validity of 0.832, according to Cronbach's Alpha, which is an acceptable value in the instrument's validity measurement. The instrument applied was a questionnaire, defined by Johnson and Christensen (2014, p. 191) as "a self-report data-collection instrument filled out by research participants". The questionnaire included 15 statements in which participants indicated their degree of agreement or disagreement with four response options.

Procedure

This research project took place during spring 2018 (January - may) with 63 students enrolled in the General and Community Medicine Degree Program. It is important to mention that this research project used the flipped classroom model as an alternative to carry out the curriculum that is proposed for the subject of English III that are part of the Core Curriculum EFL courses in the university. The literature on the flipped classroom model states that it is necessary to have a platform so that is can be used as a learning environment for the course. However, since a platform was not available the teacher in charge of the course decided to make electronic versions of the course content and materials available for the students through a closed online space. Facebook was the chosen social network since students already had access to it and were familiar with it. Besides, Facebook allowed to create closed groups where you can compile links to videos, online exercises and even documents.

During this research, four learning units from the third EFL course textbook were used The names of the textbooks are "Speakout Elementary" by Eales and Oakes (2011) and Speakout Elementary Teacher's resource book by Williams (2011) and the learning units that were used are from 9 to 12. The teacher made a selection of the exercises that the students had to do on their own based on the media that the teacher selected from internet pages and YouTube videos. The teacher always tried to select the appropriate activities and materials for the students, the videos should not last more than 10 minutes, the teacher gave the students at least 3 video options so they could review the topics for the next class; and at least one of them was in Spanish, being the last option available for students.

The sessions had the following sequence: the teacher selected the exercises from the book that the students had to do on their own, including the audio exercises since every single student had a copy of the book and of the cd room for the course. The teacher posted the exercises in the Facebook group created for the course and then, he shared to the students the links of the videos that they had to review to perform the exercises; with some other links so that they could practice in other websites. Finally, the teacher posted the answers of the proposed exercises at the beginning; the purpose of this is that the students would review their own activities in a kind of a self-evaluation process. These activities were not carried out in class time but the students had to carry them out whenever and wherever they thought it was more suitable for them.

Once in the classroom the teacher started the session by asking the students questions about the exercises they had to do on their own, in this way, the class started with a microteaching session but focused only on the doubts that the students developed during their individual work. After a brief microteaching session, the teacher gave the students the material they were going to work with in class. This material was based on the content that the students had already worked on. It is very important to mention that the material and activities no longer focused only on grammatical aspects but on giving students a real opportunity to put into practice what they had previously reviewed on their own but this time together with their classmates and with the teacher available for them; the whole course followed this structure. There were two exams during the course, the mid-term exam and the final-term exam that were used to grade students' performance during the course.

Data collection procedures

At the end of the course, and with the voluntary participation of each student, the questionnaire was applied to 63 students of the Degree Program in General and Community Medicine in the university.

RESULTS

Of the 63 students surveyed, 60% are women and 29% are men and 11% did not answer this question. Most participants are 20 years old (41%) and 19 years old (35%); These are the most commonly reported ages. 36% of the participants come from the city where the campus is located while the rest come from other regions of the state or nearby states. 94% of the students are single and 65% of them report that they have not taken private English courses previously. They report that their English level was acquired as a result of the instruction received at the schools they come from. 88% of the students reported having access to internet, which is important for this study since having access to internet is a requirement for the previous review of the videos on the topics that were worked on in class.

To explore the evaluation that students had about the application of flipped classroom model, an instrument was designed to evaluate the implementation of flipped classroom in four areas: the effectiveness it had on students' learning in the topics reviewed; the self-regulation that was demanded from the students to carry out the activities and the previous work to the class; the environment generated in the class as a product of this new way of working; and the teacher´s role as a guide or monitor. The questionnaire was designed based on the analysis dimensions of the flipped classroom models that have been reported as central aspects of the change in this way of working.

The questionnaire obtained a validity of 0.832 according to Cronbach's Alpha, which is an acceptable value in the measurement of instrument validity. (Table 1)

Table 1: Validation of the Perceptions Instrument on the Flipped Classroom

Reliability Statistics

Cronbach's Alpha	N of Items
.832	15

Source: Own Source

Teacher's Role

The data did not show significant differences between men and women in the way they evaluated the implementation of flipped classroom in any of the areas. However, significant differences were found in the teacher's role category between the morning and the afternoon shifts. The afternoon shift group presented higher scores (Table 2).

Table 2: Difference of Means Between the Two Groups Compared.

		Levene's Test for Equality of Variances		t-test for Equality of Means					95% Confidence Interval of the Difference	
		F	Sig.	t	df	Sig. (2-tailed)	Mean Difference	Std. Error Difference	Lower	Upper
roldocente	Equal variances assumed	4.110	.047	-1.717	61	.091	-.22172	.12911	-.47990	.03646
	Equal variances not assumed			-1.751	55.444	.085	-.22172	.12660	-.47539	.03195

Source: Own Source

This could be explained by the fact that the evening group presented a lower level of proficiency in the foreign language in their diagnostic test, which required the teacher to have a more personalized approach during the course. This is related to the concept of the Zone of Proximal Development that is different in each student according to the type of help they required to achieve development objectives (Wertsch 84-85). Regarding the four areas evaluated by the perceptions instrument on the flipped classroom, it can be seen that the teacher's role is the dimension that presents the highest scores followed by class environment.

Regarding the dimension of the teacher's role, four statements were used. The statement that is correlated positively with the general score was: "The teacher was available during the activities to solve doubts and support me" with a coefficient of correlation of 0.821 and 90% of the students agreed with the statement. This coincides with what was mentioned by flipped classroom authors, where the teacher does not lose importance in the learning process, but changes his role within the process; becoming a guide and curator of information. The importance of the teacher lies in the selection of information and the availability that he presents to provide support to students who require it (Angelini and García-Carbonell, 18-19). This new work dynamic is important because the teacher ceases to be the center of the class and provides more autonomy to the students, this autonomy is based on a collaborative process among students and teachers (UNESCO 50)

Class environment

In relation with the class environment dimension, (four statements) the statement that was correlated in a highly positive way was "I consider that during the classes with the flipped classroom model there was more interaction with my classmates" with a correlation coefficient of 0.795 and 86% of the students agreed with the statement. This relationship is important because it coincides with the ideas presented by Basal, (29); Ekmekci, (153); Herreid and Schiller, (64-65) and Kurt, (212-213) who states that good learning results are obtained with the flipped classroom model since the environment of class allows interaction and promotes a more relaxed atmosphere in which students can feel more comfortable to participate. This is important because when learning a foreign language, many students are limited by their shyness and peer mockery, so a class environment more relaxed for them and greater interaction with their peers reduce this limitation.

Effectiveness

This dimension was composed of four statements. Regarding this dimension, the statement that they pointed out in a significant way is that they consider that the topics were clearer to them with the flipped classroom model (84%). Also compared to a traditional class, with the flipped classroom model they put into practice more communication skills in English (87.3%). Although the statements "I feel satisfied with the learning objectives achieved with flipped classroom" and "During classes with flipped classroom my performance improved" have high percentages of agreement, the statements most related to the total score were the first two mentioned.

The positive evaluation in this dimension is important because authors such as Pajares (599) conclude that the perception of self-efficacy or the beliefs that we have regarding our own abilities to carry out actions properly, are decisive in the intention of carrying out these actions in the future, that is, an individual who perceives a good performance of a skill in himself, will be more likely to put it into practice in the contexts that are required.

Self-regulation

As for the dimension of self-regulation (three statements), students reported that during the work with the flipped classroom model they did most of the activities (88%) and revisions (88%) of materials on their own, which is meaningful because one of the limitations of this model might be that it is necessary that students review the material before the class and that without this review the activities within the classroom could become difficult to perform; as mentioned by Ayçiçek and Yanpar Yelken (386-387). One aspect that made it easier for the students to make the revisions of the topics has to do with the selection of the material, the videos were short and concrete and the teacher was aware of what type of material was most useful for the students and provided at least two material options so that students who require it could review the topic with different explanations. The usefulness and the suitability of the materials selected for the course was monitored by the teacher through questions to the students during the classes.

Finally, 79% of the students reported that they felt comfortable reviewing the material on their own without being in the classroom.

Conclusion

Based on the results of this research project, it is concluded that the flipped classroom model was evaluated satisfactorily by the students, due mainly to the fact that greater interaction with the teacher was allowed, which resulted in the creation of an environment of collaborative learning between students and teacher. In addition, the students reported that with this model they were able to practice their communicative skills more and they committed themselves to review the topics by themselves before the class session.

The fact that the teacher's role dimension has been the highest rated is very important because unlike what could be considered in this model, teachers do not lose importance in the classroom because they are not in front of the class leading the session. On the contrary, it implies that their role is more active since they have to identify the work rhythm of the students and the type of help that each one needs, so that from this identification, teachers can select the appropriate activities that allow the students to practice what was reviewed at home. This allows to reflect on the importance of changing the teacher's role in a society where the Learning and Knowledge Technologies really give to the teacher the opportunity to free themselves from being transmitters of information and actually becoming mediators, guides and monitors.

Pedagogical Implications

Roca (189-197) states that in the coming years the role of the teachers will change radically regarding the concepts and functions that have been assigned to it. This change will happen because teachers will not be required only to transmit knowledge anymore but to become educational researchers that would produce their own knowledge. Some of the characteristics of educational researchers are that they will take on the role of specialized counselors in improving school performance, they will also be specialists in giving personalized attention to their students and may have the authority to advise and guide principals and teachers in the change towards an education based on knowledge and learning and not just information and communication.

This research has helped to the teachers in charge of it to recognize themselves as active agents who can make proposals to improve students' learning processes, but not only through good intentions but through rigorous and systematized work. It is also very important to mention that this research has contributed to creating a solid foundation on which participating teacher researchers have developed an educational philosophy in line with the education that a society based on knowledge and learning requires. Finally, with this study, the researchers had the opportunity to get closer to technological tools and give them a pedagogical use taking advantage of the benefits they offer keeping in mind that their incorporation acquires an educational dimension when teachers are clear about the purpose of its use.

REFERENCES

Acaso, Maria. Reduvolution. Hacer la revolución en la Educación. Barcelona: Paidós, 2013. Print.

Aguilar Gutierrez, Genaro. El Trabajo en México. Ciudad de México: M.A. Porrua, 2017. Print.

Alonso-Sáez, Israel, & Arandia-Loroño, Maite. "15 años desde la Declaración de Bolonia. Desarrollo, situación actual y retos del Espacio Europeo de Educación Superior". Revista Iberoamericana de Educación Superior, 2017: 199-213. Web
https://www.redalyc.org/jatsRepo/2991/299152904011/html/index.html

Angelini, Maria Laura & García-Carbonell, Amparo. "Percepciones sobre la Integración de Modelos Pedagógicos en la Formación del Profesorado: La Simulación y Juego y El Flipped Classroom 1. Education in the Knowledge Society. June 2015: 16-30. Web
http://revistas.usal.es/index.php/eks/article/view/eks20151621630/0

ANUIES. Plan de Desarrollo Institucional. Visión 2030. México: Anuies, 2016. Print.

Ayçiçek, Burak & Yanpar Yelken, Tugba. "The Effect of Flipped Classroom Model on Students' Classroom Engagement in Teaching English". International Journal of Instruction 2018: 385-398. Web. Apr 2018
https://eric.ed.gov/?id=EJ1174933

Basal, Ahmet. "The implementation of a flipped classroom in foreign language teaching". Turkish Online Journal of Distance Education, Oct 2015: 28-37. Web. https://files.eric.ed.gov/fulltext/EJ1092800.pdf

Bauman, Zygmunt. La globalización. Consecuencias humanas. México: FCE, 2001. Print.

Cobo, Cristobal. La Innovación Pendiente. Reflexiones y Provocaciones sobre la Educación, Tcnología y Conocimiento. Montevideo: Fundación Ceibal-Debate, 2016. Print.

Cobo, Cristobal. &, John Moravec. Aprendizaje Invisible. Barcelona: Publicacions i Edicions de la Universitat de Barcelona, 2011. Print.

Ekmekci, E. "The flipped writing classroom in Turkish EFL context: A comparative study on a new model". Turkish Online Journal of Distance

Education TOJDE. April 2017: 151-167. Web
http://tojde.anadolu.edu.tr/yonetim/icerik/makaleler/1392-published.pdf

García Masip, F. «Universidad, Supercomplejidad Y Desconstrucció»n. Revista de la Educación Superior, Nov. 2018: 11-38,
http://resu.anuies.mx/ojs/index.php/resu/article/view/504

Hernández Sampieri, Roberto et al. Metodología de la Investigación. México: McGraw-Hill, 2001. Print.

Clyde Freeman Herreid & Nancy A. Schiller. "Case studies and the flipped classroom". Journal of College Science Teaching, 2013: 62-66
https://www.aacu.org/sites/default/files/files/PKAL_regional/CRWG-SPEE-REF-01.pdf

Eales. F. & Oakes, S. Speak Out Elementary Student's Book, England: Pearson. Print.

Johnson, R. Burke & Larry Christensen. Educational Research. Los Angeles: CA Sage, 2014. Print.

Kurt, Gökçe. "Implementing the flipped classroom in teacher education: evidence from Turkey". Journal of Educational Technology & Society, 2017: 211-221. Ehttps://eric.ed.gov/?id=EJ1125967

Leong, Deborah and Bodrova, Elena. Developing Self-regulation: the Vygotskian view. Academic Exchange Quarterly. Dec 2006: 33-37. Web
https://go.galegroup.com/ps/anonymous?id=GALE%7CA159921038&sid=googleScholar&v=2.1&it=r&linkaccess=abs&issn=10961453&p=AONE&sw=w

Oppenheimer, Andrés. ¡Crear o Morir! La esperanza de América Latina y las cinco claves de la Innovación. México: Debolsillo, 2017. Print.

Oppenheimer, Andrés. ¡Sálvese Quien Pueda! El futuro del trabajo en la automatización. México: DEBATE, 2018. Print.

Pajares, Frank. "Self-efficacy beliefs in academic settings". Review of Educational Research. 1996:543-578. Web
http://citeseerx.ist.psu.edu/viewdoc/download?doi=10.1.1.932.3251&rep=rep1&type=pdf

Roca, Raquel. Knowmads. Los Trabajadores del Futuro. España: LID, 2015. Print.

Torres, Carlos Alberto. "Ciudadanía global y el papel de las universidades. Coord. Humberto Muñoz Garcia. ¿Hacia dónde va la universidad en el siglo XXI? México: MA Porrúa, 2016, 31-59. Print.

UNESCO. Replantear la Educación ¿Hacía un bien común mundial? Francia: Ediciones UNESCO, 2015. Print.

Wertsch, James. Vygotsky y la formación social de la mente. Barcelona: Paidós, 1988. Print.

Torres, Carlos Alberto. "Ciudadanía global y el papel de las universidades. Coord. Humberto Muñoz Garcia. ¿Hacia dónde va la universidad en el siglo XXI? México: MA Porrúa, 2016, 31-59. Print.

UNESCO. Replantear la Educación ¿Hacía un bien común mundial? Francia: Ediciones UNESCO, 2015. Print.

Wertsch, James. Vygotsky y la formación social de la mente. Barcelona: Paidós, 1988. Print.

CAPÍTULO 14

La Gramática en Libros de Texto de Inglés como Lengua Extranjera

Sara Quintero Ramírez y Sonny Ángelo Castro Yáñez

Introducción

En la enseñanza del inglés como lengua extranjera, la principal herramienta utilizada por los profesores en el salón de clase es el libro de texto. Dicho material conforma el corazón visible de muchos programas de TEFL (*Teaching English as a Foreign Language*) (Sheldon 237). Los libros de texto de inglés como lengua extranjera: "buscan brindar a los estudiantes el conocimiento necesario, así como las competencias lingüísticas y la información respecto de los países que hablan inglés a fin de prepararlos para la interacción con personas de diferentes lenguas y culturas[1]" (Hutchinson & Gault 4).

El libro de texto es el contacto principal entre estudiantes y la lengua-cultura meta. Un sinnúmero de libros de texto se centra en la enseñanza de la gramática para desarrollar las competencias de comprensión y producción orales y escritas (cf. Vellenga). No obstante, los libros de texto también resultan un mal necesario, pues se consideran: "compromisos pobres entre lo que es educativamente deseable, por un lado, y financieramente viable, por el otro[2]" (Sheldon 237). Por esta razón, es importante analizar si los libros de texto realmente ayudan a los estudiantes a alcanzar la competencia comunicativa en la lengua meta. Dicho análisis puede llevarse a cabo desde aproximaciones pedagógicas y lingüísticas (Sheldon; Reimann; Criado & Sánchez; Radić-Bojanić & Topalov).

El objetivo del presente artículo consiste en examinar cuatro libros de texto de inglés como lengua extranjera a fin de identificar el tipo de aproximación que tienen al presentar temas gramaticales para el desarrollo de la competencia

---

[1] "aim at providing learners with necessary knowledge, language skills and information about English speaking countries and preparing them for interaction with people from foreign languages and of different cultural backgrounds […]".
[2] "poor compromises between what is educationally desirable on the one hand and financially viable on the other".

comunicativa, más particularmente el tema de las oraciones hendidas o *cleft sentences*. Asimismo, buscamos determinar cómo presentan la gramática los materiales aludidos, así como el tipo de actividades, ejercicios y tareas que proponen. Los resultados de este artículo contribuyen a los estudios enfocados en la enseñanza-aprendizaje de lenguas extranjeras. Consideramos que el estudio es relevante, porque examina materiales pedagógicos que son utilizados en diferentes instituciones en países no hablantes de inglés en la actualidad.

Con base en los objetivos planteados, presentamos, en primera instancia, la sección de los fundamentos teóricos que escindimos en tres subapartados: a) la relevancia de los libros de texto en TEFL b) el lugar que ocupa la gramática en los libros de texto y c) las oraciones hendidas. En segunda instancia, exponemos la metodología en la que explicamos cómo hemos seleccionado los libros que conforman el corpus del estudio, así como la manera en la que procedimos para su respectivo análisis. Posteriormente, damos lugar a la presentación de los resultados de la evaluación de los materiales. Por último, presentamos la discusión y conclusiones a las que hemos llegado.

Fundamentos Teóricos

Relevancia de los libros de texto en TEFL

De acuerdo con O'Neill (105), existen cuatro razones fundamentales para utilizar libros de texto en una clase de inglés como lengua extranjera. En primer lugar, pueden cubrir las necesidades de los estudiantes, tales como comprender y utilizar expresiones cotidianas, solicitar información específica, interactuar con interlocutores de diferentes contextos, redactar una diversidad de textos tanto académicos como no académicos, entre otras. En segundo lugar, permiten visualizar el camino de aprendizaje que los estudiantes deben seguir y los dejan recordar lecciones previas. En tercer lugar, presentan materiales de manera práctica y atractiva. Por último, ofrecen la oportunidad de improvisación y adaptación dependiendo de la creatividad de los profesores.

Aunque los libros de texto resultan cruciales en TEFL, también pueden presentar algunas fallas que se derivan de su diseño tradicional, tal como tener un enfoque mucho más sintáctico que comunicativo. Y es que los libros se enfocan muchas veces en presentar de manera arbitraria ejemplos y explicaciones de ciertas reglas lingüísticas, así como la aplicación de dichas reglas en ejercicios oracionales sin contexto (Richards & Rodgers; Millard).

Una estrategia para evitar justamente el enfoque en formas gramaticales aisladas es presentar dichas formas donde ocurre la comunicación, esto es a nivel discursivo (Millard). Los libros de texto deberían adecuarse a las necesidades de los estudiantes, tales como comprender y utilizar expresiones frecuentes, solicitar información, interactuar con diversos interlocutores, redactar textos de diferente grado de dificultad, etc., y proveer las condiciones necesarias para la producción de géneros discursivos diversos en la lengua meta, de tal suerte tendrían ejemplos del uso real de la lengua y el contacto cultural con comunidades lingüísticas (Millard 87; Radić-Bojanić & Topalov 138). "Por lo tanto, los libros de texto deben esforzarse por alcanzar el nivel más alto de contextualización que obligue a los estudiantes a elegir entre diferentes alternativas. Esto requiere actividades más largas sin límites fijos que exijan opciones[3]" (Millard 49).

De acuerdo con Radić-Bojanić & Topalov (149), los libros de texto constituyen solamente una guía que no cuenta con todos los elementos necesarios para desarrollar la competencia comunicativa de los estudiantes. Por consiguiente, los profesores no deben confiar en ellos para establecer los objetivos y los contenidos de sus cursos. El profesor de lengua extranjera puede buscar o crear sus propios materiales basado en las necesidades e intereses de sus estudiantes.

El lugar de la gramática en los libros de texto

La presencia de la gramática en los libros de texto está relacionada tanto con las técnicas de enseñanza como con la ideología que prevalece en las casas editoriales. La enseñanza de la gramática puede situarse a lo largo de un *continuum* cuyos polos están constituidos, por un lado, de una aproximación a través de reglas rígidas que buscan la adquisición de estructuras oracionales y, por otro lado, de una aproximación que ve la gramática como una herramienta a fin de lograr la comunicación (Larsen-Freeman).

La gramática en los libros de texto puede considerarse como un conocimiento acumulable, enfocado en la forma; sin embargo, este enfoque de aprendizaje no es ideal porque no toma en cuenta la visión completa de la gramática. Y es que la gramática está conformada de tres dimensiones, esto es la forma o morfosintaxis, el significado o semántica, y el uso, esto es la parte pragmática (Larsen-Freeman 51).

Oraciones hendidas o cleft sentences

En el presente artículo, analizamos la manera en la que se presenta la gramática en cuatro libros de texto de inglés. Para ello, seleccionamos un tema gramatical en particular, las oraciones hendidas o *cleft sentences*. Escogimos trabajar con estas estructuras porque para su completa comprensión, se necesita ocuparse de una perspectiva sintáctico-semántico-pragmática. Estas oraciones son etiquetadas como *estructuras de enfoque*. En otras palabras, hay un elemento destacado que

---

[3] "Textbooks must, therefore, strive to reach the highest level of contextualization that forces students to make choices between alternatives. This necessitates longer activities that are open-ended and demand choices".

sirve como foco de la oración (Delahunty; Haugland). De acuerdo con Collins (2), las oraciones hendidas son: "construcciones identificativas que expresan una relación de identidad entre el elemento resaltado y la cláusula relativa[4]".

Las oraciones hendidas se dividen usualmente en tres categorías, a saber: *it-cleft* (4-5), *wh-clefts* (1 y 3) y *clefts-wh* (2) (Castro). Dicha categorización se debe a que las oraciones hendidas cuentan con diferentes estrategias para resaltar diversas partes de la oración. No obstante, esta clasificación obedece a las propiedades sintácticas, semánticas y pragmáticas de cada oración.

1) She allegedly tried to smuggle nearly 70 pounds of what authorities think is **COCAINE**.

2) And even though I have no real job, I believe that **LIFE** is what you make of it.

3) What sources say is **CLEAR** is that the regularities around Terminator: Genesis […]

4) It was **THEN** that I discovered his intentions.

5) It was **HE** who set the Indian attitude for the day. (Ejemplos tomados de Elgerwi 18; Castro 26)

Como se muestra en los ejemplos anteriores, las principales características sintácticas de las oraciones hendidas son: a) la presencia de un elemento preponderado (que hemos resaltado en mayúsculas y negritas), b) dicho elemento se encuentra separado del resto de los elementos por la inserción del verbo copulativo *to be* conjugado en tercera persona y c) el uso de un operador como *who* o *what* para dar lugar a la cláusula hendida.

En cuanto a sus características discursivas, las oraciones hendidas tienen un uso general, pues permiten casi todas las partes del discurso en la posición de elemento enfocado, tal como se advierte en los ejemplos donde un sustantivo (1-2), un adjetivo (3), un adverbio (4) o un pronombre (5) pueden constituir el foco de la oración hendida (Castro).

Otro rasgo discursivo de las oraciones hendidas es la posibilidad de introducir información nueva o información conocida como elemento resaltado (Prince; Luňáčková; Castro). Estudios previos (Castro) muestran que las *it-clefts* tienden a presentar solamente nueva información en el elemento enfocado; mientras que las *wh-clefts* y las *clefts-wh* pueden presentar tanto información nueva como conocida. Esta característica ayuda al desarrollo del discurso que puede utilizarse como una herramienta para recuperar, desarrollar y presentar información. Por último, las oraciones hendidas pueden tener múltiples focos en el elemento resaltado, lo que produce contraste o exhaustividad (Hedberg; Castro).

---

[4] "identifying constructions, expressing a relationship of identity between the elements realized as the highlighted element and the relative clause".

Preguntas de Investigación

Como hemos mencionado anteriormente, el objetivo del presente estudio consiste en analizar cuatro libros de texto de inglés como lengua extranjera a fin de identificar cómo presentan y explican las oraciones hendidas. En otras palabras, deseamos identificar en qué dimensiones se centran las elucidaciones que ofrecen los libros de texto. Es decir, si dichas elucidaciones consideran aspectos tanto morfosintácticos (forma), como semánticos (significado) y pragmáticos (uso) de las oraciones hendidas o si se centran en una dimensión en particular. A fin de alcanzar el objetivo planteado, nos formulamos las siguientes preguntas de investigación:

¿En qué dimensiones o niveles lingüísticos se centran la presentación y las explicaciones de los libros de texto de inglés como lengua extranjera respecto de las oraciones hendidas?

¿Qué tipo de actividades, ejercicios y tareas de producción proponen los libros aludidos a los estudiantes en el proceso de enseñanza-aprendizaje de las oraciones hendidas?

Metodología

Libros de texto analizados

Para la presente investigación, hemos seleccionado cuatro libros de texto del área de TEFL que examinamos a través de la aplicación de un instrumento de evaluación (ver apéndice). En primer lugar, nos pareció adecuado seleccionar libros de texto que incluyeran el tema de las oraciones hendidas, ya que es el tema en el que centramos el estudio. Lo anterior nos llevó a considerar libros de nivel C1-C2 de acuerdo con el Marco Común Europeo de Referencia para las Lenguas (MCERL), pues solamente en estos niveles lingüísticos se enseñan las oraciones hendidas.

El segundo requisito que tomamos en cuenta fue que los libros se utilizaran actualmente para la enseñanza del inglés como lengua extranjera en diferentes programas de lenguas. Los libros que seleccionamos se utilizan en el marco de programas de formación de futuros profesores de inglés en universidades públicas en México. Esta es la razón por la que los libros que escogimos son relevantes, pues pueden influenciar a los profesores de lengua en su práctica docente.

Los libros de texto seleccionados comparten el mismo nivel de lengua y tienen un enfoque especial en la gramática y las certificaciones del inglés. Esto nos lleva a asumir que las oraciones hendidas no son temas comúnmente encontrados en libros de texto de inglés de niveles básicos, pues tienden a considerarse oraciones complejas que requieren cierto conocimiento avanzado de la lengua. En la tabla 1, presentamos información básica respecto de los libros de nuestro estudio.

Tabla 1. Libros de Texto Analizados

Título	Autor	Editorial	Nivel del MCER
Oxford English Grammar Course	Catherine Walter & Michael Swan	Oxford University Press	C1/C2
Ready for CAE: coursebook	Roy Norris & Amanda French	Macmillan Exams	C1
Grammar and Vocabulary for Advanced	Martin Hewings & Simon Haines	Cambridge University Press	C1/C2
Grammar and Vocabulary for Cambridge Advanced and Proficiency	Richard Side & Guy Wellman	Longman	C1/C2

DISEÑO DEL INSTRUMENTO

Para el análisis de los cuatro libros de texto diseñamos una lista de verificación (ver apéndice) con el propósito de evaluar los libros de manera homogénea. Dicho instrumento fue diseñado con base en una estructura y secuencia lógicas tomando en cuenta que los criterios presentados concordaran con los objetivos planteados, así como con las elucidaciones teóricas (Millard; Brown; Reimann; Rahimpour & Hashemi; Radić-Bojanić & Topalov), en particular con las advertencias de Sheldon: "Es claro que la evaluación del libro de texto es fundamentalmente una actividad subjetiva y práctica, y que ninguna fórmula, rejilla o sistema proporcionará un criterio definitivo"[5] (245).

---

[5] "It is clear that course book assessment is fundamentally a subjective, rule-of-thumb activity, and that no neat formula, grid, or system will ever provide a definitive yardstick".

El instrumento está dividido en cuatro secciones, a saber: presentación, explicación, tareas y conexión (ver apéndice 1). En la primera parte, nos concentramos en el tipo de enfoque adoptado para la presentación del tema gramatical en cuestión, así como el uso o no de metalenguaje. La segunda parte se centra en la aproximación, la terminología y las dimensiones (forma, función y uso) consideradas en el marco de las explicaciones. La tercera parte cuestiona los tipos de actividades, ejercicios y tareas que solicita el libro a los estudiantes. La cuarta parte nos permite identificar si existe una relación entre el tema presentado con otros temas previos o posteriores. Cada sección está constituida de una serie de preguntas que nos llevan a responder respecto del contenido del libro examinado. Al final del instrumento dejamos un espacio dedicado a las conclusiones generales a las que llegamos luego de la evaluación completa de cada libro.

A fin de evaluar los libros, decidimos dejar una columna libre para hacer los comentarios necesarios que pudieran ofrecer información detallada respecto de las respuestas ofrecidas. De tal manera, no deseamos ser subjetivos en nuestra evaluación, como lo advierte Sheldon, pues al evaluar proveemos la evidencia necesaria para sustentar dicha evaluación.

Resultados

En este apartado, examinamos los cuatro libros de texto que conforman nuestro objeto de análisis. Para ello, dividimos la presentación de cada libro, de la misma manera en la que hemos dividido los apartados del instrumento de análisis, esto es enfocándonos en: a) presentación del tema gramatical, b) explicación, c) tareas y actividades y d) conexión del tema con otros. En primer lugar, procederemos con el análisis general de cada libro que conforma el corpus para, en la sección de la discusión y conclusiones, hacer un análisis comparativo entre los cuatro libros aquí examinados.

Grammar and Vocabulary for Advanced

Esta obra es publicada en 2015 por Cambridge University Press. El libro busca que su público logre la certificación de inglés avanzado. Para ello, consta de veinticinco unidades, cada unidad está dividida en dos grandes secciones: gramática y vocabulario. A su vez, la sección de gramática se subdivide en tres: *Context listening* que introduce el tema gramatical, es decir, sirve para sensibilizar al usuario del libro al tema de gramática a través de ejercicios auditivos simples, como el que se muestra en (6); *Grammar* que ofrece explicaciones detalladas del tema gramatical en cuestión. *Grammar exercises* que presenta ejercicios para poner en práctica la gramática aprendida en cada unidad. La sección de vocabulario se basa en temas y ejercicios prácticos generales. Además de las dos secciones antes aludidas, cada unidad contiene un examen y sus respectivas respuestas.

(6) These ideas are expressed in a different way by the speaker. Listen again and write down exactly what he said.

1. We first met in the mid-1990s.
It was in the ma-1990's that we first met.

2. She sees making music as a fundamental part of a child's development.

3. The way she calmly and clearly argued her case impressed us most.
(Hewings & Haines 148)

Respecto de la presentación de las oraciones hendidas, este tema figura como uno de los principales de la unidad veintiuno. El tema en cuestión conforma la unidad junto con otras construcciones enfáticas, tales como los fenómenos de *fronting* e *inversion*. Dicha unidad, como todas las demás, no enuncia clara ni explícitamente los objetivos lingüísticos o comunicativos. El tema gramatical y los ejemplos se presentan sin contexto y estos últimos son solo oracionales. Las formas gramaticales se exponen de manera aislada; sin embargo, son precedidas de una explicación gramatical exhaustiva. En la unidad, se presentan las oraciones *it-clefts* y *wh-clefts*.

En cuanto a la explicación del tema gramatical que nos ocupa, primeramente, se presenta una actividad de comprensión oral. Posteriormente, los estudiantes deben observar el fenómeno a fin de descubrir por ellos mismos la forma y el uso de estas construcciones, pues la gramática que se pretende trabajar es inductiva. Enseguida, se ofrece una explicación exhaustiva utilizando metalenguaje básico a fin de que el público del libro conozca la terminología relacionada con los temas, pero sin que esta resulte abrumadora. Las explicaciones se enfocan en la sintaxis, aunque también presentan aclaraciones aledañas respecto de la semántica y la pragmática.

En lo referente a las actividades, observamos que además de la gramática en sí, se trabaja la comprensión oral antes de los ejercicios gramaticales. Cabe destacar que, en otras unidades, también se proponen ejercicios de comprensión y producción escritas. Toda la unidad está enfocada en plantear ejercicios que sirven para hacer énfasis en un sintagma o cláusula determinada en el marco de una construcción verbal. Las actividades son en su mayoría oracionales, como se advierte en (7), salvo una última actividad que presenta un ejercicio textual, pero que se limita a reproducir las formas estudiadas. Por último, los materiales ofrecidos a lo largo de los ejercicios son adaptados o híbridos. En otras palabras, no detectamos el uso de materiales auténticos para esta unidad. Hay muchas cosas escritas en español

(7) Write a new sentence with a similar meaning to the original. Emphasise the information underlined using an *it*-cleft or a *wh*-cleft at the beginning of the sentence. Sometimes both are possible.

1 I want you to hold the cat tightly while I out on this collar.

2 She announced she was going to join the air force at her 18th birthday party.
3 A: So how did you get the car out of the mud?
B: We asked a farmer to gull us out with his tractor. (Hewings & Haines 151)

En lo tocante a la conexión del tema estudiado en esta unidad con temas de otras unidades, observamos que no hay relación alguna. Cada unidad se presenta como una sección aislada respecto de las demás. Incluso, los autores de la obra advierten que se podrá trabajar cualquier unidad en el orden que se desee, ya que no hay un hilo conductor entre las unidades. De tal manera, los temas abordados parecen haber sido concebidos a manera de listado y no de un complejo de necesidades comunicativas que pueden presentar los posibles usuarios de este libro.

Grammar and Vocabulary for Cambridge Advanced and Proficiency

Esta obra se publicó por primera vez en 1999 a través de Pearson Education Limited. Según sus objetivos, este libro busca que su público logre la certificación de inglés avanzado en el marco de los exámenes *Cambridge Certificate in Advanced English* (CAE) o *Certificate of Proficiency in English* (CPE). La obra está constituida de quince unidades. Cada unidad se enfoca en dos apartados principales: gramática y vocabulario. Asimismo, cada unidad presenta un tema principal con diferentes subtemas. Al final de cada unidad, el libro propone un examen práctico, cuyas respuestas correctas se encuentran al final de la obra.

En lo que concierne a la presentación de las oraciones hendidas, este tema resulta uno de los principales de la unidad doce. Las oraciones hendidas forman parte del tema gramatical del énfasis. Junto con las oraciones hendidas, la unidad trabaja temas diversos a fin de lograr hacer hincapié en algún elemento de la oración. El énfasis va desde cuestiones suprasegmentales como la entonación y el acento hasta la modificación estructural completa como *fronting, inversion, passives, nominalisation,* etc.

En la unidad examinada, como en el resto de las unidades del libro, no se enuncian los objetivos lingüísticos o comunicativos correspondientes. El usuario del texto descubre dichos objetivos al trabajar a lo largo de la unidad. Si bien algunos ejemplos son tomados de géneros discursivos auténticos, en el libro aparecen sin contexto alguno, lo que los hace figurar como ejemplos puramente oracionales. Las formas gramaticales se exponen de manera aislada, como sucede en el ejemplo (8); sin embargo, la explicación que las precede define el tema en cuestión, así como la razón por la cual se utilizan dichas formas. En la unidad, se trabajan las oraciones hendidas it-clefts y wh-clefts.

(8) Rewrite each of the sentences in such a way that it is as similar as possible in meaning to the sentence before it. The first word and one other is given as guidance.

Example: I know what you did to her. You broke her heart. (What / break)

What you did to her is break her heart.
a I know what happened. You lost your nerve, didn't you?
What / chickened ....
b I know what she did. She upset all her colleagues by being so arrogant.
What / arrogance .... (Side & Wellman 203).

Las explicaciones dedicadas al tema gramatical de oraciones hendidas y construcciones similares son cortas, enfocadas especialmente en su configuración estructural y su función discursiva primordial, como se advierte en (9). En ellas, se hace uso de metalenguaje básico. La gramática que se trabaja en este libro es deductiva, ya que la obra está organizada de tal manera que una vez que las explicaciones quedan claras para el usuario del libro, entonces podrá poner en práctica lo visto en dichas explicaciones. Por último, se advierte que el objetivo central de las explicaciones es totalmente sintáctico, sin tener mucho en cuenta cuestiones semánticas o pragmáticas.

(9) EMPHASISING OTHER PARTS OF THE SENTENCE
We can also use a cleft sentence to focus on other parts of the sentence, not just nouns. We can use it:
to emphasise an action by using a gerund:
It was learning to speak French that he found most enjoyable at school. (not, for example, playing football)
to emphasise a prepositional phrase:
It was from Heather that I heard the news. (Side & Wellman 202).

En lo referente a las actividades propuestas por el libro, observamos que además de la gramática en sí, se trabaja únicamente el vocabulario. En otras palabras, no hay una relación directa de temas gramaticales y léxicos con competencias de comprensión o producción de textos. Si bien en el marco de la explicación se precisa la función discursiva de estas construcciones, no se propone ninguna actividad textual. Las actividades son oracionales y parecen buscar una mecanización en el estudiante más que una reflexión sobre la forma y la función de las oraciones hendidas. Por último, algunos ejemplos y actividades son tomados de materiales auténticos, pero se adaptan, reelaboran y descontextualizan para el estudio exclusivo de las formas gramaticales en cuestión.

Finalmente, respecto de la relación del tema *Emphasis* de la unidad doce con los temas de las demás unidades, observamos que no hay ninguna conexión. Cada unidad presenta un tema que no se estudia ni en unidades previas ni posteriores. Parecería que cada sección constituye una unidad aislada respecto de las demás. En efecto, los autores de la obra comentan lo siguiente: "se pueden utilizar los contenidos o el mapa curricular [del libro] para consultar un área en particular ya sea de gramática o vocabulario que se desee estudiar[6]" (Side & Wellman 11). Al

---

[6] "You can use the Contents or Syllabus map to look up a particular area of grammar or vocabulary that you want to study".

igual que en *Grammar and Vocabulary for Advanced*, los temas gramaticales y léxicos de cada unidad parecen haber sido inventariados por temas afines con miras a la presentación de un examen y no para cubrir necesidades comunicativas.

Ready for CAE: coursebook

Este libro es publicado por Macmillan Exams con la primera edición de 2008. El libro se sitúa en el nivel C1 del MCER y propone una serie de prácticas para *the Cambridge Certificate in Advanced English examination* (CAE), a fin de que se pueda desarrollar: "la lengua y las habilidades que se requieren para pasar el examen"[7] (Norris & French 4). El libro se divide en catorce capítulos, cada uno coloca un apartado de *language focus*, conformado de temas gramaticales. Otro contenido es *vocabulary*. Posteriormente, se trabajan las cuatro habilidades (*reading, writing, listening, speaking*) y un apartado denominado *Use of English* compuesto de ejercicios oracionales similares a los encontrados en el CAE. Existe un anexo llamado *Grammar reference* en el cual se encuentran las explicaciones gramáticas con más detalle.

Las oraciones hendidas son el único tema gramatical de la unidad nueve *Going places* y se incluyen en el tema *Creating Emphasis*. En la unidad, no se muestra un objetivo claro. El tema no se relaciona con el resto de los contenidos ni habilidades del capítulo, se presenta como un elemento inconexo. Los ejemplos no se presentan en un texto y no provienen de material auténtico, se presentan como oraciones aisladas. Estos se desarrollan primero a través de un ejercicio de comprensión oral y se desarrollan a través de la explicación del uso de estas oraciones, por lo que el enfoque tiende a ser inductivo, con un espacio para la reflexión de los estudiantes. Las oraciones hendidas se presentan a través de un enfoque de presentación, práctica y producción, solamente se agrega una ultima tarea a modo de reflexión a través de la discusión entre compañeros de clase. En esta unidad se trabajan las *it-clefts* y *wh-clefts*, aunque nunca se utiliza dicha terminología.

Las explicaciones mencionan las posibles opciones de uso de acuerdo con su función. Asimismo, se muestran diferentes alternativas (opcionabilidad) de los elementos sintácticos, como se observa en (10). Las explicaciones se centran tanto en elucidar el uso general de las estructuras hendidas, como su uso específico. El uso de metalenguaje básico y de términos metalingüísticos más complejos resulta equilibrado. La explicación se centra en la forma y la función, muestra a grandes rasgos el uso de los elementos sintácticos, aunque nunca se muestran componentes sintácticos específicos o a manera de fórmula. En el apartado anexo a la unidad se muestra de manera vaga el uso pragmático, presentando ejemplos de exhaustividad.

---

[7] "the language and skills you will need to pass the examination".

(10) a) What can be used to emphasize _____
Examples:
I couldn't find my key, so…
what I did was (to) try and climb in through the window, but…
what happened was (that) a passer-by saw me and phoned the police
(Norris & French 115).

Respecto de las actividades en el libro, estas solamente se centran en la parte de gramática. No hay una relación con elementos léxicos o con alguna de las habilidades lingüísticas, ya sea de comprensión o producción. Las actividades se centran en el uso de oraciones y ejemplos para completar la explicación gramatical, y aunque se presentan distintos tipos de uso, no existe una tarea en la que el estudiante deba concebir textos elaborados que le permitan practicar una dimensión lingüística más textual. En otras palabras, las actividades propuestas no permiten una práctica del verdadero uso de las estructuras.

Finalmente, respecto de la unidad Creating Emphasis, no hay una relación con temas previos o posteriores del resto de las unidades. Cada unidad es un elemento aislado, solamente se presentan los temas como un mero pretexto para la práctica necesaria con el propósito de aprobar la evaluación, sin contemplar el desarrollo o práctica de habilidades comunicativas.

Oxford English Grammar Course

Este material de 2011 pertenece a la editorial Oxford University Press. El libro se define como una herramienta para la práctica efectiva del uso de la gramática del inglés. Asimismo, se presenta como un libro que va más allá de la oración, proponiendo una práctica real y en contexto de las estructuras gramaticales. El material se divide en dos partes, cada una con diferentes secciones. Las oraciones hendidas se encuentran en la segunda parte, denominada *grammar beyond sentence* y dividida en dos secciones, *emphasis: it…that* y *emphasis: what…is/was*.

Acerca de la presentación de las oraciones *hendidas,* en la subsección donde se encuentran no se muestran de manera visible los objetivos al estudiante. Las oraciones utilizadas dentro de la explicación se presentan solamente a nivel de la oración y no se encuentran insertadas dentro de un contexto significativo. En otras palabras, parecen ser concebidas en función de las explicaciones. El tema presentado, así como las explicaciones son enseñados de manera deductiva y descontextualizada, no permiten la reflexión o análisis por parte del estudiante, además de seguir una estructura tradicional de presentación y práctica, sin proponer actividades de comprensión o producción. Se exponen las oraciones *it-clefts* y *wh-clefts*, aunque no en términos metalingüísticos.

La explicación muestra opcionabilidad en el uso de elementos sintácticos, de función y del discurso, como se advierte en (11). La explicación es deductiva acompañada del uso de metalenguaje básico. La explicación se centra en la forma y en la función de las oraciones hendidas, además de mostrar diferencias en el uso, mencionando aspectos de registro. Las explicaciones son breves pero detalladas, y divididas de acuerdo con su función y cada una con un ejercicio a nivel de la oración.

(11) We can use It was/was to highlight an expression that we want to emphasise;
we put the rest of the sentence into a that-clause.
James crashed the car last week.
It was James that crashed the car last week. (not Peter)
It was the car that James crashed last week (not the motorbike)
It was last week that James crashed the car. (not this week) (Walter & Swan 260)

En cuanto a las tareas o actividades, solamente se presentan ejercicios oracionales. Aunque se muestran diferentes funciones de las oraciones hendidas, no existe una relación clara entre ellas, y los ejercicios no permiten una práctica de ambas en una actividad de comprensión o producción textual. Los ejercicios no se muestran dentro de situaciones de uso real ni promueven el uso de las distintas funciones de las oraciones hendidas. Las actividades resultan insuficientes, además de no promover la producción en la lengua meta.

Por último, se puede observar que existe una conexión del tema de las oraciones hendidas con otros de la segunda parte del material, como es fronting e inversion. Sin embargo, las oraciones hendidas no son retomadas en unidades previas o posteriores, por lo que parece una unidad aislada.

DISCUSIÓN Y CONCLUSIONES

En este apartado, presentamos una síntesis de los hallazgos más importantes de nuestros resultados. Para ello, procedemos de la misma manera en la que hemos seccionado el instrumento de análisis, esto es enfocándonos en: a) la presentación de las oraciones hendidas, b) la explicación para la comprensión de dichas oraciones, c) tareas y actividades para la aplicación del tema gramatical en cuestión y d) la conexión de dicho tema con otros expuestos previa y posteriormente.

Respecto de la presentación de las oraciones hendidas, tres de los cuatro libros exponen el tema junto con otras construcciones enfáticas, tales como *fronting, inversion, nominalisation*, entre otras. Lo anterior nos lleva a deliberar que los autores de dichas obras parten de objetivos meramente sintácticos y no comunicativos para concebir los diferentes temas de las unidades que conforman las obras examinadas, en particular los temas de la unidad en la que se exponen las oraciones hendidas.

En ningún libro encontramos la enunciación de objetivos claros y precisos respecto de los temas abordados en cada unidad. En realidad, los lectores deben inferir los objetivos lingüísticos y comunicativos a través del contenido de las diferentes secciones de las unidades. Asimismo, en los cuatro libros encontramos ejemplos oracionales y en su mayoría descontextualizados, totalmente al contrario de lo que recomienda Millard (49) para la concepción de un libro de texto con miras a la comunicación.

En cuanto a la explicación, dos de los textos examinados recurren a la gramática inductiva; mientras que los otros dos hacen uso de la gramática deductiva. Los cuatro libros presentan explicaciones breves con metalenguaje básico que resultan fáciles de entender tanto para estudiantes como profesores. Asimismo, de acuerdo con el esquema tripartita propuesto por Larsen-Freeman, las cuatro obras explican tanto la configuración estructural como el significado y la función discursiva de las oraciones hendidas y de temas relacionados con el énfasis en la comunicación. No obstante, todos los textos examinados hacen hincapié en la forma.

Con relación a los ejercicios y actividades que observamos en los libros analizados, estos tienden a ser oracionales. No permiten una práctica real de la función de las oraciones hendidas o de otros temas relacionados con el énfasis en la comunicación. Las instrucciones carecen de una contextualización, por lo que no hay una verdadera promoción de la producción de textos en lengua meta. En otras palabras, lo que observamos en nuestros materiales resulta cabalmente contrario a las recomendaciones de Millard (87) y Radić-Bojanić & Topalov (138), pues ejercicios y actividades no proveen las condiciones necesarias para la producción de géneros discursivos.

Respecto de la conexión de las oraciones hendidas con otros temas, observamos que en los cuatro libros de nuestro corpus el tema en cuestión se relaciona con otros temas a los que se recurre para hacer hincapié en un elemento de la construcción verbal. No obstante, cada unidad presenta temas que no se estudian ni en unidades previas ni posteriores. Parecería que cada unidad de los libros de texto constituye una unidad aislada respecto de las demás.

Luego de presentar una síntesis de los resultados obtenidos en nuestro corpus, advertimos que, al igual que los resultados de Reimann en un estudio sobre libros de texto de inglés utilizados en Japón, los cuatro libros aquí analizados presentan explicaciones respecto de la forma, el significado y la función de las oraciones hendidas, pero proponen mayormente la realización de ejercicios meramente oracionales. Dichos ejercicios en realidad no motivan la producción de textos, sino únicamente la producción de oraciones 'correctas' con miras a una evaluación oficial.

Si retomamos las razones primarias que señala O'Neill para utilizar un libro de texto en clase de inglés, advertimos que en los cuatro libros analizados no se cumplen las razones presentadas por el autor. Primeramente, los temas propuestos en los libros no tienen la intención de cubrir las necesidades comunicativas de los estudiantes, tales como poder producir diversos géneros discursivos tanto hablados como escritos en los que se desee resaltar de un modo especial alguna de las unidades de la oración. En realidad, dichos temas simplemente están concebidos para pasar un examen. Asimismo, los materiales propuestos por los cuatro libros de texto distan mucho de resultar atractivos, pues tienden a presentar cierta estructura tradicionalista, como mencionan Richards & Rodgers y Millard sobre las fallas típicas de los libros de texto de inglés.

Si partimos del esquema tridimensional propuesto por Larsen-Freeman, esto es una gramática conformada de sintaxis, semántica y pragmática, advertimos que, si bien las explicaciones en los libros consideran las tres dimensiones, los ejercicios se enfocan exclusivamente en la configuración sintáctica, tal como afirma Azar respecto de las carencias de muchos libros de texto: "otros materiales gramaticales [...] se limitan estrictamente a enfocarse en la forma, proporcionando información con una pequeña muestra de ejercicios de manipulación, sin poner atención en el desarrollo de las habilidades de comprensión y producción orales y escritas[8]" (5).

Concluimos que, a fin de promover la competencia comunicativa en los estudiantes, los libros concebidos para el aprendizaje de lenguas extranjeras deben tomar en cuenta las tres dimensiones de la gramática y no enfocarse solo en una. Consideramos que los libros de texto de lenguas extranjeras podrían partir del análisis de géneros discursivos diversos a fin de comprender y producir textos tanto hablados como escritos. De tal manera, el proceso de enseñanza-aprendizaje de la gramática cubriría las dimensiones sintácticas, semánticas y pragmáticas y dicho proceso resultaría mucho más significativo para los estudiantes.

Por último, nos parece importante que se sigan realizando estudios que analicen tanto los contenidos como el hilo conductor de los libros de texto para la enseñanza de lenguas extranjeras. Y es que, como hemos visto en el presente texto, se requiere una perspectiva más integradora que parta de objetivos comunicativos y discursivos a fin de concebir estos materiales que resultan esenciales en el proceso de enseñanza aprendizaje de lenguas.

---

[8] "Other varieties in grammar materials (e.g., some grammar handbook-workbook combinations) are limited fairly strictly to a focus on form, providing information accompanied by a small sampling of manipulative exercises, with no particular attention paid to the development of speaking, listening, writing, and reading skills".

REFERENCES

Azar, Betty. "Grammar-Based Teaching: A Practitioner's Perspective." *TESL-EJ* 11.2 (2007): n2. Web.

Brown, H. Douglas. *Teaching by Principles: An Interactive Approach to Language Pedagogy*. New York: Longman, 2001. Impreso.

Castro Yáñez, Sonny A. "Cleft Sentences: análisis sintáctico-discursivo y productividad". Tesis de maestría. Universidad de Guadalajara, 2017. Impreso.

Collins, Peter C. *Cleft and Pseudo-Cleft Constructions in English*. London/ New York: Routledge Library Edition, 1991. Impreso.

Criado Sánchez, Raquel y Aqulino Sánchez Pérez. "Vocabulary in EFL Textbooks. A Constrative Analysis against Three Corpus-Based Word Ranges". *A survey of corpus-based research* 3 (2009). 862-875. Web.

Delahunty, Gerald. "The analysis of English Cleft sentences". *Linguistic Analysis* 13 (1984). 63-113. Web.

Elgerwi, S. S. (2013). *The Pragmatics of It-Cleft and Wh-Cleft Sentences in Literary Texts with Referenceto English-ArabicTranslation*. Durham, England: Durham University. Web.

Elgerwi, Ibtisam. *The Pragmatics of It-Cleft and Wh-Cleft Sentences in Literary Texts with Reference to English-Arabic Translation*. Tesis doctoral. Durham University, 2013. Impreso.

Haugland, Kari E. "A note on cleft and existential sentences in Old English." *English Studies* 74 (1993). 407-413. Web.

Hedberg, Nancy. "The discourse function of cleft sentences in spoken English." *Annual Meeting of the Linguistics Society of America* (LSA). 1988. Web.

Hutchinson, Tom y James Gault. *Project 5: Teacher's book* (3rd ed.). Oxford: Oxford University Press. 2009. Impreso.

Larsen-Freeman, Diane. *Teaching Language: From Grammar to Grammaring*. Boston: Thompson-Heinle. 2003. Web.

Luňáčková, Vendula. *The use of cleft constructions in English fiction*. Tesis de grado. Pardubicích: University of Pardubicích. 2011. Web.

Millard, Derrick J. "Form-Focused Instruction in Communicative Language Teaching: Implications for Grammar Textbooks". *TESL Canada Journal* 18 (2000). 47-57. Web.

O'Neill, Robert. "Why use textbooks?". *ELT Journal* 36 (1982). 104-111. Web.

Prince, Ellen F. "A comparison of wh-clefts and it-clefts in discourse". *Language* 54 (1978). 883-906. Web.

Rahimpour, Massoud & Raheleh Hashemi. "Textbook Selection and Evaluation in EFL Context". *World Journal of Education*, 1. (2011). 62-68. Web.

Radić-Bojanić, Bilijana B & Jagoda P. Topalov. "Textbooks in the EFL classroom: defining, assessing and analyzing". *Collection of Papers of the Faculty of Philosophy*. 46(3) (2016). 37-153. Web.

Reimann, Andrew. "A Critical Analysis of Cultural Content in EFL Materials". *宇都宮大学国際学部研究論集* 28 (2009). 85-101. Web.

Richards, Jack C. & Theodore S. Rodgers. *Approaches and Methods in Language Teaching*. Cambridge: Cambridge University Press. 2014. Impreso.

Sheldon Leslie E. "Evaluating ELT textbooks and materials". *ELT Journal 42* (1988). 237-246. Web.

Vellenga, H. "Learning pragmatics from ESL & EFL textbooks: How likely?" *TESL-EJ* 8(2) (2004). Web

REFERENCIAS DEL CORPUS

Hewings, Martin & Simon Haines. *Grammar and Vocabulary for Advanced*. Cambridge: Cambridge University Press. 2015. Impreso.

Norris, Ray & Amanda French. (*Ready for CAE: coursebook*. London: Macmillan. 2014. Impreso.

Side, Richard & Guy Wellman. *Grammar and Vocabulary for Cambridge Advanced and Proficiency*. Harlow: Pearson Education Limited. 1999. Impreso.

Walter, Catherine & Michael Swan. *Oxford English Grammar Course*. Oxford: Oxford University Press. 2011. Impreso.

Apéndice

Instrumento utilizado para analizar los libros de texto

Textbook Information			
Title:		Level:	
Author:		Grammar Structure:	
Publisher:		Purpose:	

0	It is not the case	2	Inappropriate	4	Effective	
1	Not demonstrated	3	Appropriate	5	Excellently effective	
Feauture						Assessment	Comments

Feature	Assessment	Comments
Presentation		
1. Does the grammar section present objectives (systemic knowledge of the properties of grammar structure)?		
2. Can tasks be improvised/adaptable?		
3. Is the grammatical topic presented with a meaningful context?		
4. Are grammatical forms isolated or contextualized?		
5. Does the grammar section show optionability?		
6. Does the grammar section present the types of cleft sentences?		
Explanation		
7. Does the explanation have a background teaching technique/approach?		
8. Is the grammatical explanation inductive/deductive?		
9. Is metalinguistic terminology used?		
10. Does the explanation focus on form or use?		
11. Does the explanation contain discursive/sociolinguistics information?		
12. Is the explanation understandable for the target audience?		
Tasks		
13. Do tasks have language skills included?		
14. Are tasks sequenced among them?		
15. Do tasks allow students to practice and reflect on grammatical forms?		
16. Do tasks allow students to practice and reflect on discursive function of grammatical forms?		
17. Do tasks provide suggestions regarding form, function and real use of grammar structure?		
18. Is there a connection between tasks and real language use?		
19. Are tasks authentic or adapted material?		
20. Do tasks encourage production in the target language?		
21. Are there supplementary tasks?		
22. Do tasks represent enough practice for students or must the teacher add extra material?		
23. Are tasks made for the needs of non-native English language users?		
24. Can tasks be adapted/modified according to language users' needs?		
Connection		
25. Does it show connection with previous or future topics?		
26. Is the grammatical topic reinforced in the following units?		
Final Conclusions		

Source: Elaboración propia

CHAPTER 15

Exploring Classroom Discourse Strategies to Enhance Communication

Tito Antonio Mata Vicencio and Antonio Iván Sánchez Huerta

INTRODUCTION, CONTEXT AND FOCUS

Interaction in the language classroom is essential for learning to occur. It is key for the development of spoken language, which is one of the principal goals of language learning. The study of classroom interaction can help teachers gain awareness of the discourse strategies that can be used to promote participation and enhance communication. Teachers can benefit from this awareness by enriching their own repertoire of strategies and their teaching performance.

The present research project was a preliminary study of the classroom discourse strategies used by eight English as a Foreign Language (EFL) teachers at a language center. The course that they taught was a four-skill general English course for young adults and adults (aged 16 and over). The English language level of the classes that were observed ranged from elementary to intermediate (A2 to B1, according to the Common European Framework of Reference for Languages or CEFR).

The objective of the study was to identify the classroom discourse strategies that the teachers used in their spoken interaction with their students in order to enhance communication and promote classroom interactional competence.

In order to contextualize the analysis carried out in this study, some key concepts and approaches will be discussed in the next sections: the role of interaction in the classroom, the analysis of everyday discourse, the analysis of classroom discourse as a form of institutional discourse, the concept of interactional competence as well as the concept of classroom interactional competence, which is the basis of this study.

COMMUNICATION, INTERACTION, AND THE CLASSROOM

Communication is central in human life. Human beings share ideas, information and knowledge; they establish relationships through the use of language in interaction. In the classroom, and in the language classroom in particular, communication is vital; teachers and students need to communicate in order to carry out the different learning activities. Language underpins everything that occurs in the classroom because it is both the goal of learning and the means to learn (Long ctd. in Walsh, Exploring 2). Language in interaction allows us to access knowledge, develop skills, solve communication problems, and maintain relationships (Walsh, Exploring 2).

Interaction is key in second language learning. According to the Interaction Principle, interaction is the basis for second language development, through which learners enhance their communicative abilities and build their identities by means of collaboration and negotiation (Brown and Lee 79-80). It is through interaction that learners perform a variety of functions, practice language structures and vocabulary, achieve fluency and accuracy, negotiate meanings, take turns, rephrase, clarify, construct relationships and achieve communicative goals.

That is the reason why it can be useful for teachers to explore and examine the interactional processes in the language classroom with the aim of making them more effective in order to promote learning (Walsh, Exploring 3). In the case of the language classroom, the interaction that takes place needs to promote the learning of the target language.

The study of classroom discourse can be a very useful tool to understand how language is used in the classroom and the effects of classroom interactional processes. As Kumaravadivelu states, "the task of systematically observing, analysing and understanding classroom aims and events [is] central to any serious educational enterprise" (Kumaradavidelu qtd. in Hammond 292). The analysis of classroom language is key to understanding how knowledge is constructed and how learning occurs (292).

In the realm of classroom discourse analysis there are different approaches, some oriented to the analysis of rhetorical and lexico-grammatical patterns and others oriented to the analysis of turn-taking and the structure of interaction (Edwards and Westage ctd. in Hammond 292). Sinclair and Coulthard's model of IRE/IRF Exchange Structure and Conversation Analysis are two examples of each orientation and will be explained and discussed here in order to provide a context for the analysis of classroom interaction. The first model corresponds to the analysis of institutional discourse, that is, discourse produced in institutional contexts such as the classroom; and the second one corresponds to the analysis of everyday conversations and the language used in social interaction.

THE ANALYSIS OF EVERYDAY CONVERSATION: CONVERSATION ANALYSIS

Conversation Analysis (CA) is an approach to analyze spoken interaction, which originated with the work of American sociologists Harold Garfinkel, Harvey

Sacks, Emanuel Schegloff and Gail Jefferson; they studied how language was used in social interaction analyzing recorded naturally occurring data (Flowerdew 116). Conversation Analysis studies ordinary everyday spoken discourse, analyzing conversations to understand how people manage interaction. It looks at aspects such as sequences of related utterances, preferences for particular combinations of utterances, turn-taking, repair, feedback as well as conversational openings and closings (Paltridge 90). For a more detailed description and discussion of Conversation Analysis, see Wong and Waring; Paltridge, Chapter 5; Strauss and Feiz, Chapter 6; Wilkinson & Kitzinger, Chapter 2; Clayman and Gill; Flowerdew, Chapter 7.

Some of the concepts from CA which can be relevant for the study of classroom interaction are: turn-taking practices, asking and responding to questions, repair and feedback.

Turn-taking is a key element of CA. It refers to the fact that in conversations one speaker follows another speaker taking turns when talking (Flowerdew 119). A variety of strategies to manage turns can be used. Speakers have basically two choices: "they can self-select, using strategies such as asking questions, introducing new information, or announcing a different topic; or they can select others, using eye gaze, asking them questions, [or] naming them" (Goh and Burns 106).

In regard to the relationship between pairs of turns, certain turns are closely related and organized in pairs; they are called adjacency pairs; some examples are: greeting-greeting, closing-closing, offer-acceptance and question-answer (Flowerdew 121). The pair that consists of question-answer is a predominant feature in classroom interaction between teachers and students as will be shown later.

Another key feature is repair, which refers to ways of dealing with problems in speaking, hearing or understanding talk when interacting. According to Wong and Waring (217), there are four types of repair: self-initiated self-repair (the speaker identifies the communication problem and makes the correction); self-initiated other-repair (the speaker identifies the problem but the listener makes the correction); other-initiated self-repair (the listener identifies the problem and the speaker makes the correction); other-initiated other-repair (the listener identifies the problem and makes the correction too). Repair generally takes place in the classroom in the form of error correction.

Listener feedback or back-channeling is another important feature of CA which is relevant in classroom interaction. Backchannels (expressions such as "yeah", "a-ha", "mhm", "right", "really?", "I see") show that the listener is following what is being said and express agreement, disagreement or interest (Goh and Burns 111). They are interactive devices on the part of the listener in order to register that they are following the speaker (Thornbury 65). Backchannels can be an important tool in the hands of the teacher in order to encourage participation and interest.

An understanding of some of the features and principles of Conversation Analysis can make teachers aware of the nature of talk and of the competencies that speakers use when they participate in "intelligible, socially organized interaction"; these competences can be referred to as interactional competence (Flowerdew 135), a concept that will be discussed later in this paper.

ANALYSIS OF CLASSROOM INTERACTION AS A FORM OF INSTITUTIONAL DISCOURSE: THE IRF/IRE PATTERN

Some types of talk are different from everyday conversations; they are institutional forms of interaction which take place in social institutions such as the courtroom and the classroom. This type of institutional interaction involves a reduction in the turn-taking options from everyday talk or some degree of specialization (Flowerdew 132).

Traditional classroom teaching, which is a form of institutional talk, has its own predominant pattern, known as IRF/IRE (Initiation-Response-Feedback/Initiation-Response- Evaluation). This pattern was identified by the work of Sinclair and Coulthard who were British linguists of the Birmingham School; IRF/IRE is a classroom pattern that begins with teacher initiation (I), followed by student response (R), and ends with teacher feedback or evaluation (F or E). For example:

Teacher: What's the capital of France? (Initiation)
Pupil: Paris (Response)
Teacher: Yes, good. (Feedback / Evaluation)

For a more detailed description and a critical perspective of this pattern see Bax (112-120); Flowerdew (25-27, 132); Waring (42-45).

The IRF/IRE pattern is a central feature in classroom discourse. This pattern seems somehow restrictive and closed, perhaps because in the production of classroom language, as opposed to everyday conversation, one participant, the teacher, has the power to control topics and themes as well as turn-taking (Bax 119-120). This IRE/IRF pattern lacks the interactional and interpersonal feature of casual conversation, which does not mean that this type of discourse cannot be useful in the language class. It can have a very useful pedagogical purpose in different classroom contexts: it can be a good way to test students' knowledge of a topic; it can reinforce basic skills and information; it can be used to focus students' attention; or it can measure how much students know about a new topic (Rymes 110-111). In a language class, the use of this pattern can help students retrieve vocabulary and grammar structures or activate cognitive skills such as analysis, synthesis, deduction and induction when the teacher asks the students questions for which s/he knows the answer but which can stimulate students' thinking processes. However, as Thornbury (80) points out, the IRE/IRF pattern cannot be considered a valid model for everyday conversation; if students are only exposed to this kind of interaction, they may not be prepared for real-life everyday interaction.

CLASSROOM DISCOURSE FEATURES

Some typical characteristics of classroom discourse, according to Walsh (Exploring 4-15), are the following:

a. Control of the interaction is essentially in the hands of the teacher. The teacher manages the topic of conversation and turn-taking, deciding who speaks, to whom, when and how much.

b. Teachers tend to modify their speech in order to be understood by learners and to model the language. They use strategies such as the following: pauses, emphasis, gestures, facial expressions, repetition, clarification, echoing an individual learner, simplified vocabulary and grammar, slower articulations, transition markers to signal beginnings and endings of activities or stages *(right, ok now, so, alright)*, confirmation checks (to make sure that they understood students), comprehension checks (to make sure that students understand the teacher), reformulation (rephrasing a learner's utterance), turn completion (finishing a learner's contribution), and backtracking (returning to an earlier part of a dialog).

c. Teachers also use elicitation techniques, which are mostly questions asked by the teacher rather than by the learner. Teachers ask display questions (questions for which teachers know the answer such as: *What is the past tense of "eat"?)*. They also ask referential questions (real, more open-ended questions). The objective of the lesson or an activity determines de use of each type; if the aim is to check understanding, the teacher can use a display question; if the aim is to promote discussion or fluency, the teacher can use a referential question.

d. Another feature of classroom discourse is repair, that is, the way how teachers manage errors. Teachers can ignore the error, point out the error and correct it, point out the error and make the learner correct it, or point out the error and make other learners correct it. According to van Lier (183), repair is "the treatment of trouble occurring in interactive language use". Repair activities in the language classroom can be medium-oriented, where the focus is on the forms and functions of the target language; message-oriented, where the focus is on the transmission of information and feelings; and activity-oriented, where the focus is on the organization, structure or rules of the classroom environment (van Lier 187-188).

INTERACTIONAL COMPETENCE

Interactional competence is an important concept regarding second language learning and classroom discourse; it will be discussed below.

It is widely agreed that learners need the ability to communicate functionally and interactively, that is, they need to develop communicative competence, which is the main goal of communicative language teaching (Canale and Swain, Celce-Murcia, ctd. in Wong and Waring 7). A vital and neglected role, however, has been the role of interactional competence, which can be defined as "the ability to use the various interactional resources, such as doing turn-taking or dealing with problems of understanding" (Wong and Waring 7). As Walsh (Exploring 160) states, interactional competence, proposed by Kramsch, has to do with what happens between interactants and how they manage communication. More than on fluency, the emphasis here is on "confluence", which is "the act of making spoken language fluent together with another speaker" (McCarthy ctd. in Walsh, Exploring 160). Walsh even argues that for effective communication to take place, being confluent is more important than being fluent.

In order to understand interactional competence, some of its elements need to be considered. According to Wong and Waring (8), interactional competence is made of the following interactional practices or methods:

a) turn-taking practices: ways to construct and allocate a turn

b) sequencing practices: ways to initiate and respond to talk

c) overall structuring practices: ways to organize a conversation

d) repair practices: ways to address problems of understanding

In a similar way, Markee includes the following elements in interactional competence: sequential organization, turn-taking and repair. Also, Kasper includes elements such as: taking turns in an organized fashion, repairing problems in speaking and listening, and recognizing and producing boundaries between activities (Markee, Kasper ctd. in Flowerdew 135-136).

CLASSROOM INTERACTIONAL COMPETENCE

The concept of Classroom Interactional Competence (CIC) is the basis of this exploratory study of classroom interaction. CIC can be defined as "teachers' and learners' ability to use interaction as a tool for mediating and assisting learning" (Walsh, Investigating 132). This is an important element in language learning because, as we have seen, language in interaction underpins all classroom learning activities. We may say that language and effective interaction are both the means and the goals of the language learning classroom.

Walsh (Exploring 166) proposes that a main goal of Classroom Interactional Competence is to provide space for learning, that is, "the extent to which teachers and learners provide interactional space that is appropriate for the specific pedagogical goal of the moment". Walsh (Exploring 166-178) identifies the following CIC features:

1) The teacher uses language which is convergent with the pedagogic goals of the moment and also appropriate for the learners, such as seeking clarification, affirming, re-affirming and helping the learner to articulate a full response.

2) CIC facilitates interactional space, through increased wait-time, promoting extended learner turns and allowing planning time; teachers can extend pausing, reduce repair, use signposting in instructions, and allow extended learner turns or seek clarification.

3) In CIC, the teacher needs to shape the learner's contribution, helping the learner to say what s/he means through scaffolding, paraphrasing, reiterating, modelling, summarizing, recasting or repairing learner input.

Walsh states that promoting CIC does not mean just 'handing over' the interaction to students to make them work in pairs and groups; in CIC teachers have a more central role in the interaction but at the same time they maintain a student-centered approach.

METHODOLOGY

This study aimed at exploring the discourse strategies used by a group of teachers in a language institution. The participants were eight teachers of a four-skill General English Language course. Two of these teachers were men and six were women, their ages ranging from 30 to 57 years; two of them held a Bachelor's Degree in English Language Teaching and six of them a Master's Degree in English Language Teaching. Their teaching experience ranged from 6 to 25 years.

The data collection method which was used was observation. Each of the participants was video recorded during a 45-minute class. The key stage of each session that was subject of observation and analysis in this study was the lockstep arrangement, during which direct oral interaction between the teacher and the whole class takes place. Other kinds of interaction such as pair work and group work preceded or followed the lockstep sessions, but they were not part of the analysis, which focused on the use of teachers' strategies to encourage students' spoken participation.

It was decided that the English level of the classes to be recorded was between A2 and B1 (according to the Common European Framework of Reference), given that it is expected that at these levels students can maintain short conversations in a simple way on topics that are familiar or of personal interest and also give personal opinions in informal discussions (Council of Europe). For the purposes of this study, the levels selected were not too low nor too high linguistically speaking, and it was expected that, given the amount of language that students would be able to produce, the effect of teachers' discourse strategies could be seen more clearly. That is the reason why teachers who taught those levels were selected as participants and were asked for their consent to participate in this small scale study; they were also asked for permission to video-record their classes. Classes were video-recorded and interactions between teachers and students were transcribed.

A list of discourse strategies was developed taking elements from conversation analysis, classroom discourse analysis, and mainly from the CIC model proposed by Walsh (Exploring). An observation checklist was used to identify the strategies that the participants utilized in the lockstep classroom arrangement. The list included the following discourse strategies:
1. Reformulation (rephrasing the learner's contribution)
2. Extension (extending the learner's contribution)
3. Modelling (providing examples)
4. Repair: Other-initiated Other-repair or Direct repair (the teacher corrects an error); Other-initiated Self-repair (the teacher makes the student self-repair); Self-initiated Self- repair (the student self-corrects)
5. Extended wait-time (providing enough time for students to respond)
6. Seeking clarification (the teacher asks a student to clarify what s/he said; the student asks the teacher to clarify what s/he said)
7. Confirmation checks (confirming understanding of a student's or teacher's contribution)
8. Use of display questions (questions to which the teacher knows the answer)
9. Use of referential questions (real questions to which the teacher does not know the answer)
10. Extending learner turn (turn of more than one utterance)
11. Extending teacher turn (turn of more than one utterance)

Teacher echo (the teacher self-repeats; the teacher repeats the learner's contribution)

Turn completion (the teacher completes the learner's contribution)

Back-channeling (acknowledgment tokens such as "Mhm" or "Aha")

After the strategies were identified, they were classified based on their function or move in the context of the class or lesson. For the purpose of this study, the term "move" is used here meaning "stage with a purpose inside a lesson". Three main functions or moves emerged from the data: elicitation move, expansion move and repair move; then the strategies identified were assigned to each move, including strategies that had not been considered originally.

INITIAL FINDINGS

The findings were organized in the following categories: elicitation-move strategies (to elicit ideas from students), expansion-move strategies (to extend learners' contributions), and repair-move strategies (to solve language and communication problems). In the following section, the strategies identified for each category are provided along with extracts from the videos containing examples. The following symbols are used: T= Teacher, S=Student, SS= Students, :::: = prolongation of the immediately prior sound. The examples and the name of the strategy appear in bold typeface.

1. Elicitation move. Strategies to elicit ideas from students

In order to elicit ideas, vocabulary and structures, the teachers in this study used the following discourse strategies: use of wh- display and referential questions, prompts, repetition (self-repetition and repetition of students' utterances), gestures, back-channeling and pauses (extended wait-time). As a result, as can be seen in the following extracts, students seemed to participate willingly and actively in the co-construction of the interaction along with the teacher by following prompts, answering questions, completing and extending their turns, in spite of some language problems.

EXTRACT 1 (The class is practicing the structure of the auxiliary "will")

T: If I am hot.... *What can I do? (using gestures and pointing at the window). I will:::........ I will::::..... (SELF-REPETITION/PROMPT)*
Ss: I will open the window

EXTRACT 2 (The class is practicing the use of the auxiliary "will" for spontaneous decisions.)

T: Now let's talk about a spontaneous decision (pointing at digital images projected on the board)... they are dancing a lot... they are very tired and thirsty
SS: (talking at the same time) take...
T: **I.... I.... (SELF-REPETITION/ PROMPT)**
S: **I will give them,,,**
T: **I will give them... (REPEATING SS' CONTRIBUTION)**
SS: a bottle of water
....
T: She is pregnant... and she has many things to do.. **He.... (PROMPT)**
S: He will..
T: **He::::... (PROMPT)**
　S: He will help her.

EXTRACT 3 (The class is discussing electronic devices)

T: Apart from these devices, **what others** did you mention please? **What other devices** did you mention apart from these?　　**(WH- REFERENTIAL QUESTIONS)**
S1: a blu-ray

T: **a blu-ray, right** (T writes the word on the board) **(REPEATING SS' CONTRIBUTION)**
T: **a blu-ray.... a blu-ray::::....** **(SELF-REPETITION / PROMPT)**
S2: player
T: a blue-ray player, **right** **(BACK-CHANNELING-ACKNOWLEDGEMENT)**
S3: a computer
T: a computer... **what kind of computer? (WH- REFERENTIAL QUESTION)**
SS: a laptop (T. writes the word on the board)
T: **what else? (WH- REFERENTIAL QUESTION)**
S4: A TV
T: A TV uh-huh... **What else? (WH- REFERENTIAL QUESTION)**

EXTRACT 4 *(The teacher is reminding the students of a story previously heard in class)*

T: Do you remember what happened?... *What was the problem? What was the problem? (SELF-REPETITION/WH- DISPLAY QUESTION)*
S: (almost intelligible) ...*don't remember*
T: *You don't remember... (REPEATING SS' CONTRIBUTION)*
S: ...the clock
T: *A-ha (BACK-CHANNELING-ACKNOWLEDGEMENT)*
S: ...the clock...wasn't work
T: ...or didn't... didn't work (OTHER-REPAIR)
SS... didn't work
T: OK. The clock didn't work... It was a new one, right?... *So what did she do?...What did she do?* She....(pause a few seconds)... She went to the store *and she (using gestures)... (SELF-REPETITION / PROMPT)* (TEACHER EXTENDS TURN)
SS: talked.... to the sales person
T: And *what did he say? (WH- DISPLAY QUESTION)*
SS: that he couldn't...
T: *that he:::... (REPEATING SS' CONTRIBUTION / PROMPT)*
SS: that he couldn't do anything (STUDENTS COMPLETE TURN)
T: *A-ha (BACK-CHANNELING-ACKNOWLEDGEMENT)*

2. Expansion move. Strategies to expand learners' contributions

In order to expand learner's contributions, the teachers in this study used the following strategies: display and referential questions, expressions such as "what else?" and "anything else?", back-channeling, teacher echo (repeating the student' utterance), turn completion (completing the learner's turn), clarification and pauses (extended wait-time). As a result of this, as can be seen in most of the following extracts, students seemed to participate willingly and actively by answering questions, responding to the teachers' expansion requests and extending their turns. Also, in some cases, students self-selected in order to ask questions and make comments.

EXTRACT 5 *(The class is discussing students' plans)*

T: *What about* next year, Jorge? *(WH- REFERENTIAL QUESTION)*
S: Next year.... I... will... ha:::ve.. a work.
T: *Sorry, what will happen? (SEEKING CLARIFICATION)*
S: I will have a work.
T: uh-huh.. *What kind of work? (WH- REFERENTIAL QUESTION)*
(the conversation continues, the teacher asking for more details and the student extends his turn)

EXTRACT 6 *(The class is discussing the topic of organizing parties)*

T: *I have a question for you. Is it easy to organize a party? (REFERENTIAL QUESTIONS)*
SS. No
T: *No? Why it could be easy or why not? Why do you think it could be easy or it couldn't be easy to organize a party? (SELF-REPETITION)*
S1: ... because you need... a much money
T: Ok.. A lot of money, a lot of money, right?... maybe *(DIRECT REPAIR)*
S2: ...nice ideas
S3:... the time
T: *Ideas... yes...* ideas for the party... Sorry? The time...as you mentioned *(REPEATING SS' CONTRIBUTION / BACK-CHANNELING-ACKNOWLEDGEMENT)*
S4: the decoration
T: the decoration...*yes...* to think about the details, *right? (REPEATING SS' CONTRIBUTION / BACK-CHANNELING-ACKNOWLEDGEMENT)*

EXTRACT 7 *(The class is discussing the future of technology)*

T. Tell us some information... *(REQUEST FOR EXPANSION)*
S: uhhh... in ten years...people... will use...*more air conditioning (STUDENT EXTENDS TURN)*
T: *air conditioning...* A-ha *(REPETITION OF SS' CONTRIBUTION) (BACK-CHANNELING-ACKNOWLEDGEMENT)*
S: ... because...for the .... change...the... change
T: *climate... climate change (TURN COMPLETION)*
T: So what will happen in the future... about climate change? *(REFERENTIAL QUESTION)*
....

T: Carlos
S: In ten years... er... people...will use...er...*electronic assistant (STUDENT EXTENDS TURN)*
T: An *electronic assistant... why (REPETITION OF SS' CONTRIBUTION) (EXPANDING WITH WH- REFERENTIAL QUESTION)*
S: an electronic assistant... because... it is...intelligent *(STUDENT EXTENDS TURN)*
T: *artificial... artificial intelligence (TURN COMPLETION)*

EXTRACT **8** *(The class is talking about the business or job that they would like to have)*

T: All right. *What about you Alejandro? (WH-REFERENTIAL QUESTION)*
S: I don't know.. I prefer something..like.. *something with chemistry or biology (STUDENT EXTENDS TURN)*
T: *something related to that.. for example, what would you do? (REPEATING SS' CONTRIBUTION / EXPANDING WITH WH-REFERENTIAL QUESTION)*
S: I like.. like... the laboratory... I prefer that environment (STUDENT EXTENDS TURN)
T: *like working in a laboratory...something like that (REPEATING SS' CONTRIBUTION) (REFORMULATING-REPHRASING SS' CONTRIBUTION)*
S: Yes
T: all right.. *what do you want to study... chemistry? (WH-REFERENTIAL QUESTIONS)*
S: no, my fathers don't like that
T: your parents? *(DIRECT REPAIR)*
S: yes
T: so what are you going to study? (WH-REFERENTIAL QUESTIONS)
S: So I would study like...systems...but related to environment (STUDENT EXTENDS TURN)
T: *to the environment...* oh... and later you could study what you like *(REPEATING SS' CONTRIBUTION)*

3. Repair move. Strategies to repair students' language and communication problems

In order to repair breaks in communication or make corrections, the teachers in this study used the following strategies: repetition, prompts, back-channeling, pauses (extended wait-time), other-initiated other-repair (direct repair: teacher initiates and teacher repairs), other-initiated self-repair (teacher initiates and student repairs), self-initiated self-repair (student initiates and student repairs). As can be seen in the following extracts, there was a predominance of other-initiated repair with most of the students self-correcting. In some cases, students corrected themselves without the need for the teacher to initiate repair. Interestingly, most of the students in this study seemed to be used to self-correction.

EXTRACT 9 (The class is discussing students' plans)

S: I'll go to my class of administration... *it start... it start at 1 pm..*
T: *It.... (REPETITION-PROMPT)*
S: *It?*
T: *It::: (REPETITION-PROMPT)*
S: *It starts (TEACHER INITIATED REPAIR AND STUDENT SELF-CORRECTED)*
T: *It starts (nodding the head) (BACK-CHANNELING-ACKNOWLEDGEMENT)*
S: ... at 1 pm
T: at 1 pm
S: and finish 7 pm.
T: *and? (REPETITION / TEACHER INITIATES REPAIR)*
S: and...
T: it start at 7 pm *and.. (with gestures indicating third person) (PROMPT / TEACHER INITIATES REPAIR)*
S: ....
T: (after a long pause) *FINISHES at 7 pm. (TEACHER CORRECTS- DIRECT REPAIR)*

EXTRACT 10 (The class is talking about plans)

S: *This weekend... I'm going to.. walk.. (SELF-SELECTION)*
T: Why?
S: ... because I play basketball
T: *(uses a gesture with hands to indicate future tense) (TEACHER INITIATES REPAIR)*
S: *I will play?... basketball (STUDENT SELF-CORRECTS)*
T: A-ha.. *I will play basketball? (TEACHER INITIATES REPAIR)*
S: *I'm going to play basketball (STUDENT SELF-CORRECTS)*

EXTRACT 11 (The class is talking about the things they have done that day)

T: All right, tell me some things you have or haven't done yet today
S1: I have... I ...haven't had.. my breakfast
T: (nodding) you haven't had breakfast
S2: *I haven't had... my homework*
T: *You haven't... can you repeat...? (TEACHER INITIATES REPAIR)*
S2: *I haven't had*

T: *I haven't...(T mimics the action of writing)*
S3: *done (STUDENT SELF-CORRECTS)*
T: *done (nods) (ACKNOWLEDGMENT)*
S3: *done my homework (STUDENT COMPLETES SELF-CORRECTION)*
S4: *I have already take a shower*
T: *Can you repeat...? (TEACHER INITIATES REPAIR)*
S4: *I have already take a shower... taken...taken a shower (STUDENT INITIATES AND STUDENT SELF-CORRECTS)*

EXTRACT 12 (The class is talking about problems with purchases)

T: Yazmin, Can you tell us about what happened to you... what problem you had..
S1: I.. bought a.. make-up
T: Ah... *a makeup set?.. a set? ... in a box? (DIRECT REPAIR / SEEKING CLARIFICATION)*
S1: yes.. with a sales woman... *but when arrived the product..*
T: Ok.. *when::::.... (TEACHER INITIATES REPAIR)*
S1: *the product arrived (STUDENT SELF-CORRECTS)*
T: ok.. thank you
S1: *the color isn't good for me*
T: *the color... (teacher makes a gesture) (TEACHER INITIATES REPAIR)*
S2: *wasn't (STUDENT SELF-CORRECTS)*
S1: *ok, wasn't*
T: *Or. It.. wasn't.. the color... (pointing at herself and asking for the group to participate) (TEACHER INITIATES REPAIR)*
S3: *expected*
T: Ok. *I expected... or the color that I wanted, ok?) (REFORMULATING-REPHRASING SS' CONTRIBUTION)*

PRELIMINARY CONCLUSIONS AND PEDAGOGICAL IMPLICATIONS

The teachers in this study used a variety of discourse strategies for which the main objectives were eliciting, expanding learners' turns and repairing language breakdowns. Regarding elicitation, strategies such as prompts, referential questions and teacher echo (self-repetition and repetition of students' contributions) were predominant. Regarding expansion, the strategies of back-channeling, referential questions and pauses were noticeable. Regarding repair, there was a predominance of teacher-initiated repair followed by students' self-correction; however, in some cases, errors were ignored, particularly in the moments of the class where the focus was the message and spoken fluency. In general, it can be said that the use of these discourse strategies seemed to promote students' spoken production, participation and interest as well as the construction of speech together with the teacher regardless the focus: accuracy or fluency and expansion.

However, more data may need to be collected; these preliminary findings can be enriched with questionnaires and interviews with the teachers involved in order to know their perceptions and reasons for their own interaction practices. Also, it can be interesting to explore how teaching experience affects the use of classroom discourse strategies. Further research is also needed on language classes with different levels of proficiency, and with different types of interactional exchanges in the classroom.

Even though these findings are preliminary, some implications for teaching in the classroom can be drawn. The results of this study suggest that elicitation strategies such as prompts, back-channeling, repetition and self-repetition can be very useful tools to promote participation and production because attention is focused on students and they can feel attended to and encouraged to speak. Also, if we use strategies such as referential questions, echoing learners, reformulation, clarification, increased wait-time and teacher pauses, we can scaffold students' participation and increase students' talking time as we create space for learning. Regarding repair strategies, repair initiation by the teacher can be very effective for students to gain language awareness and to be able to self-correct and improve their language accuracy.

Besides, we as teachers can learn about classroom interaction from observing other classes and our own classes. Findings from studies such as this can be used as material for teacher training and professional development courses or workshops. Trainees can observe other teachers or analyze classroom interaction videos of experienced and unexperienced teachers and look at the impact of strategies on students' participation and spoken production; they can also video-record their own classes in order to identify their own strengths and weaknesses regarding their use of strategies. As Walsh (Exploring 3) states, the examination of the language classroom interactional processes by teachers themselves can contribute to make them more effective. We may conclude that awareness of discourse strategy use can enhance classroom interactional competence, thus encouraging students' participation and fostering their language development.

REFERENCES

Bax, Stephen. *Discourse and Genre. Analysing Language in Context.* New York: Palgrave MacMillan, 2011. Print.

Brown, H. Douglas and Lee, Heekyeong. *Teaching by Principles. An Interactive Approach to Language Pedagogy*. White Plains, New York: Pearson, 2015. Print.

Clayman, Steven E. and Gill, Virginia Teas. "Conversation Analysis". *The Routledge Handbook of Discourse Analysis*, edited by James Paul Gee and Michael Handford, London: Routledge, 2012, pp. 120-134. Print.

Council of Europe. *Common European Framework of Reference for Languages: Learning, teaching, assessment*. Cambridge: Cambridge University Press, 2001. Print.

Flowerdew, John. *Discourse in English Language Education.* London: Routledge, 2013. Print.

Goh, Christine C.M and Burns, Ann. *Teaching Speaking. A Holistic Approach.* Cambridge: Cambridge University Press, 2012. Print.

Hammond, Jennifer. "Classroom Discourse". *The Bloomsbury Companion to Discourse Analysis,* edited by Ken Hyland and Brian Paltridge, London: Bloomsbury, 2011, pp. 291-305. Print.

Paltridge, Brian. *Discourse Analysis: An Introduction*.2nd ed, London: Bloomsbury, 2012

Rymes, Betsy. *Classroom Discourse Analysis. A Tool for Critical Reflection.* Cresskill, New Jersey: Hampton Press, Inc., 2009. Print.

Strauss, Susan and Feiz, Parastou. *Discourse Analysis : Putting Our Worlds into Words*. London: Routledge, 2014. Print.

Thornbury, Scott. Beyond the Sentence: Introducing Discourse Analysis. Oxford: Macmillan, 2005. Print.

Walsh, Steve. Exploring Classroom Discourse. Language in Action. London: Routledge, 2011. Print.

---. Investigating Classroom Discourse. London and New York: Routledge, 2006. Print.

van Lier, Leo.The Classroom and the Language Learner. Ethnography and second-language classroom research). London: Longman, 1988. Print.

Waring, Hansun Zhang. Discourse Analysis. The Questions Discourse Analysts Ask and How They Answer Them. London: Routledge, 2018. Print.

Wilkinson, Sue and Kitzinger, Celia. "Conversation Analysis". *The Bloomsbury Companion to Discourse Analysis,* edited by Ken Hyland and Brian Paltridge, London: Bloomsbury, 2011, pp. 22-37. Print.

Wong, Jean and Waring, Hansun Zhang. *Conversation Analysis and Second Language Pedagogy.* London: Routledge, 2010. Print.

Capítulo 16

Producción Escrita de Géneros Textuales Como Propuesta de Evaluación Formativa en Español Como Lengua Extranjera

María Leticia Temoltzin Espejel and Norma Marina Rodríguez García

Introducción

Los alumnos se enfrentan con diferentes demandas y tareas durante la producción escrita en el aprendizaje de lenguas. Dichas tareas van más allá de una simple selección de palabras o frases para completar un texto, ya que "requieren tomar en cuenta distintos aspectos tales como el contexto, la audiencia y el género textual que tienen que producir" (Marinkovich, párr. 22). En el desarrollo de las habilidades de escritura, Albarrán propone una evaluación continua, esto es, la escritura como proceso y no solo como producto donde el alumno tiene que pasar por etapas que incluyen la planificación, la textualización o producción del borrador y la edición ("La evaluación" 3). Además, el autor propone una serie de indicadores que se deben tomar en cuenta para la evaluación de los textos. Estos incluyen la gramática, el desarrollo del tema y, las características del género textual ("Los indicadores" 21).

En el caso del contexto donde este estudio se lleva a cabo, la evaluación de la producción escrita de los estudiantes de español para extranjeros en el nivel C1 es evaluada por medio de un examen final escrito. Por sus características este examen cae en la categoría de evaluación sumativa, no obstante, con el objetivo de que la evaluación de la producción escrita fuera más exitosa en términos del avance observable en la organización, secuenciación del contenido y una conciencia en la construcción del discurso, se propuso una evaluación continua o formativa de la producción escrita de los alumnos basada en géneros discursivos. Dicha propuesta considera los elementos descritos por Parodi para la producción de textos tanto orales como escritos.

Este estudio se centra en el uso de los indicadores de Albarrán y los elementos del discurso de Parodi para analizar la producción escrita de cinco alumnos de español como lengua extranjera de una universidad pública ubicada en el centro de México. El objetivo de este trabajo es evaluar la producción escrita como proceso tomando en cuenta las características de los géneros textuales que los alumnos produjeron y que incluyen la argumentación y la narración. Este es un estudio cualitativo de corte descriptivo-interpretativo que se lleva a cabo a partir de la "búsqueda de patrones en datos cualitativos" (Hak & Dul 5). Se analiza la producción de textos argumentativos y narrativos de los estudiantes de español como lengua extranjera en nivel CI de acuerdo con el Marco Común de Referencia. El objetivo es analizar si la producción escrita de los participantes es consistente con las etapas propuestas por Albarrán ("Los indicadores" 21-22) y las características señaladas por Parodi. De esta manera, es posible determinar si la evaluación formativa es una opción viable para evaluar la producción escrita de los estudiantes en C1 en el contexto de esta investigación.

Marco Teórico

Evaluación Formativa o Continua

Rosales describe las características de la evaluación formativa y sumativa. El primer concepto de evaluación formativa o evaluación durante el proceso de aprendizaje se refiere a "los procedimientos utilizados por los profesores con la finalidad de adaptar su proceso didáctico a los progresos y necesidades de aprendizaje observados en sus alumnos" (3). Esta evaluación se realiza para localizar las deficiencias del proceso de enseñanza-aprendizaje cuando aún se está en posibilidad de remediarlas, esto es, introducir sobre la marcha rectificaciones a que hubiere lugar en el proyecto educativo y tomar las decisiones pertinentes, adecuadas para optimizar el proceso de logro del éxito por el alumno. En el caso de la evaluación de la producción escrita, Abarca sugiere abordar la enseñanza de la escritura en la lengua extranjera con "un enfoque al proceso" (129); esto es, desde la generación de ideas en la mente del autor hasta el producto final que es "el resultado de la planificación, la revisión y la textualización" (Flower & Hayes 370). Por eso, durante el curso del nivel C1 se lleva a cabo este tipo de evaluación para que los alumnos planeen, escriban y corrijan los textos de diferentes géneros. La evaluación formativa tiene características diferentes a la evaluación sumativa. Ésta se describe a continuación.

Evaluación formativa vs evaluación sumativa

De acuerdo con Coello, la evaluación sumativa se enfoca en la recogida de información y en la elaboración de instrumentos que posibiliten medidas fiables de los conocimientos a evaluar. Esta evaluación tiene por objetivo "establecer balances confiables de los resultados obtenidos al final de un proceso de enseñanza-aprendizaje" (8).

Por su parte, Rosales explica que la evaluación formativa tiene las siguientes cuatro características (8): 1. Tiene una función reguladora del proceso de enseñanza-aprendizaje para posibilitar que los medios de formación respondan a las características de los estudiantes, 2. Pretende principalmente detectar cuáles son los puntos débiles del aprendizaje más que determinar cuáles son los resultados obtenidos con dicho aprendizaje, 3. Retroalimenta tanto al alumno como al docente acerca del desarrollo del proceso enseñanza-aprendizaje, 4. Detecta el grado de avance en el logro de los objetivos. Debido a estas características, en el caso del contexto donde se llevó a cabo el estudio, se adaptan las etapas del proceso de escritura definidas por Albarrán ("Los indicadores" 21-22) para dar seguimiento al proceso de escritura de diferentes géneros textuales de manera continua. Es decir, la escritura se evalúa como proceso y no solo como producto.

Por otro lado, de acuerdo con De Vincenci & De Angelis, la evaluación sumativa tiene la función social de asegurar que las características de los estudiantes respondan a las demandas y metas educativas del sistema. No obstante, también puede tener una función formativa de saber si los alumnos han adquirido los comportamientos terminales previstos por el maestro (1-2). En consecuencia, si tienen los prerrequisitos necesarios para posteriores aprendizajes o bien determinar los aspectos que convendría modificar en una repetición futura de la misma secuencia de enseñanza-aprendizaje. Finalmente, este tipo de evaluación determina si se lograron los objetivos educacionales estipulados, y en qué medida fueron obtenidos para cada uno de los alumnos. Por eso, en este contexto se acordó que la evaluación del curso fuera de tipo formativa, ya que en el resto de los niveles (A1 al B2) se lleva a cabo una evaluación sumativa. Esto es, en este contexto el curso de español C1 es el único que se evalúa de manera formativa e incluye la revisión de la producción escrita de los participantes dividida en las etapas de planificación, textualización, revisión y edición del texto. A continuación, se describen los géneros discursivos que son uno de los focos de análisis de este estudio. Asimismo, se ahonda en el modelo utilizado para llevar a cabo el análisis de los textos.

Géneros Discursivos

Ken Hyland afirma que el género se refiere a "las diversas formas abstractas y sociales de usar el lenguaje y depende del contexto social en que se ha creado y en que se usa" (21). Estas características se pueden utilizar para agrupar los textos parecidos entre sí y para determinar las elecciones y las restricciones que debe afrontar el autor al escribirlos. De este modo, se concibe el lenguaje como algo incrustado en la realidad social y como algo constitutivo de la misma.

Por otro lado, Zayas profundiza en la definición de géneros discursivos y destaca que cada género se asocia a un tipo de intercambio verbal dentro de una esfera determinada de actividad social (66). A su vez, el tipo de actividad que van a realizar los hablantes mediante el lenguaje dentro de una determinada situación discursiva determinará la selección del género. Con relación a los temas, el estilo verbal y la composición, los géneros poseen formas típicas relativamente estables que reflejan las características de la interacción.

Berkenkotter y Huckin (ctd en Cassany 12) describen tres aspectos de los géneros discursivos: 1. Están situados y tienen un punto de vista situado en un ámbito cultural, idiomático y contextual. 2. Están organizados en forma y contenido; por lo que conocer un género exige dominar su contenido y su forma; 3. Delimitan comunidades discursivas, con sus normas, epistemología, ideología. Por lo cual, el dominio de éstos en el aprendizaje de español como lengua extranjera requiere que el estudiante concientice estos aspectos en cada uno de los géneros estudiados.

Finalmente, Parodi explica que un género discursivo se sustenta en conocimientos previos de los participantes, llámense hablantes /escritores u oyentes/lectores. Los géneros discursivos se basan en parámetros contextuales, sociales y cognitivos a través de representaciones mentales altamente dinámicas, y se utiliza en virtud de "propósitos comunicativos, participantes, contextos y modos de organización discursiva" (27).

Todos los rasgos mencionados forman un conjunto de características que puede ser representado con el siguiente esquema:

Figura 1: Características

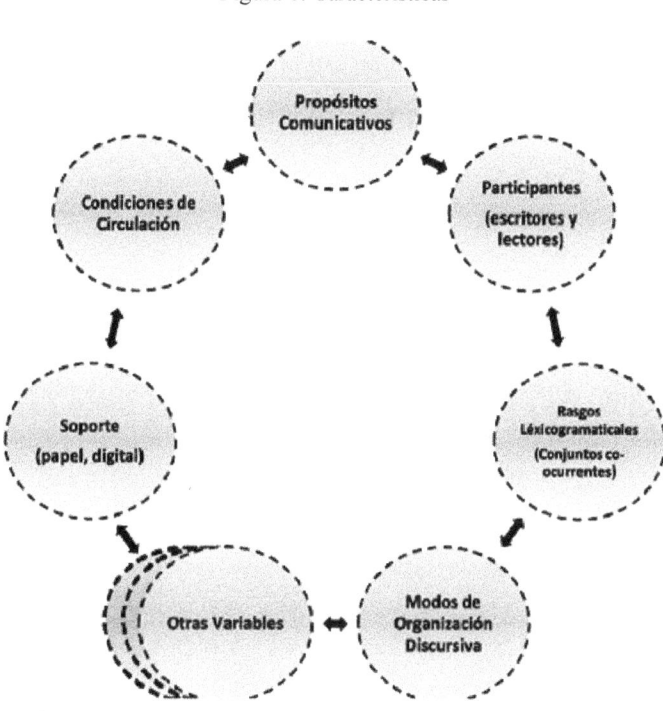

Source: Tomado de Parodi (27)

De acuerdo con Parodi, los géneros discursivos poseen las siguientes características. (a) Son tipos básicos de enunciados que expresan diferentes formas de organizar el discurso, (b) Permiten la secuenciación de los contenidos y definen al género como predominantemente narrativo o argumentativo, (c) Responden a tipos relativamente estables de combinación de enunciados, a través de los cuales se identifica "una organización reconocible por su estructura jerárquica interna y por su unidad compositiva". (Adam 666).

Considerando los elementos descritos por Parodi para la producción de textos tanto orales como escritos se presume que, a diferencia de la evaluación sumativa, la evaluación continua de la producción escrita es más exitosa para los alumnos en términos del avance observable en la organización, secuenciación del contenido y una conciencia en el modo de organización del discurso.

La evaluación formativa en el curso de español para extranjeros se justifica en relación con el contenido del syllabus del nivel 9 de los cursos de español para extranjeros. Dicho contenido se basa en los planteamientos teórico-metodológicos propuestos en el Marco Común Europeo de Referencia de las Lenguas (MCER) para el nivel de Usuario Competente (C1). En este curso se reflexiona acerca de los fenómenos dialectales, léxicos, fonéticos y morfosintácticos más significativos del español latinoamericano y peninsular, aunque se privilegia el español culto del altiplano mexicano. Para lograr esta reflexión se hace un recorrido teórico-práctico a través de cinco géneros discursivos o macrofunciones: narración, descripción, exposición/explicación, argumentación y diálogo (Simón). A continuación, se describen los géneros que corresponden al enfoque de esta investigación: narración y argumentación.

Tipos de texto

Parodi & Gramajo afirman que los textos se clasifican de acuerdo con organización, la cual se ve afectada por el tema, por los elementos gráficos y por las características estructurales (211).

Texto narrativo

De acuerdo con Gisbert, en este tipo de texto hay "una secuencia de hechos y una relación de causa y efecto entre ellos, por lo que el enfoque de este texto se centra en la acción" (100). Tanto los personajes como el contexto se desarrollan a través de ésta. El hecho de que haya una secuencia lógica en el desarrollo de la historia hace que los tiempos verbales jueguen un papel fundamental en este tipo de texto.

Texto argumentativo

Marín y Morales afirman que en este tipo de texto puede haber múltiples funciones tales como explicar, demostrar, confrontar ideas, informar, entre otros. El esquema de este tipo de texto generalmente consiste en una introducción, el desarrollo y la conclusión (335). Esta estructura se hace notoria a través de la elección de estructuras y conectores que se requieren para construir este discurso. A pesar de que en el curso de nivel C1 se estudian otros géneros, estos dos son los que se analizan en este estudio a partir de las etapas de escritura que se describen en el siguiente apartado.

Etapas de escritura

Para Flower & Hayes la escritura no tiene una estructura lineal, sino existe la posibilidad de detenerse en alguna parte del proceso o incluso regresar al inicio para después continuar (367). Asimismo, conciben tres etapas principales que son la planificación, la textualización y la revisión (369). La percepción de la escritura como proceso y no como producto posibilita la ventaja de analizar cada uno de los elementos que el alumno debe tomar en cuenta en las distintas tareas de escritura como la planeación, la organización, la edición y la reescritura (Brookes & Grundy 18). Esto es, que los estudiantes pueden concientizar cada elemento textual como la audiencia y la organización textual en cada tipo de discurso, lo cual contribuirá a sistematizar el proceso al producir tipos de texto específicos. Asimismo, Albarrán ("Los indicadores" 21-22) sugiere que las fases de planificación, textualización y revisión consisten en actividades específicas que se incluyen en la siguiente tabla.

Tabla 1. Etapas del Proceso de Escritura

Planificación	- Genera ideas a través de una técnica. - Organiza las ideas a través de una técnica. - Revela la estructura del texto. - Queda claro en el borrador los objetivos a lograr con el escrito.
Textualización	- Actividad mental: lleva a cabo procesos cognitivos, genera ideas, plasma opiniones, etc. - Ejecuta el plan - Realiza borradores
Revisión (diagnóstico y corrección)	- Revisa formas y contenidos - Usa pautas de autocorrección - Acepta las correcciones del profesor

Source: Albarrán 21-22

La tabla anterior presenta las etapas del proceso de escritura adaptadas para esta investigación. En esta se explican las principales actividades que el estudiante lleva a cabo en cada etapa. Con base en este marco teórico, a continuación, se presenta el modelo metodológico utilizado para el presente estudio.

METODOLOGÍA

La presente investigación se llevó a cabo en una universidad pública en el centro de México, en particular en el Centro de Lenguas Extranjeras. Esta universidad cuenta con una población de más de 60 mil alumnos. Por otro lado, el Centro de Lenguas Extranjeras ofrece cursos de idiomas incluyendo inglés, francés, alemán e italiano entre otros. Los alumnos que toman cursos de español para extranjeros son estudiantes de intercambio que permanecen por uno o dos semestres en la universidad. En Centro de Lenguas ofrece nueve niveles del A1 al C1 en todos los idiomas y es el nivel 9, correspondiente al nivel C1, el último de estos niveles. En el caso de los alumnos de intercambio, la coordinación del departamento de español aplica un examen de ubicación, diseñado por la misma coordinación y lleva a cabo una entrevista oral a los alumnos para ubicarlos en el nivel correspondiente.

Participantes

La población comprende un grupo de cinco alumnos de nacionalidad china y coreana. Su rango de edad es de entre 20 y 22 años. Los seudónimos de los participantes son Sebastián, Jaime, Victoria, Isabel, Carolina y Brenda. Todos estos alumnos estaban inscritos en la clase de español 9 en el momento en que esta investigación se llevó a cabo. Asimismo, todos habían cursado el nivel 8 (B2.2) en el periodo anterior a la recolección de datos. Esto es, llevaban un semestre estudiando español, además de las materias correspondientes a sus carreras en la universidad. El curso de español constó de 90 horas dividido en sesiones de dos horas tres veces por semana.

Recolección de datos

La recolección de datos se llevó a cabo durante todo el semestre de Primavera 2017 en el Centro de Lenguas Extranjeras. Se les solicitó a los alumnos entregar evidencias, es decir, borradores de los textos producidos y entregar una revista como el producto final. Los estudiantes practicaron otros géneros durante el curso. No obstante, fueron los textos narrativos y argumentativos los que se analizaron debido a que a lo largo de los demás cursos y, en particular en el nivel anterior al que están ubicados los alumnos, son los que han practicado con más frecuencia. Los textos producidos se basaron en los modelos que encontraron en el libro de texto "Dicho y hecho 8" de la Universidad Nacional Autónoma de México. La estructura de los textos narrativos y argumentativos incluidas en el libro es consistente con las características presentadas en este estudio. Después de estudiar cada tipo de texto en clase, el alumno debía escribir una cuartilla y media acerca de un tema de su elección.

Para recabar los datos se adoptó el modelo metodológico planteado por Cassany que consta de las siguientes etapas.

a) Identificar y describir lingüísticamente los géneros. En esta etapa se presentan de manera explícita los géneros, sus características, estructura y se dan ejemplos de cada uno.

b) Organizar los contenidos lingüísticos alrededor de los géneros identificados. En esta etapa, el alumno organiza los conocimientos gramaticales que ha adquirido previamente para identificarlos en los ejemplos de los géneros textuales que se le presentan, para después aplicarlos en la redacción de los textos.

c) Organizar el trabajo del curso en proyectos prácticos. En esta etapa, el alumno decide la temática y empieza a redactar textos que se asemejen a los textos que se le presentaron o que él mismo encontró como ejemplos. A partir de estas etapas se trabajó con los participantes para analizar los borradores, dar retroalimentación, revisar las correcciones y preparar el producto final (Cassany 17-18)

Análisis de datos

Para el análisis de resultados, se utilizaron los marcadores de evaluación del proceso de escritura propuestos por Albarrán ("Los indicadores" 21-22) y que corresponden a las actividades que el alumno debe hacer en cada una de las etapas del proceso de escritura: planificación, textualización y revisión. En este paso, el alumno debía cumplir con al menos dos de las actividades para considerar que había cumplido con cada fase. En la segunda fase, se analizó que los componentes que Parodi propone estuvieran presentes en cada texto analizado: "propósito comunicativo, participantes, rasgos léxico-gramaticales y modo de organización discursiva" (27). Este análisis se hizo a través de la técnica de coincidencia de patrones (*pattern matching*) que consiste en analizar cómo un número de condiciones que deben estar presentes para que un resultado exista (Hak & Dul 5). Es decir, el alumno debía cumplir con el total de características planteadas por Parodi para determinar que el texto estaba correctamente redactado y con las actividades que corresponden a cada etapa del proceso.

El proceso de recolección y análisis de datos se presenta en la siguiente figura 2.

Figura 2: Etapas para la Recolección y Análisis de los Datos

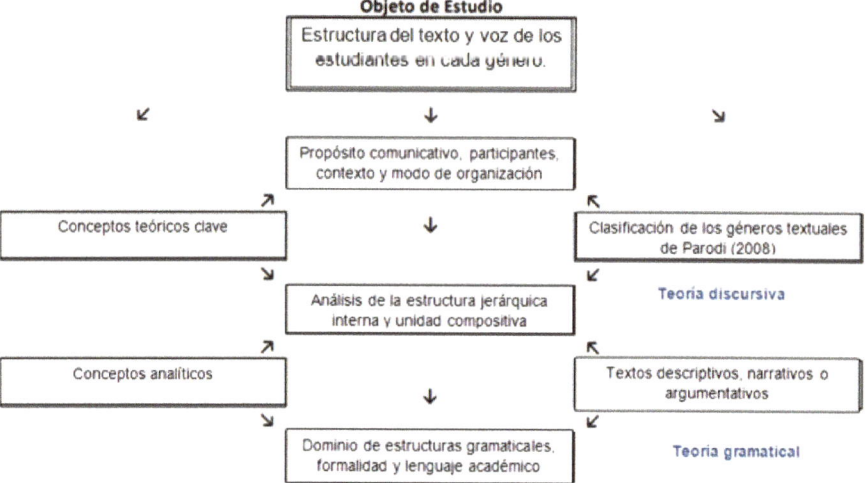

Source: Adaptado de Santander (217)

En esta figura se presentan las etapas que se llevaron a cabo para la recolección y el análisis de los datos. Algunos de estos ocurrieron de forma simultánea. Por ejemplo, organizar los géneros identificados ocurre a la par de la textualización, ya que mientras el alumno analiza las características de los géneros textuales también los produce tomando en cuenta las características que cada uno incluye de acuerdo con la descripción de Parodi y las actividades que debe realizar en cada una de las etapas del proceso de acuerdo con Albrarrán ("Los indicadores" 21-22). A través de este esquema, fue posible hacer un análisis de los patrones que sí se cumplían en cada uno de los textos en forma de una lista de cotejo. (Anexo A). Posteriormente, esta lista sirvió para dar seguimiento al proceso de escritura de narración y argumentación de los participantes en este estudio.

Para la característica de soporte, todos los documentos fueron entregados en papel y para la de condiciones de circulación todos los participantes sabían que los borradores eran leídos solo por la profesora del curso y la versión final sería compartida con el resto del grupo. Todos los textos que produjeron los alumnos fueron analizados bajo este enfoque, desde el borrador, hasta el texto editado y la versión final.

Resultados

Textos argumentativos

De acuerdo con el análisis encontrado en los instrumentos de análisis de los datos, se identificó que en la etapa de planificación todos los participantes cumplieron con la actividad "queda claro en el borrador el objetivo a lograr con el escrito". Por ejemplo, Sebastián planteó su texto como una pregunta "*¿Los mejores deben conceder a los peores?*" y a partir de aquí él se plantea como objetivo mostrar argumentos suficientes para responder la pregunta. Esto también es consistente con Parodi acerca de que un elemento en la producción del discurso es propósito comunicativo. En el caso de los participantes en este estudio todos comprendieron que debían o narrar o argumentar y las características textuales y lingüísticas de este género. Finalmente, en el análisis de estos textos las características más sobresalientes son que los alumnos demuestran un propósito comunicativo claro y tienen muy poco que corregir en cuestiones léxico-gramaticales. No obstante, una diferencia significativa radica en el hecho de que algunos se dirigen a un público más general u otros solamente se limitan a escribir para sus compañeros de clase. Esto concuerda con Parodi, pues el alumno toma en cuenta los participantes, esto es, a quién le va a escribir y dirige el discurso tomando en cuenta esa audiencia. Otra diferencia significativa es que en el caso de Sebastián, Isabel y Brenda los argumentos que utilizan son más formales y académicos, mientras que los de

Aquiles necesitaron más retroalimentación con respecto a las características del discurso. Estos resultados se resumen en la Tabla 2.

Tabla 2: Texto argumentativo

Aquiles	¿El cuchillo y el tenedor o los palillos?	Se dirige a un público mexicano. Habla desde el "yo"	No hay correcciones	Contrasta posturas
Isabel	La "verdad" de la marihuana	No solo se dirige a la profesora sino a un público más general	Algunos problemas de deletreo	Separa los párrafos en subtemas
Brenda	Las dificultades de aprender español	No solo se dirige a la profesora sino a un público más general	Usa conectores como Primero, segundo, la última. Problemas de deletreo en algunas palabras	Enfoque más académico.

Fuente: Propia

Tabla 2

Esta tabla representa las similitudes y diferencias entre la producción de textos argumentativos de los participantes. Por ejemplo, Sebastián produce un texto más impersonal cuando dice "*Es un mérito social que los mejores compartan lo que tengan a otros, so lo hacen de su propia voluntad*", mientras que Aquiles presenta una anécdota al principio y dice "*Es posible que al final de la película te decepcione mucho*" y deja a la definición de la eutanasia en segundo plano.

Texto narrativo

En el análisis de las etapas hubo consistencia en que en este texto también cumplieron con la actividad "queda claro en el borrador el objetivo a lograr con el escrito". Por ejemplo, Jaime comenzó esta etapa escribiendo *"Nunca olvidaré lo que pasó ese día"*. Él uso de esta frase muestra el conocimiento de Juan acerca de que la narración amerita el uso de tiempos pasados como el pretérito y el imperfecto. Asimismo, el uso de esa frase indica que está preparando al lector para una narración. Por otro lado, en la etapa de textualización, como parte del requisito del proceso de escritura todos realizaron dos borradores y la versión final. De hecho, una característica de esta etapa es que los borradores tuvieron correcciones mínimas en aspectos de estructura y de gramática. Por ejemplo, Isabel comete errores en frases como *"quiero buscar la casa de espíritu"* y *"hoy es el sábado"*, pero no comete errores en el uso de los tiempos. Además de que la narración está organizada con marcadores de texto como *"al siguiente día"*, *"por fin"*. En la enseñanza del español, estos resultados constituyen una evidencia de que en la enseñanza de español como lengua extranjera en este nivel el estudiante no necesita un examen de estructuras gramaticales que ya domina, sino de aplicarlas, por ejemplo, en la producción de diversos textos.

En el texto narrativo existen más similitudes entre las características que los textos presentan. La más sobresaliente es que, a excepción de Brenda, los errores en gramática y vocabulario fueron muy pocos o insignificantes. Esto, probablemente está asociado con el hecho de que el alumno escribe sus propias historias y sentimientos, a diferencia de los textos argumentativos donde tiene que presentar las ideas, opiniones y argumentos de otros. Los resultados se resumen en la siguiente tabla.

Tabla 3: Texto narrativo

Participante	Propósito Comunicativo	Participantes	Rasgos Léxico-gramaticales	Modo de organización discursiva
Sebastián	El bonito cisne	Se dirige a un público en general	No hay correcciones	Falta reforzar el cierre de la historia.
Jaime	La mujer desaparecida	Se dirige a un público en general	No hay correcciones.	Utiliza diálogo dentro de la historia

Participante	Propósito Comunicativo	Participantes	Rasgos Léxico-gramaticales	Modo de organización discursiva
Aquiles	Un verdadero cuento horroroso	Se dirige a sus compañeros	No hay correcciones	El final no corresponde con la historia
Isabel	¿Dónde está la casa del espíritu?	Redacta en segunda persona, habla consigo mismo	No hay correcciones	División clara de las partes del texto.
Brenda	El pez valiente se vuelve volador	Se dirige a un público en general	Varios errores de acentuación. Uso correcto de los tiempos pretéritos.	Incluye detalles.

Fuente: Propia

Esta tabla nos sugiere también que los alumnos escriben para un público más abierto, no solamente para sus compañeros de clase como fue en el texto argumentativo. Por ejemplo, Brenda escribe de manera impersonal *"En una noche brillante por la luna llena, se sentía que alguien estaba acechando con los ojos grandes y amarillos como la luna"*.

En resumen, a pesar de que utilizaron diferentes tipos de narrador, todos lograron cumplir con las características del texto establecidas para el género narrativo. Hay indicios de que el alumno ha tomado los elementos establecidos para la producción de cada texto. Finalmente, en cuanto a los resultados obtenidos en la lista de cotejo se encontraron las siguientes características. En la etapa de planificación no hay una organización de las ideas a través de una técnica, pero sí una generación de ideas a partir de lluvias de ideas y de plasmar una estructura (*outline*) antes de plasmar el texto. En la etapa de textualización todos los participantes ejecutan el plan como lo tenían organizado en el esquema y realizan borradores partiendo de éste. Este es un indicador de que en este nivel no es necesario pasar por etapas anteriores a esta si el alumno ya es capaz de organizar el discurso de esta manera. Este resultado también es evidencia de que en este nivel es posible utilizar el esquema propuesto por Cassany (27) para organizar los contenidos lingüísticos alrededor de los géneros identificados, siempre y cuando se haga a partir de documentos reales, ya que la exposición previa al tipo de texto que tenía que elaborar el alumno le sirvió como guía para elaborar los mismos. Finalmente, en la etapa de revisión todos los participantes aceptaron las correcciones del profesor en su totalidad, excepto en el caso de participantes como Victoria que tuvo que encontrar pautas de autocorrección donde la profesora no entendía algunas partes. Por ejemplo, el borrador del texto narrativo decía "*señor López todavía no presentara*" y para la edición escribió "*El señor López todavía no aparecía*". Esto solo constituye evidencia de que el papel del profesor es fundamental en el proceso de desarrollo de la escritura académica en español como lengua extranjera, aun cuando las correcciones sean mínimas. A continuación, se presentan las conclusiones que se derivan de los resultados presentados en este apartado.

Conclusión

De acuerdo con el análisis de los datos, los estudiantes fueron capaces de producir textos con las características requeridas según el tipo de discurso. Estos resultados sugieren que

1. La aproximación al proceso de escritura a través del modelo de Cassany (17-18) para el seguimiento al proceso de la producción escrita basada en géneros discursiva funcionó en este contexto. Esto es, con base en la experiencia de los participantes como escritores y aprendices de la lengua, la exposición a textos con características similares a las que se requerían fue suficiente para que los alumnos produjeran textos adecuados y con correcciones mínimas. Lo cual hace pensar que este modelo también podría funcionar en contextos similares o con estudiantes con características similares.

2. El seguimiento del proceso de escritura y el análisis de las muestras a través de la lista de cotejo fue útil para observar y evaluar la producción escrita de los alumnos. No obstante, necesita modificaciones como describir más a detalle a qué refiere cada actividad o ejemplificar algunas de ellas, ya que al analizar los trabajos algunos rubros parecen muy obvios o sencillos.

3. Con base en los resultados presentados es posible argumentar que los estudiantes en este nivel ya poseen un dominio amplio de las estructuras gramaticales, pero también de su uso para producir textos en diferentes tipos de discurso. Los estudiantes en este nivel pueden alcanzar el nivel de escritor experto descrito por Albarrán como un escritor que "refleja un uso correcto de la gramática; una apropiada presentación del escrito; y una selección adecuada del género y tipología textual" ("Los indicadores" 29). Por lo que la propuesta de evaluación a través de la producción de textos parece haber sido hasta ahora más eficiente que la evaluación a través de exámenes que evalúan la gramática. Esta

evidencia constituye un argumento sólido para la continuación de la propuesta de evaluación en este contexto o la implementación de esta en contextos similares.

Discusión

Este estudio nos permitió analizar la producción de textos de cinco estudiantes de español como lengua extranjera en el nivel C1 de acuerdo con el MCER. El análisis de los resultados permite concluir que, en este nivel, el uso de la producción escrita como un instrumento de evaluación formativa es útil para determinar el avance que el alumno ha hecho en esta habilidad. Asimismo, este aporta a nuestro contexto inmediato una forma innovadora de evaluación que requiere que el alumno demuestre sus habilidades en práctica continua y no a través de un examen. También, propone una lista de cotejo para el seguimiento del proceso de escritura y da evidencia de cómo se puede evaluar la producción escrita de alumnos en nivel C1 de español como lengua extranjera.

Por otro lado, como resultado del análisis de los datos se considera necesario que el alumno esté consciente de este proceso y que tome en cuenta a todos los elementos contextuales para la producción de textos escritos, más allá de los presentados en esta investigación. Finalmente, se considera necesario ampliar esta investigación utilizando esta metodología aplicada a la producción de otro tipo de textos y en otros niveles de suficiencia para analizar el desarrollo de la producción escrita antes de que los alumnos lleguen al último nivel y así poder detectar y tal vez corregir posibles fallas que se presenten en el desarrollo de esta habilidad.

REFERENCES

Abarca, Marta Madrigal. "La escritura como proceso: metodología para la enseñanza de la
expresión escrita en español como segunda lengua." *Revista de filología y lingüística de la Universidad de Costa Rica* (2008): 127-141. Web. 1 de julio de 2019. https://www.redalyc.org/pdf/356/35603116.pdf

Adam, Jean-Michael. "Genres, textes, discours: pour une reconception linguistique du concept de genre". *Revue belge de philologie et d'histoire*, 75.3 (1997): 665-681.
Web. 5 de abril de 2019. https://www.persee.fr/doc/rbph_0035 0818_1997_num_75_3_4188

Albarrán Santiago, Manuel. "La evaluación en el enfoque procesual de la composición escrita." *Educere* 9.31 (2005): 545-551. Impreso.

---. "Los indicadores de evaluación y los niveles de calidad de la composición escrita." *Didáctica. Lengua y literatura* 21 (2009): 19-32. Impreso.

Brookes, Arthur, and Peter Grundy. *Beginning to write: Writing activities for elementary and intermediate learners*. Cambridge University Press, 1998. Impreso.

Cassany, Daniel. "Metodología para trabajar con géneros discursivos." *Jornadas sobre lenguajes de especialidad y terminología; Leioa, Biscaia, 1 febrer de 2008.* (2008). Web. 1 de julio de 2019.
https://repositori.upf.edu/bitstream/handle/10230/21506/Cassany_LI BURUAehuei08- 02.pdf?sequence=1

Coello, José Elías. "La evaluación diagnóstica, formativa y sumativa." *Tomado de la*
Revista de la Educación del Pueblo 81 (2001): 5-23. Impreso.

CONSEJO, DE EUROPA. "Marco común de referencia para las lenguas: aprendizaje, enseñanza y evaluación (MCER)." (2001). Impreso.

De Vincenzi, Ariana, and Patricia De Angelis. "La evaluación de los aprendizajes de los alumnos." *Curricular pedagógica, Carrera de Especialización en Docencia Universitaria, UAI* (2008). Web. 5 de abril de 2019.
https://www.panoramadelarte.com.ar/hamal/pdf/criterio_evaluativo.pdf

Flower, Linda, and John R. Hayes. "A cognitive process theory of writing." *College composition and communication* 32.4 (1981): 365-387. Impresa.

Gisbert, José M. Bustos. *La construcción de textos en español*. Vol. 62. Universidad de Salamanca, 1996. Impreso.

Hak, Tony, and Jan Dul. "Pattern matching." (2009). Impreso.

Hyland, Ken. "Genre-based pedagogies: A social response to process." *Journal of second language writing* 12.1 (2003): 17-29. Web. 13 de marzo de 2019.
http://www.personal.psu.edu/kej1/APLNG_493/old_site/Hyland_2003.pdf

Marín, Ernesto Ilich, and Oscar Alberto Morales. "Análisis de textos expositivos producidos por estudiantes universitarios desde la perspectiva lingüística discursiva." *Educere* 8.26 (2004): 333-345. Web. 22 de febrero de 2019. https://www.redalyc.org/pdf/356/35602607.pdf

Marinkovich, Juana. "Enfoques de proceso en la producción de textos escritos." *Revista signos* 35.51-52 (2002): 217-230. Web. 3 de noviembre de 2019. http://dx.doi.org/10.4067/S0718-09342002005100014

Parodi, Giovanni y Aída Gramajo. "Los tipos textuales del corpus técnico profesional PUCV 2003: una aproximación multiniveles." *Revista signos* 36.54 (2003): 207- 223. Web. 25 de mayo de 2019.
https://scielo.conicyt.cl/scielo.php?pid=S0718-09342003005400006&script=sci_arttext&tlng=en

Parodi, Giovanni. "Géneros académicos y géneros profesionales." *Accesos discursivos para saber y hacer. Valparaíso, Chile: Ediciones Universitarias de Valparaíso* (2008). Impreso.

Rosales, María Margarita. "Proceso evaluativo: evaluación sumativa, evaluación formativa y Assessment su impacto en la educación actual." *Congreso Iberoamericano de Ciencia, Tecnología, Innovación y Educación*. Vol. 4. 2014. Impreso.

Simón Ruiz, María Cristina. *Dicho y Hecho 8*, México: UNAM-CEPE, 2014. Impreso.

Zayas, Felipe. "Los géneros discursivos y la enseñanza de la composición escrita." *Revista Iberoamericana de Educación.* 59 (2012). Impreso.

CHAPTER 17

Peeking into Four Mexican High School Students' Journals in English: A Teacher Study

Laura Rugerio Valerio, Fátima Encinas Prudencio and Yonatan Puon Castro

INTRODUCTION

International foreign language policies such as the implementation of the Common European Framework by the Council of Europe in 2001 along with the Mexican educational reform (Reforma Educativa de Educación Básica & Reforma Educativa de Educación Media Superior) have promoted English as a central component in the public education curriculum. The implementation of these reforms has generated debates concerning the challenge of meeting local and international English language teaching standards in the Mexican public education contexts (Davies).

Although the Secretaría de Educación Pública has promoted the articulation of English language teaching in basic education through the implementation of the Programa Nacional de Inglés, the English language curriculum in public high school education still remains an isolated effort in terms of its goals, pedagogic orientation, textbooks and materials. Since high school instruction represents a bridge between either getting a job in the secondary and tertiary sectors or continuing higher education studies, an unarticulated English language instruction could cause a very negative impact on Mexico's economy and education goals. On the one hand, English is a highly valued skill by the food manufacturing, manufacturing and service sectors (BC 46) and, on the other, there seems to be a direct relationship between English language proficiency and postgraduate studies and scientific research (BC 50)

Furthermore, there is evidence that EFL students in high school and higher education often struggle with their English learning (Namjoo and Marzban). In some cases, this could be due to teachers' strong emphasis on listening and speaking and less on reading and writing (Mendoza). Research suggests that practicing both reading and writing could help students enhance their language learning in general (Bazerman). However, since the implementation of the

National English Program in Basic Education in 2009, research has focused on the implications of English language teaching in the Mexico's basic education (Ramirez). The increased interest in ELT in basic education has unbalanced the academic discussion and, as a consequence, created a research gap both in the ELT public high school contexts and, in particular, reading and writing in English at this level.

In this context, the fact that most millennials have permanent access to reading and writing in English, through comics, social media, and lyrics, resonates with the idea of promoting English language learning through the New Literacies Approach. This article reports on the implementation of a year-long free journal writing experience as an extended literacy practice (Moje and Ellison) to give students the opportunity to learn English in an alternative way. The main objective, then, was to ignite students' confidence by writing in English about their interests, concerns and needs (Takaesu).

THEORETICAL FRAMEWORK

In recent years, there has been a renewed interest in literacy practices in the mother tongue in diverse high school contexts. A number of researchers in Latin America and Spain focus on disciplinary literacies. Lopez study the teaching of literature in high school. Bazerman et al focus on literacy in the teaching of science in high school education. Most authors (López, et al; Moje, et al) propose the implementation of meaningful activities in high school education whereas Hernandez and Cassany propose more practice outside the classroom which Moje and Ellsison have defined as extended literacies.

In the foreign language domain, English language learners face difficulties not only acquiring the language but finding opportunities to practice outside the classroom (Tuan). Thus, there seems to be a need to promote extracurricular activities in English that respond to students' interests and their perceived needs. In the light of this, Castellanos stated that journal writing could be beneficial for an EFL class since "It allows students' free choice. They had the opportunity to exercise a degree of autonomy which involved exercising free choice in selecting the topics they explored..." (125). Thus, journal writing might be a great alternative to practice English triggering students' interests.

The New Literacies approach considers texts, literacy events and literacy practices as a social practice. Barton and Hamilton present six propositions which are the fundamentals of this theory:

- Literacy is best understood as a set of social practices; these can be inferred from events which are mediated by written texts.
- There are different literacies associated with different domains of life.

- Literacy practices are patterned by social institutions and power relationships, and some literacies are more dominant, visible and influential than others.
- Literacy practices are purposeful and embedded in broader social goals and cultural practices.
- Literacy is historically situated.
- Literacy practices change and new ones are frequently acquired through processes of informal learning and sense making (8).

Literacy research, therefore, studies texts to have an in-depth view of people's literacy events to comprehend their literacy practices. These practices, in turn, are associated to the different cultures, language systems, and social functions within a setting. Moreover, literacy or literacies vary according to the function, culture, register we use. The social context shapes the codes and protocols we use in literacy and has a relationship in the way individuals interact with literacy.

Literacy practices are defined as social interactions; connections that are created from one practice to another to make sense of a context (Pardue and Ivanic). In other words, what we do with literacy practices in a specific context is to understand a particular situation. Literacy events reside in activities where literacy possesses a role in a particular setting; these settings can be school, home or any other place where written texts are used.

So, this approach was appropriate to promote students' reading and writing foreign language development since it focused on their own lives through the use of a journal that described, analyzed, and evaluated their meaningful experiences in a school year. The participants considered different contexts where they interacted as well as people, they thought important for them.

The Literacies for Learning in Further Education framework was used to explore the participants' literacy practices through the identification of their literacy events, their literacy entries. LfLFE framework is based on the previous work carried out in Lancaster University with other two universities where the literacy practices of students were studied to see the use of reading and writing in their context (Pardue and Ivanic). This framework consists of nine questions that help us analyze how people use reading and writing in their context.

METHODOLOGY

The participants in this study were four second grade students in a public high school in Central México. Their ages ranged from 16 to 17, three female students and one male student all belonged to the same English class. These students developed their journal entries beyond the paragraph level. The following table shows participants' characteristics.

Table 1: Characteristics of the Participants

NAME	AGE	INTERESTS	POSSIBLE CAREER	FAMILY	CHARACTERISTICS
Eva	17	School, books, friends, writing	Environmental Engineering	Oldest daughter, parents constantly involved	Outstanding student Responsible Caring Strong Sensitive Sympathetic
Felicia	17	Book, languages, family, writing	Biomedical Engineering	Oldest daughter, second marriage, mother's biggest influence	Brilliant student Outspoken Sociable Thankful Dreamer Sensitive Optimistic Humble Responsible
Maria	16	Drawing, chemistry, boyfriend,	Chemist	Middle daughter, parents are not very involved	Sensitive Sweet Responsible Shy Caring Creative
Andres	17	People, literacy, rural areas,	Sociologist/ philosopher	Oldest son, parents are interested in his education	Outgoing student Outspoken Caring Humble Analytic Critical thinker

Source: Own Source

In order to collect the data, the four participants signed a consent letter at the beginning of the project. Then the data was collected using two data sources: 1) the students' journal entries at the beginning, middle and at the end of the English course and 2) a semi structured interview to explore their interests and needs as well as their perceptions about writing a journal. Participants' identity was maintained secret by using pseudonyms at all times in this study.

The students' journal entries were analyzed based on the Nine Aspects of Literacy Practice (Pardue and Ivanic). This framework consists of nine questions that help us analyze how people use reading and writing in their context.

Figure 1: Literacies for Learning in Further Education; Nine Aspects of Literacy Practices

What?	Why?	Who?
↑	↑	↑

Nine aspects of Literacy Practice		
Topic + issues	Purpose (s)	Audience (s)
Styles, designs conventions	Flexibility + constraints	Roles, identities + values
Modes + technologies	Actions + processes	Interaction, collaboration + use of sources

Source: Pardoe, and Ivanic, 2007.

FINDINGS

Students' entries and literacy extended practices and literacy development

As mentioned above, the entries were analyzed using Nine Aspects of Literacy Practices (Ivanic and Pardue). The description of the practices through the framework displayed the participants' writing development in a school year. The participants started writing a paragraph or two and by the end of the school year these entries were one or two pages long. The excerpts used for this analysis were taken directly from the entries and only modified when the writing was confusing.

Students' Topics and Issues

The participants only discussed topics (romantic and family relationships and the future and their country) that were meaningful for them. Students wrote about their routines, school and extracurricular activities. They were open to new ideas such as travelling, reading and watching movies.

In the first descriptive entries, participants mostly discussed issues related to high school, hobbies, social life, family and their dreams. After the descriptive stage they wrote about meaningful events in their lives. For example, Felicia wrote about some of her ideas after watching the news and reflecting on the political situation in Mexico. In other words, they were open to what was happening in their contexts and the world.

In their first entries, the audience was mainly the English teacher. In the second type of entries, students reflectively analyzed both their personal situations and their contexts. The audience were the English teacher and generally themselves. There was only one case in which the participant wrote for her classmates.

The next excerpts show an example of a first descriptive entry and an analytic example written at the middle of the school year.

Tuesday August 4th 2015
Dear diary, I'm so very very nervous for my new mates and teachers. Today was my first day in the morning. I was studying in the afternoon, but it wasn't bad and I hope this year to be different, well

January 6th
…Changing the theme, I am starting to have struggles with my decision about my career I am doubting… Medicine and biomedical engineering, because I am starting to love languages, so I want to travel to many countries while I am working or may be just work in another country. I still need to think deeply about it…Certifications in another language and English

Another issue discussed by three of the participants was their relationship with their family. Maria reflected on her family situation. She wrote a private journal entry at the end of the school year about how she felt at that point in her life, and important decisions to take in her life.

April 10th
…Today I spent my day thinking in myself, don't really know what is happening with me because I'm acting so strangely and, also I don't want to stay with anybody. I think that one of the possible reasons could be that is for my family situation: it's a disaster! I'm not happy living here, yes I could have my parents but I'm not feeling fine besides them. A lot of people could think that I'm an ungrateful but I want to begin acting for my happiness, for what I want and especially for myself…

Romance was an intriguing issue discussed by three of the participants. Eva wrote about having the presence of her ex-boyfriend in her new class. Since it was a new experience, she was able to relate to him.

May 30th
…But it's like the first day of school and a changing year, I only knew one person, Jair who is him? My ex-boyfriend.

He was the only person I could be with and I didn't know anyone else.

Critical reflections about Mexico were discussed by two of the participants. Students wrote about their concern about the political, economic, and educational situation in the country. Andres questioned the education system in Mexico.

December 2015

Well, I'm going to talk about "education" but education as a practice of freedom. I believe in a free country, the education is very important but not just for learning new things, also to be a person with conscience of the oppression. Now this is a graphic of the education level in Mexico. Why the people don't finish the highs school. Where is the problem?

Well the system of education is the same as 150 years ago, and is a banking concept because function like a bank. The teacher is the depositor of the concepts, after the students memorize the concept and reproduce the same. This is the problem, in the school the teacher don't help you to analyze the concept and create new things. Never search why? Of things. You just memorize for the test...

Andres also wrote about his extracurricular project which has made him reflected on his true vocation. He found a noble cause teaching literacy in a rural context. Andres made a deeper reflection that was projected by mentioning what he had probably read The pedagogy of the oppressed by Freire in 1968. This analysis could make him write about the topics regarding education and his country.

May 28th, 2016
Teacher:
Today I want to tell you about the project that I will be doing once more in the municipality of Pahuantlán in the community of Atla to be a little precise, during two months that are June and July in which we will have to share with our colleagues from the floor where we slept until the showers with which we bathed, of course the food and any chore...I did not know what was waiting for me, I just thought it was "nice to help people" when I came back and I started to think more intensely for the month of October. Everything changed for me, my dreams had changed, I could not bear the idea of waiting so long to return to the place that saw me for two months and that offered me everything, knowing the people that now form an important part of my life.

At the end of the school year, Felicia expressed the idea of writing a speech. This idea was a perfect fit for a contest that did not occur as expected because she was the only one who registered. She worked hard on her speech, asked for feedback and delivered the following speech, full version, for the entire high school in a special ceremony.

Fear and freedom

What if I told you wars aren´t the result of hate? What if I told you fear is worse than hate itself? And, what if I told you freedom is a thing of choice?

Through the last months I have heard lots of famous speeches spoken by influential people such as Barack and Michelle Obama, Malala Yousafai, Martin Luther King Jr., Charles Chaplin, and so many others. And I realized that whatever the time it was whatever the country they were, they all talk about brotherhood they wish we can have in the world. Gosh, what´s wrong with the human race? It seems as if we enjoy misery and bloodshed. And I'm not talking just about the 43 students we still miss, neither about the black people that were killed in Orlando just few months ago...So, hate is not the beginning of fights, struggles or wars, it's fear what make us act like irrational beings. Fear against change, fear against new and better ideas. The day we face reality without fear would be the day humanity will be able to earn freedom toward injustice, misery and bloodshed.

From the entries discussed above we can construe these participants' interests, concerns and plans for the future as well as their extended literacy practices. They wrote about the books they read, the movies they watched and in one case the radio talk show the participant listened to. These private, personal, informal and deliberate writing practices were more interesting and meaningful for them. Cassany highlights the importance of these literacy practices for students.

Apart from the fact that at first children are literate especially in school, many learn to use writing to do different things outside the educational environment. These are private, personal, informal, flexible or free and voluntary practices. Children learn on their own and that these practices are much more interesting "for them" than school forms of reading and writing, which we can qualify as standard, formal, rigid and imposed ... (Cassany 11).

Previous studies suggest students struggle with academic literacy practices in school but are able to communicate in their extended literacies practices outside school (qtd. in Cassany). Moreover, Moje and Ellison state this type of practices can offer certain conditions that motivate some students to read, write and learn even when they fail in traditional school writing practices. In authentic and meaningful situations students develop their reading and writing and this could later help them with their school writing practices.

Students' styles, roles and values

Each participant used their style of writing. The entries were all handwritten. One included drawings and motivational phrases. Each participant had a distinctive way to express himself or herself. One of the participants had a peculiar way to address the teacher. Felicia would call the teacher "my captain", in most of the entries during the school year which she took from a movie in the 80s.

Hello my captain:

...Contest is today, this is big day I am so nervous and I have been practicing this week and I just have talked and said my own ideas that is why I love speeches. It will be easy for someone to say if the ideas match with the thoughts of the person maybe that is why Obama is good making his speeches because after all he is the one who writes down his own ideas. Then he only needs to say them out loud.

Maria used drawings and colors in one of her entries. She enjoyed drawing, decoration and writing motivational phrases in her journal as presented in the following entry.

Figure 1: Tuesday August 2nd

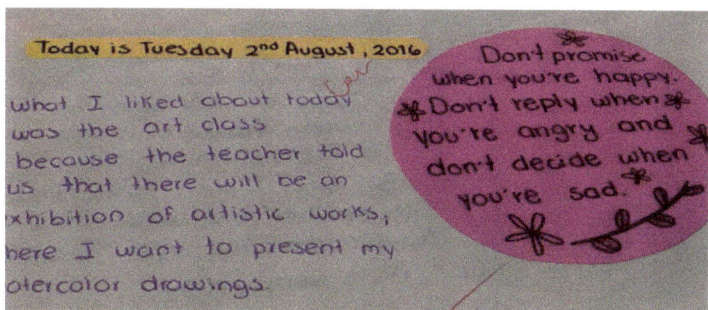

As revealed in the journals, one of the values they all shared was their interest in their peer, romantic and family relationships, their future and their country as mentioned before. They appeared to be keen on helping others and being productive in their areas of interest. It must be highlighted that students chose the topic, the purpose, the audience, the mode, the use of resources as well as the length of each entry. Thus, entries in this study were driven by student's choice.

Even though they all showed technological competences, these four participants wrote their journal entries by hand. Only one, Eva, mentioned that in one of the last entries, she had to type her entry before copying it on the notebook, probably as a strategy to improve her writing in English. Participants reported their cellphones were very important tools in the writing of their journals. In the interviews they said they used applications like Duolinguo, dictionaries, YouTube and internet to support them in their writing.

The participants knew that journal entries were mandatory and would not be corrected by the teacher to keep the originality and their nature. They would only receive comments on the content of each entry every week. These comments often ignited a written response in later entries.

Figure 2: Modes and Technologies

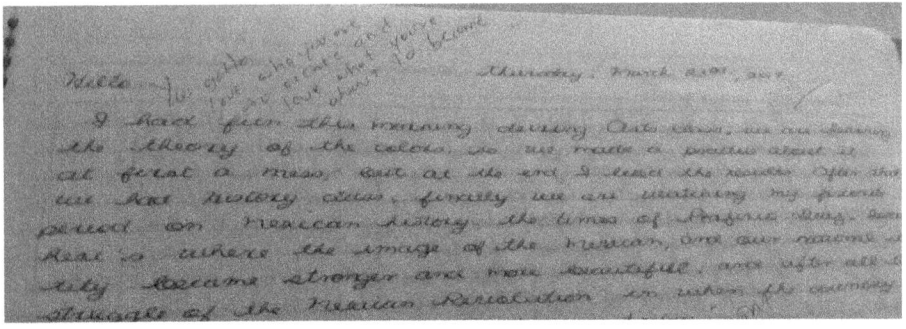

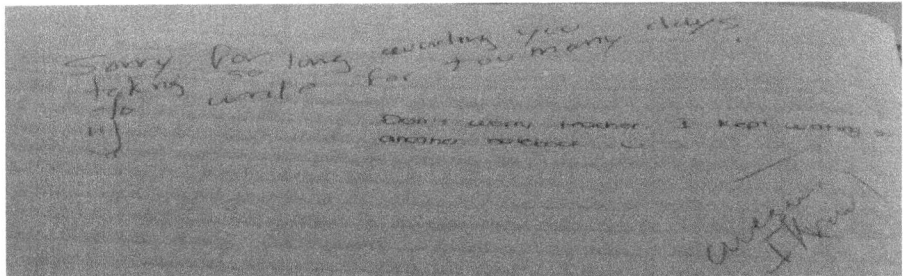

During the interview, the four students discussed their use of technological resources especially their cellphone as a learning tool to correct their spelling, look for new vocabulary and phrases that could help them express what they wanted to communicate. In some cases, they also made use of mass media as TV series, books, dictionaries, radio. All the participants reported using their cellphone when writing their entries.

There were two questions related to sources and strategy employed during the journal writing process. The first question referred to the acknowledgement of resources for the journal, and the second question was about the use of strategies for the improvement of the language. The participants recognized that the constancy along with technological sources have been helpful in the learning and practice of the language in their particular cases. The following excerpts show what they replied when they were asked: What do you think helped you write your diary?

Eva: ...sometimes when I walk in the park I just speak in English, and I say no, that is not correct, you have to talk well, or something like that, oh on the google translate, and that's all...Besides the classes and the practices, um I think that it's the constant, being constant in this activity like ...work on it and check the mistakes that I have done before to correct it, and also the videos I have watched, the movies I have watched, also the music I have heard help me to improved my vocabulary and my expressions...

Andres: Because I was motivated and because there is an interest...and you are interested too.

Eva analyzes the role of self-awareness when making mistakes, and the use of technological applications to correct her errors. She thought that along with the use of technological tools, being constant was key in her English learning. She did not correct her grammar errors but was also about her expressions which showed how she was developing her pragmatic competence. For Andres, motivation and interest were the main ingredients or tools to advance and the fact that the teacher demonstrated interest in his writing.

Students' Perceptions about their Journal Writing

As previously stated, the participants narrated their personal as well as their academic experiences inside and outside their context. One of the inquiring aspects of their journal entries was the fact that they did not mention their English learning throughout the study. So, in the interview, one of the questions referred to their proficiency level of English at the beginning of the study and now. The answers for the question revealed the awareness of progress students had as shown in the next excerpt.

Felicia: When I start, I only write something like very technical, "I wake up, I go to school, and that's it. And now like I am more reflective about what I am doing during the whole day, what my feelings, what are the feelings that I am having during the day, the week mmm, the interactions that I have with other people...

There were interesting responses that gave us an idea on how students perceive the evolution of their writing and mainly their personal opinion regarding the implementation of the journal. The following excerpts show how Eva and Felicia felt regarding their writing in their journals for a year.

Eva: When I talk I don't see evolution, I don't see that. But when I write something ...a paragraph, or something like that I can say more words and I feel that mmm "me desarrollo" (I am improving).

Felicia: ...it has changed a lot. When I start, I only write something like very technical... And now I am more reflective about what I am doing during the whole day, what my feelings, what are the feelings that I am having during the day, the week, the interactions that I have with other people.

Besides starting to find their voices in their journals, Felicia recognized the fact that her writing evolved from descriptive to reflective by not only expressing her routine, but also expressing her feelings and deepest thoughts.

Their journal

During the interviews, they showed a positive attitude regarding their journal. It was interesting to see that their journals became a personal item. At the beginning of the interviews, we flipped though their journals. They were surprised to see how their entries had changed. On one hand the length of the entries had increased and on the other their entries had become more analytical and, in many cases, reflective.

Only one of the participants had written a journal in Spanish, so they had had very little experience with journals before. The next excerpt shows what Felicia and Maria think of his journal's progression.

Felicia: ...well it's like a good experience...it was nice like to compare before and after doing this activity...

Maria: I feel very excited...it let me express my ideas and my feelings and that is something that I really like because I am an emotional person...

Both Felicia and Maria were able to see the evolution of their journal and reported a sense of achievement for having written a journal for a year.

Students' Perceptions of their English writing and Spanish writing

The interview also revealed how the journal impacted the way participants wrote in Spanish in other subjects. They were asked two questions: 1) the influence of other areas on their writing and 2) the effect the journal had on their Spanish writing. The next excerpts show Felicia's and Andres' responses.

Felicia:... if I want to write about any subjects from other classes, I have to search for some words, for example like umm biology terms that umm are difficult for me to like find the translation, the meaning so I have to research on the dictionary and I have more vocabulary so I can get a little of new vocabulary from other areas ...

Alicia: I think all of them. All the subjects give you a little that makes your writing different. I like literature and politics.

Felicia affirmed that she had to look up words from other areas to write and also to increase her vocabulary. Andres recognized that all the areas had provided something to transform his writing and made it unique. The excerpts of the second question show evidence of this.

R 1: ... Yes. I am more reflective about my ideas, I... if I have an idea I investigate more and try to give my own opinion of it... English has influenced the way I wrote in Spanish... I found that other language helped me understand my own language, my native language, so I am happy because it was like new for me... I was like very technical, I always wrote like definitions, concepts umm I couldn't develop my own, my own ideas, as I told you, it was difficult to feel free to develop my ideas...

R 2: Yes, I need to think what the differences in Spanish and in English are that helps. I also have a diary in Spanish and there I write more. That is my language and I can be more private.

Felicia was aware of their reflective progress in her writing, and also English helped her understand Spanish. She realized about the process of her writing from descriptive to reflective. Andres expressed his reasoning underlaying understanding the differences between Spanish and English. Another interesting aspect about Andres is his peculiar way to make Spanish his private voice. It is essential to note that he mentioned feeling disloyal when writing something private in English even though his proficiency level in English is B1.

Their ideas about journal writing in the future

One of the questions in the interview was about whether the participants would continue writing their journal as a way to practice the language as an external resource.

Maria: ... Yea I really want to do it because it will help me not only in my writing and my English, it will also help me in my personal life as I said, to know how I am changing through the years, and that is something that I really want to know because **I think you are what you are writing.**

Andres: Yes, I want to, I'm not sure if I will continue with my journal in English but I know I want to write in Spanish because I want to know how I do in the campaign in the future.

Maria and Andres thought that they would continue writing a journal. Maria saw the journal as an introspection tool to see her evolution in the language and life and reflected about how writing shapes our lives. Andres said that he planned on writing, but he chose Spanish over English.

CONCLUSIONS

These participants used the journal as a mediating tool or artifact that helped them understand their experiences, contexts and learning. They all agreed that writing a journal helped them improve their language and became a tool to raise their awareness of their personal growth.

The findings in this study suggest there is a need for more transversal work in high school especially with the Spanish teacher but with the teachers from other subjects as well to help students enhance their academic literacy practices. Writing diaries could help build a bridge between the academic literacy practices and the extended practices outside the classroom.

Journal writing can also be a strategy to establish a personal dialogue with each student especially in large groups. Three of the students commented that they felt as if someone was listening to them and cared about what they said. This feeling at this age can be crucial for their development. As time went by, probably through the construction of trust, the entries became more personal.

Furthermore, learning about their interests and concerns also allowed me to understand their concerns and enhance my teaching. Finally, even though the students in their journal entries were not given corrective feedback, they slowly started learning what we had discussed in class and probably what they learned autonomously with their entries. Their results in the tests showed their improvement as Table 2 displays the proficiency level of each participant at the beginning of the first high school year, and at the last year at school.

Table 2: Participants' Proficiency Level in the Three Years of High School

NAME	LEVEL IN 1ST GRADE	LEVEL IN 2ND GRADE	LEVEL IN 3RD GRADE
Eva	A2	A2	B1
Felicia	A2	B2	B2
Maria	A1	A2	A2
Andres	A2	A2	B1

Pedagogical Implications

The implementation of the journal for a school year has raised my awareness on how students can make use of their extended literacy practices (Moje and Ellison) to learn English if these are meaningful for them. So, the idea of only commenting on the entries instead of giving them corrective feedback was appropriate at least for these four participants. Furthermore, giving them the possibility of choosing their writing topics was also relevant. Reading about their interests and concerns helped me plan my classes and incorporate those topics that move and inspire them.

Through this study, I also understood the importance of technology in these students' extended literacy practices. The cell phone was an indispensable tool in their writing of the journal entries. They used it to record themselves when they had an idea, look up vocabulary, spelling checks and phrases to express themselves more appropriately. The participants had applications to practice the language during the day. This finding also led me reassure my idea that the cell phone can be a learning tool in class.

Although the students did not reflect directly on their English learning, they commented on their interest of learning the language to travel and get a certification. The journal seems to have prompted their interest in learning English. Their test scores indicate that they all have improved their proficiency levels.

We could agree on the fact that it is necessary to build a bridge between the academic literacy practices and the extended practices outside the classroom. The journal writing can also be a strategy to establish a personal dialogue with each student especially in large groups. Three of the students commented that they felt as if someone was listening to them and cared about what they said. This feeling at this age can be crucial for their development. As time went by, probably through the construction of trust, the entries became more personal. This in turn, motivated me to look for more tools that they could use and to pay closer attention to their entries. The participants probably used the journal as a mediating tool or artifact that helped them understand their contexts.

Furthermore, learning about their interests and concerns also allowed me to understand their concerns and enhance my teaching. Finally, to my surprise, even though the students in their journal entries were not given corrective feedback, students slowly started learning what we had discussed in class and probably what they learned autonomously into their entries

REFERENCES

Aliagas, Cristina., et al. "Literacy in the life of a struggling reader." *Academic Exchange Quarterly,* no. 12, issue 3, 2008. pp. 230-236.

Bazerman, Charles., et al. *Escribir a través del Currículum. Una guía de referencia.* Universidad Nacional de Córdoba. Edición de Federico Navarro, 2016.

Bazerman, Charles. "Writing in the World of Knowledge: Finding one's Voice in School, the University, Career, and Society." *Verbum,* no. 9, 2014b, pp. 23-35.

Council, British. *English in Mexico: An examination of policy, perceptions and influencing factors.* BC, 2017.

Cassany, Daniel. *Para ser letrados. Voces y miradas sobre la lectura.* Paidós, 2009.

Cassany, Daniel. "Prácticas letradas contemporáneas: claves para su desarrollo." Congreso Leer. es, Madrid, 15 de novembre de 2003. Madrid: Ministerio de Educación; 2009. Ministerio de Educación, 2009.

Castellanos, Judith. "Journal writing and its benefits in an upper intermediate EFL class." PROFILE, vol. 9, no. 1 2008, pp. 111–128, https://revistas.unal.edu.co/index.php/profile/issue/view/1238

Davies, Paul. "Three challenges for Mexican ELT experts in public education." Memorias del XII Encuentro Nacional de Estudios en Lenguas Universidad Autónoma de Tlaxcala. 2011, http://filosofia.uatx.mx/2.pdf.

Hernandez, Gregorio, Z. *¿Qué leen y escriben los adolescentes en la escuela secundaria? México.* En Waldegg y Block. Estudios en Didáctica. COMIE/Grupo Editorial Iberoamericana, 1997.

Johnson, Karen. and Paula. Golombek. "The transformative power of narrative in second language teacher education." *TESOL Quarterly,* vol. 45, no. 3, 2011, pp. 486-509.
https://onlinelibrary.wiley.com/doi/10.5054/tq.2011.256797

Lantolf, James P., ed. "Sociocultural theory and second language learning." Vol. 78. No. 4. Oxford university press, 2000.

López, Guadalupe, B., et al. "Jóvenes, currículo y competencia literaria." *Revista Electrónica de Investigación Educativa*, vol. 8, no. 2, 2006, pp. 1-24. https://www.redalyc.org/pdf/155/15508209.pdf

López, Guadalupe, B., y Rodríguez, L., Mara. "La evaluación alternativa: oportunidades y desafíos para evaluar la lectura." *Revista Mexicana de Investigación Educativa*, vol. 8, no. 17, 2003, pp. 67-98. https://www.comie.org.mx/revista/v2018/rmie/index.php/nrmie/article/view/896

Mendoza, Edgar, L., "Current State of the Teaching of Process Writing in EFL Classes: An Observational Study in the last Two Years of Secondary School." *Profile, no. 6,* 2005, pp. 23-26. https://revistas.unal.edu.co/index.php/profile/article/view/11019.

Moje, Elizabeth.B. et al. "The Complex World of Adolescent Literacy: Myths, Motivations, and Mysteries." *Harv Educ Rev,* vol. *78,* 2008, pp. 107-154.

Moje, Elizabeth. B., and Lewis, Tisha, E. "Extended—and extending—literacies." *Journal of Education*, vol. 196, 2016, pp. 27-34.

Namjoo, Azam, and Amir Marzban. "A new look at comprehension in EFL/ESL Reading Classes." Procedia-Social and Behavioral Sciences, vol 116, 2014, pp. 3749-3753. https://www.sciencedirect.com/science/article/pii/S1877042814008520

Pardoe, Simon. and Ivanic, Rosalind. *Literacies for Learning in Further Education: making reading and writing practices across the curriculum more useful for learning. DVD film and booklet.* Lancaster University & PublicSpace Ltd, 2007. www.publicspace.org.uk/lflfe.html

Ramírez, Jose. L., and Pamplón I., Elva. N. "Research in English language teaching and learning in Mexico: Findings related to students, teachers and teaching methods." *Research in English Language Teaching: Mexican Perspectives, edited by* Ruth Roux, Alberto Mora & Paulina Trejo, Bloomington, 2012, pp. 43-66.

Serrano, Stella. "La lectura, la escritura y el pensamiento. A Función epistémica e implicaciones pedagógicas." *Lenguaje*, vol. 42, no.1, 2014, pp. 97-124. http://www.scielo.org.co/scielo.php?script=sci_arttext&pid=S0120-

34792014000100005&lng=en&tlng=es. Second Language Reading Comprehension.

Takaesu, Asako. "EFL journal writing: an exploratory study in self-expression as a bridge for creative writing." *Accents Asia*, vol. 5, no. 1, 2012, pp. 45-54.

Tuan, Luu. T. "Enhancing EFL learners' writing skill via journal writing." *English Language Teaching*, vol. 3, no. 3, 2010, pp. 81-88.

Yildirim, Selin, & Yildirim, Özgür. "The Importance of Listening in Language Learning and Listening Comprehension Problems Experienced by Language Learners: A Literature Review." *Abant İzzet Baysal Üniversitesi Eğitim Fakültesi Dergisi,* vol. 16, no. 4, 2016, pp. 2094-2110.

CAPÍTULO 18

Alfabetización Inicial: Aprendizaje Infantil, Métodos y Rol Docente

Alma Carrasco Altamirano, Mara Serrano Acuña y Karla Villaseñor Palma

INTRODUCCIÓN

El primer año de la escuela primaria establece como objetivo prioritario de aprendizaje estudiantil la alfabetización inicial. Las familias esperan que los niños aprendan a leer y escribir y las escuelas solicitan a los docentes evidencias de escritura y lectura convencional. Los Libros de Texto Gratuitos (LTG) traducen en su diseño didáctico las definiciones que el sector educativo en México ha adoptado para explicar e impulsar la alfabetización inicial como fin curricular de aprendizaje y como guía de la actuación docente. Idealmente los programas de enseñanza son concebidos a partir de un enfoque que buscan traducir en elecciones y decisiones en los materiales didácticos para los estudiantes. Es importante reconoce que el material con el que cuentan profesores de un mismo nivel escolar que no siempre pueden reconocerse como un paquete unificado de materiales (cfr. Díaz Argüero, 2011), particularmente si tomamos en cuenta que toda reforma curricular sucede en el transcurso de varios años y que una vez terminada exige un cambio de actuación docente que también demanda más tiempo.

En este trabajo presentamos las cinco generaciones de LTG y las definiciones que orientan las intervenciones que en materia de alfabetización inicial la escuela realiza. Ofrecemos una explicación de los cambios en estas orientaciones a partir de los aportes de los estudios psicogenéticos que ponen de manifiesto la importancia de reconocer la acción del aprendiz que documentamos en la segunda sección. Presentamos elementos de las Prácticas Sociales de Lenguaje porque son ellas y los estudios de psicogénesis de lengua escrita los que orientan nuevas definiciones contemporáneas en materia de enseñanza de la lengua escrita en la educación básica.

LA ALFABETIZACIÓN INICIAL EN CINCO GENERACIONES DE LIBROS DE TEXTO GRATUITOS (LTG)

Una breve cronología de los materiales para los estudiantes de primer grado de educación primaria en México permite identificar al menos siete distintos momentos de definiciones curriculares que traducen valoraciones sobre lo que significa aprender a leer y escribir en sucesivas generaciones de LTG. (cfr. Barriga, 2001). Ofrecemos algunas definiciones y peculiaridades de cada generación que orientan las acciones de alfabetización inicial a partir de los textos contenidos en antologías nacionales que compilan voces reflexivas sobre el tema (Barriga, 2011, González Pedrero, 1982) y en los propios documentos del sector educativo. Los cortes temporales de cada generación solo reflejan el momento del cambio pero la transformación de los materiales no ocurre en un solo año sino en un periodo largo que tomó más de cinco año en la tercera generación de LTG (1993).

1957-1972, es el periodo que corresponde al inicio de la primera generación de LTG de distribución universal gratuita. El método propuesto para la alfabetización inicial fue *ecléctico*. Combinó elementos sintéticos de enseñanza de letras y sílabas y analíticos, de reconocimiento de palabras y enunciados. Los textos empleados fueron diseñados con propósitos didácticos explícitos para reconocimiento de cada letra estudiada. Proponen realizar ejercicios preparatorios y claramente establece que es necesario primero aprender a escribir y a leer para después leer y escribir.

Asumimos que, siguiendo las propuestas de Rebsamen (cfr. Rodríguez Álvarez, 2007) ese método analítico sintético se propuso enseñar de manera simultánea la lectura y la escritura y tomó la palabra como elemento de partida para descomponerla en sílabas que emplearían los estudiantes para formar nuevas palabras.

1972-1993, la segunda generación de LTG propuso el método *global de análisis estructural* que orientaba la enseñanza a partir del análisis de enunciados y palabras. En un programa integrado de las áreas de aprendizaje.

"En la educación primaria, la adquisición de la lectoescritura se fundamenta en el principio de la percepción global del habla y en la modalidad de uso de la lengua que el niño maneja, lo cual también es válido para la comunicación oral." (SEP, 1980, p. 18)

1993-2008 Se dejó de proponer un método único para la alfabetización inicial en la tercera generación de LTG. Fundamentada la decisión en los hallazgos de los estudios psicogenéticos sobre los procesos de invención y apropiación del sistema de la lengua escrita se propuso orientar el trabajo de enseñanza centrado en el aprendiz: "Se propone que partir de la interacción con los textos los niños vayan comprendiendo las características de la escritura, entre éstas el principio alfabético, la función de los signos de puntuación y la separación de las palabras con espacios en blanco." (SEP. 1997, p. 8).

2009-2017, la cuarta generación de LTG buscó el dominio de competencias comunicativas en ámbitos de prácticas sociales del lenguaje. En los principios pedagógicos del Plan de Estudios 2011 se establece la importancia de "Poner énfasis en el desarrollo de competencias, el logro de los estándares curriculares y los aprendizajes esperados."

(SEP, 2011). Se propusieron estándares curriculares para dar cuenta de procesos de lectura e interpretación de textos y de producción de textos escritos, así como de la producción de textos orales y participación en eventos comunicativos. Buscaron estandarizar también el conocimiento de las características, de la función y del uso del lenguaje y de las actitudes hacia el lenguaje. Se estableció la obligatoriedad de la educación media superior.

Aunque se produjeron distintos materiales didácticos en este periodo que podrían corresponder a más de una generación, decidimos situar aquí la cuarta generación de materiales.

2017-2019, en la quinta generación de LTG se propone organizar la enseñanza alrededor de las prácticas sociales de lenguaje y no propone un método para la alfabetización inicial. Se señala, en el apartado sobre la importancia del primer ciclo en el documento sectorial: "A lo largo de los primeros dos grados de la educación primaria, los alumnos afrontan el reto crucial de alfabetizarse, de aprender a leer y a escribir. Pero, la alfabetización va más allá del mero conocimiento de las letras y sus sonidos, implica que el estudiante comprenda poco a poco cómo funciona el código alfabético, lo dote de significado y sentido para integrarse e interactuar de forma eficiente en una comunidad discursiva donde la lectura y la escritura están inscritas en diversas prácticas sociales del lenguaje, que suceden cotidianamente en los diversos contextos de su vida." (SEP 2017, p. 69)

En la siguiente síntesis de orientaciones y métodos para la alfabetización inicial proponemos reconocer la influencia de las distintas orientaciones teóricas de cada época en las definiciones de los contenidos curriculares.

Cuadro 1.- Generaciones de LTG en México y fundamentos generales para la enseñanza del lenguaje y la alfabetización inicial.

Primera mitad del siglo XX: la escuela moderna
1960 LTG 1ª generación Método ecléctico
Segunda mitad del siglo XX: el desarrollo de los estudios lingüísticos
1972 LTG 2ª generación Método Global de Análisis Estructural
Último tercio del siglo XX Estudios psicogenéticos de lengua escrita
1993 LTG 3ª generación. Enfoque comunicativo y funcional. *El método lo elige cada docente*
Primera década del siglo XXI Literacidades y Cultura escrita
2011 LTG 4ª generación. Centrado en el desarrollo de competencias aunque discursivamente inició la orientación hacia prácticas sociales de lenguaje

2017 LTG 5ª generación orientada hacia las prácticas sociales de lenguaje.

Si entendemos a los métodos como procedimiento para guiar la enseñanza que proponen una organización didáctica de ejes de participación en el lenguaje (Hablar, leer, escuchar, escribir) y una serie de recursos para estudiantes, aula y docente podemos afirmar que el contenido de los recursos ha variado en las distintas generaciones de LTG pero que la forma de los materiales didácticos recibidos por los niños se mantiene: Cuadernos de actividades, Antologías de lecturas, Material recortable, Recursos complementarios como juegos de letras y otros juegos de lenguaje.

Las diferencias en los contenidos de enseñanza de los LTG, como paquetes de materiales, nos permiten ofrecer una interpretación de las diferencias de énfasis. Las propuestas y discursos evidencian el peso que las dos primeras generaciones de LTG da al lenguaje escrito como objetivo de enseñanza; en la tercera generación el énfasis está puesto en el aprendiz que debe emplear para comunicarse funcionalmente los recursos de lenguaje; en la cuarta generación el foco está en los resultados o competencias observables (como muestra los estándares de velocidad lectora) y en la quinta generación se busca la vinculación entre el mundo social y escolar y se proponen ámbitos de participación del aprendiz a través de reconocer y aprovechar la naturaleza social de las prácticas de lenguaje.

Otro elemento a tener en cuenta en este cambio generacional de definiciones e intervenciones sobre la enseñanza de la lengua escrita en general y de la alfabetización inicial como propósito de enseñanza en el primer grado es el entorno nacional de cambio en el crecimiento de la matrícula escolar, la formación docente inicial y el desarrollo del sistema educativo que cambia el foco también en materia de articulación entre niveles educativos. Para la primera y la segunda generaciones de LTG solo la primaria era educación obligatoria. La tercera generación articuló dos niveles porque se estableció la obligatoriedad de la educación secundaria. En el periodo de la cuarta generación se estableció la obligatoriedad de la educación preescolar orientando programas y materiales a pensar de forma integral la educación básica. En el periodo de la quinta generación se estableció la obligatoriedad de la educación media superior orientando programas y materiales a reconocer la importancia de la educación obligatoria. Aunque estos cambios de política educativa no son el objeto de análisis en este trabajo interesa reconocerlos en materia de alfabetización inicial porque, por un lado, emergen propuestas sobre cómo definir y en dónde ubicar la enseñanza explícita de la alfabetización inicial, que sigue siendo objetivo del primer grado de primaria pero que en los programas se reconoce el valor de las experiencias de literacidad en preescolar. Por otro lado, porque obliga a diferenciar la alfabetización inicial del desarrollo de los estudiantes y de la alfabetización avanzada porque la adquisición del sistema de escritura convencional no es la que asegura que los estudiantes sean usuarios efectivos de la lengua escrita en distintos ámbitos escolares y no escolares.

Cuando se plantea en el discurso sectorial que no se ofrece un método para la alfabetización inicial desde 1993 se establece una diferencia entre los métodos de las dos primeras generaciones de LTG y las propuestas didácticas de las siguientes generaciones que, a pesar de no proponer un método, orientan la realización en el aula de actividades de lectura de textos auténticos, de escritura de palabra y texto y de reconocimiento de las formas no convencionales realizadas por los aprendices como múltiples expresiones de posibilidades de la actividad infantil que construye interpretaciones sobre el funcionamiento de lo escrito.

LA ALFABETIZACIÓN INICIAL EN EL MARCO DE LOS ESTUDIOS CONTEMPORÁNEOS DE PSICOGÉNESIS DE LA LENGUA ESCRITA

Buscamos resaltar el uso que de la escritura hacen los niños y los efectos discursivos que en cada persona tiene sus experiencias de participación en situaciones sociales en las que la lengua escrita está presente. En la línea de las reflexiones del emblemático trabajo de Teberosky y Tolchinski (1992), destacamos también la necesidad de distinguir entre el pensar y actuar "alfabetizadamente" e invitamos a reconocer la diferencia entre distintos sistemas de representación de la lengua escrita que, para Occidente y particularmente para México es alfabética, es decir, una escritura que como sistema notacional se organiza a partir de la identificación de segmentos fonológicos. La adquisición personal de la escritura va más allá de la identificación de los segmentos fonológicos y de trazo.

En materia de escritura Ferreiro (2014) recuerda como desde 1979 "se defendía, entre otras, una tesis particularmente atrevida: *para tratar de entender la escritura alfabética, los niños hispanohablantes pasan por un periodo silábico.* De hecho, inventan una escritura silábica donde cada letra escrita corresponde a una sílaba oral. En el periodo de apogeo de estas construcciones silábicas aparecen letras pertinentes para cada sílaba. En español, las letras pertinentes privilegiadas son las vocales." (p. 47). Son múltiples las evidencias publicadas por estudiosos y experimentadas por docentes que muestran el paso por el periodo silábico. Con Ferreiro sostenemos que considerar el proceso constructivo del niño es fundamental para entender el trabajo de intervención escolar. Para conocer expresiones escritas de este proceso constructivo puede consultar directamente los trabajos de Emilia Ferreiro en: http://catedraemiliaferreiro.unr.edu.ar/

Ferreiro (En Castedo, 2010, p. 42) afirma que "los niños descubren principios generales que corresponden a cualquier sistema de escritura antes de descubrir las especificidades del modo alfabético de representación". En esta participación activa en el que se comporta como escritor su comportamiento está guiado por interpretaciones válidas para sus realizaciones, aunque no sean las interpretaciones convencionales y el reconocimiento de emergentes y distintas formas de organizar su escritura no sólo cambia en los trazos que deja registrados sino en su comprensión del funcionamiento convencional. "Al abandonar la escritura con puras vocales, al comenzar a introducir consonantes, los niños no están agregando alegremente letras. La introducción de las consonantes *desorganiza* el sistema anterior y los niños deben emprender la penosa tarea de enfrentarse a los desafíos de encontrar una nueva organización. Esta nueva organización impactará a la vez a la oralidad analítica y a la escritura reflexiva (Ferreiro, 2014, p.55)."

Resulta central distinguir entre saber y no saber (cfr. Teberosky, en Castedo, 2010) porque los aprendices infantiles no se enfrentan al aprendizaje de las convenciones de escritura sin saber nada. Saben muchas cosas y están en el camino de aprender otras y, como señala Ferreiro (2014): "Reorganizar una noción previa no es lo mismo que adquirir por primera vez una distinción ignorada." (p. 119)

"Antes de lograr una alfabetización convencional, los niños son capaces de producir textos atendiendo simultáneamente a diferentes aspectos; formato gráfico, estructura textual y lenguaje prototípico." (Vernon y Alvarado, 2006, p.46). Los niños escriben textos, aunque su escritura no sea alfabética convencional, actúan como escritores cuando reconocen propósitos y destinatarios específicos de sus textos. Los niños son también lectores y su contacto regular con los textos les ofrecen oportunidades para reconocer, emplear y disfrutar estos aspectos de los discursos escritos que circulan en un aula a través de la existencia de libros en la biblioteca de aula y que son distintos de los textos didácticos que suelen emplearse en los manuales escolares.

CAMBIAN CONCEPCIONES DE APRENDIZ Y DE INFANCIA Y SE RECONOCEN LAS PRÁCTICAS LETRADAS

Para entender los retos contemporáneos de la alfabetización como tarea escolar Teberosky reconoce, entre otros, dos cambios centrales: En primer lugar, la perspectiva constructivista ha cambiado *la visión de la infancia* y la comprensión de la alfabetización. "Los niños han pasado de ser considerados ignorantes en cuanto a lo escrito a ser vistos con capacidades de exploración independiente y de interacción con lectores, libros, carteles y soportes digitales." (Castedo, 2010, p. 54). Estudiantes capaces de construcción subjetiva, dispuestos a aprovechar las ayudas de los adultos y de asimilar las experiencias y la información que los adultos les ofrecen. Aceptar que los niños tienen sus propias experiencias e interpretaciones sobre lo escrito contribuye a que los adultos seamos más respetuosos con estas potentes y dinámicas mentes infantiles.

Otro cambio "es el que afecta a *los materiales de lectura*, en particular a los libros de literatura infantil (libros ilustrados, tipo álbum, versiones actuales de cuentos clásicos, cómics, juegos de lenguaje, poesía, etc.). Estos libros son de gran calidad literaria y visual: atraen la atención sobre sí mismos, presentan diversidad de temas, de formas, de géneros, se dirigen diferencialmente a cada edad y de forma conjunta a varias (de audiencia dual, dicen los críticos, para niños y adultos)." (p. 55). La existencia misma de estos materiales en las aulas contribuye a formar o fortalecer la formación lectora de los niños y les ofrece oportunidades para desarrollar comportamientos lectores autónomos y construir elecciones y preferencias de autores, textos, temáticas y tratamientos que alimentarán su interés, disposición y pasión por seguir leyendo. Es importante señalar que no solo los libros de literatura infantil alimentan esta pasión, los libros no literarios son también un recurso indispensable para ello (cfr. Garralón).

Un rasgo distintivo de la escuela primaria mexicana en la primera década del siglo XXI ha sido el impulso a la conformación de bibliotecas escolares y de aula como recurso para asegurar la existencia de libros diversos que aseguraran, desde la escuela, el encuentro con la lectura de material auténtico. (cfr. Carrasco, et al., 2017; Carrasco-Altamirano, 2006).

La existencia de los materiales de lectura es, ciertamente, una condición para su uso regular en la escuela, pero no es llano el camino hacia la construcción de nuevas prácticas escolares, como espejos de las prácticas sociales. Las definiciones que los estudiosos han elaborado sobre las prácticas sociales (cfr. Hernández Zamora, 2013) se distancian de las expresiones discursivas y las decisiones didácticas en los materiales programáticos, curriculares de la escuela primaria pero también en los que los nuevos documentos programáticos que las escuelas normales, o formadoras de docentes, proponen para la formación inicial. En el siguiente apartado ofrecemos una apretada reflexión sobre los retos de traducir las definiciones en medidas de intervención, particularmente porque las adaptaciones curriculares de estas definiciones no se corresponden entre sí.

LA ALFABETIZACIÓN INICIAL COMO TAREA ESCOLAR: EL RETO DE LAS PRÁCTICAS SOCIALES DE LENGUAJE EN LOS PROGRAMAS CURRICULARES Y DE FORMACIÓN INICIAL

En las últimas décadas del siglo XX se multiplicaron los trabajos de los estudios de la literacidad como práctica social que pusieron de manifiesto la importancia de los usos de lo escrito o lo que las personas hacemos y diferentes trabajos mostraron como los entornos orientan distintas realizaciones pero particularmente ofrecieron oportunidades para reflexionar sobre la dimensión ideológica de las decisiones y elecciones que en materia de cultura escrita tomamos. "Como toda actividad humana, *la literacidad es esencialmente social y se localiza en la interacción interpersonal.*" (Barton y Hamilton, 109). El concepto central de esta perspectiva social es "*práctica*", como formas de uso de la lengua escrita que ponen de manifiesto valoraciones, actitudes, sentimientos y relaciones sociales que se expresan en actividades de lenguaje (112).

Las actividades de lenguaje propuestas en los distintos materiales didácticos, las definiciones sectoriales para su diseño y la presencia misma de ciertos materiales escritos en el aula precisamente ponen de manifiesto lo que la escuela ha valorado en el terreno de la alfabetización inicial, ahora lo que se valora es la acción social y la participación de cada persona en y a partir de los textos en situaciones diversas que exigen diferentes tipos de participación.

Si observamos la relación entre las generaciones de LTG y las propuestas formativas e los Planes de Educación Normal observamos que los cambios en la formación docente se desarrollan de manera reactiva a los cambios en los planes y programas de estudio de la educación básica. Para la primera generación de LTG las normales regían la formación inicial con el Plan de 1959 que impulsaba una educación activa. Para la segunda el plan se modificó a mediados de 1970. En 1984 se propuso un Nuevo Plan de Estudios en una educación Normal que desde 1982 tiene el status de educación superior. La modificación asociada a la tercera generación de LTG fue la del Plan 1997, el siguiente Plan de Estudios fue del 2012 que corresponde a los cambios del programa de 2011 y que empezaron a gestarse desde mediados de la década del 2000 hacia un discurso pedagógico que consideraba las exigencias evaluables de la comunicación (competencias) y los entornos sociales de su realización (prácticas). En este Plan 2012 se presentan las Prácticas Sociales de Lenguaje y en la actualidad, ciclo escolar 2019-2020 se establecen nuevos programas al Plan reformado (2012-2018) que mantienen el estudio de dichas prácticas como enfoque para la definición de contenidos. En el Plan de Preescolar (SEP. 2018, p.5) eliminan el adjetivo "social" y las definen como:

"Las prácticas del lenguaje son las diferentes formas de relación social que se llevan a cabo en la variedad de ámbitos y contextos comunicativos por medio de la interacción y a partir del lenguaje."

En el documento de consulta y estudio que citan en el programa Argüero y Zamudio (2016) las definen como: "son pautas o modos de interacción que enmarcan la producción e interpretación de los textos orales y escritos; comprenden los diferentes modos de leer, interpretar, estudiar y compartir los textos, de aproximarse a su escritura y de participar en los intercambios orales y analizarlos. Es dentro de la esfera de su acción que los individuos aprenden a hablar e interactuar con los otros; a interpretar y producir textos, a reflexionar sobre ellos, a identificar problemas y solucionarlos, a transformarlos y crear nuevos géneros, formatos gráficos y soportes; en pocas palabras, a interactuar con los textos y con otros individuos a propósito de ellos." De ambas definiciones debemos resaltar la importancia de la acción de cada persona y de la interacción con otras personas en y a través de los textos.

En el documento de aprendizajes claves (SEP, 2017) se explica que curricularmente "Las prácticas sociales del lenguaje se organizan de acuerdo con la noción de ámbito, que surge del análisis de las finalidades de estas en la vida social, de los contextos en que ocurren y la manera en que operan. La organización por ámbitos permite preservar en el programa la naturaleza social de las prácticas. Se han establecido para primaria y secundaria tres ámbitos: "Estudio", "Literatura" y "Participación Social"(SEP, 2017, p.172). La traducción curricular del concepto original toma distancia del mismo porque se propone transitar desde una propuesta teórica de interpretación de los usos de la lengua escrita y las ideologías que sostienen estos usos a la intervención dirigida de usos que desde la escuela se impulsan organizados en ámbitos de actuación lo que puede tender, de forma errónea, a equiparar práctica con actividad o entorno de actividad.

Un último elemento para reflexionar sobre las prácticas que, sin duda, resulta necesario para entender cómo se han traducido estas definiciones conceptuales en las decisiones didácticas de materiales y actividades para estudiantes. "Si bien se trata de procesos internos en el individuo, las prácticas son, al mismo tiempo, los procesos sociales que conocen las personas entre sí y que *incluyen conocimientos compartidos* representados en *ideologías e identidades sociales*." (Barton y Hamilton, 2004, p. 113). Una mirada histórica a los distintos tipos de textos seleccionados para apoyar en las cinco generaciones de LTG la lectura en la escuela muestran como la lectura de textos auténticos, no didácticos, aparece con la tercera generación de LTG en la Antología de Lecturas ofrecida a los estudiantes de primer grado a finales del siglo pasado y que multiplicó en las primeras dos décadas del siglo XXI la existencia de materiales de calidad seleccionados para las Bibliotecas Escolares y de Aula. Resulta interesante reflexionar sobre cómo los procesos sociales que se intenta promover con estos cambios curriculares exigen explicitar y actualizar estos conocimientos compartidos y reflexionar sobre la ideología que orienta la actuación de cada actor educativo para conocer, interpretar o adoptar los cambios que las orientaciones curriculares proponen.

Las actividades de lenguaje propuestas en los distintos materiales didácticos, las definiciones sectoriales para su diseño y la presencia misma de ciertos materiales escritos en el aula precisamente ponen de manifiesto lo que la escuela ha valorado en el terreno de la alfabetización inicial.

Educadores, funcionarios e investigadores aprendimos ya desde iniciada la década de 1980, por la exposición multiplicada de estudios psicogenéticos que los niños construyen así sus interpretaciones de la escritura y atendimos también a las propuestas de multiplicar oportunidades de lectura de material auténtico con el programa de *Libros del Rincón* impulsado por Martha Acevedo. Contábamos en México desde hace 4 décadas con una "nueva concepción de alfabetismo, con explicaciones y recursos que idealmente abonarían nuevas formas de trabajo docente para acompañar el aprendizaje de los niños. Pero la escuela impone límites y exigencias a cada docente que le obligan a buscar procedimientos y recursos de enseñanza que no siempre coinciden con estos planteamientos. ¿Por qué? Una hipótesis que nos planteamos: Porque resulta necesaria la conversación sostenida de experiencias formativas con otros enseñantes, con especialistas y con otros actores que alimenten la apropiación comprensiva de estos descubrimientos como germen de un cambio en las formas de trabajo.

Afirma Zamero (2010, p. 23) Si bien las distintas investigaciones enfatizan uno u otro componente del proceso de alfabetización y originan así nuevas perspectivas que enriquecen los avances en el campo didáctico, es importante subrayar que existe consenso sobre *algunas prácticas que se consideran imprescindibles* para el aprendizaje del sistema y de las estrategias de uso de la lengua escrita como producto cultural:

- Lectura asidua y compartida de textos diversos (solos, ayudados por el adulto o escuchándolo leer).
- Amplia exposición a la palabra escrita y al desarrollo de conceptos acerca de su forma y su función.
- *Juegos* con rimas infantiles y juegos de palabras.
- Escritura espontánea de los niños con el acompañamiento del docente que proporciona modelos, ejemplos, lecturas y orientaciones para escribir de forma convencional.
- *Enseñanza explícita de lectura y escritura de palabras*, para desarrollar conciencia léxica (acerca de las palabras), fonológica (acerca de los sonidos) y gráfica (que incluye la ortografía, y el reconocimiento y trazado de distinto tipo de letras).
- Escritura colectiva de textos.
- *Dictado de textos al maestro*, para promover la reflexión sobre distintos aspectos de la escritura.

El reto actual en la formación inicial de docentes y en la apropiación que cada docente frente a grupo construya, a partir del estudio y reflexión de sus experiencias, exige necesarias transformaciones de formas típicas de acción escolar que colocan el énfasis o en los procedimientos o métodos, o en las actividades, o en la observación de los logros del aprendiz, o en el reconocimiento de que la enseñanza de la escritura y lectura debe considerar los usos no escolares de estas prácticas.

Para Cerrar Texto y Abrir Conversaciones

La alfabetización inicial no es una tarea que inicia y acaba en el primer grado de primaria. Resulta necesario buscar acciones que articulen los distintos niveles escolares, buscar que en la escuela y fuera de ella los niños actúen como lectores y escritores es la tarea con la que parece haber acuerdo entre diseñadores curriculares, decisores de políticas públicas y docentes. "Es necesario entonces levantar la barrera que ha separado el período dedicado a la alfabetización inicial del período posterior a la adquisición del sistema de escritura; es necesario que los niños, mientras están esforzándose por desentrañar la naturaleza del sistema alfabético, tengan también oportunidades para operar como lectores y como productores de textos (Kaufman y Lerner, 2015, p. 10)". Al actuar como lectores y escritores, nos dicen las autoras, los aprendices emplean el lenguaje para reflexionar sobre el lenguaje o realizan reflexión metalingüística y lo hacen en el desarrollo mismo de la actividad porque ésta se sitúa en una situación de interacción y uso social de lo escrito.

La existencia de diferentes definiciones sobre la alfabetización inicial ha marcado las decisiones programáticas de la educación primaria y resulta indispensable entender las diferencias entre definiciones y evaluar críticamente su traducción en los programas y materiales que llegan directamente a los niños, así como en las propuestas de actividades que exigen realizar a cada docente.

Como actividad social la lectura y la escritura exceden los límites de cualquier aula su atención debe convertirse en proyecto prioritario de la comunidad escolar que integre no solo a los actores que cotidianamente atienden a las tareas escolares, también debe convocar de forma sostenida a las familias de los estudiantes.

La denominación de los aprendizajes lingüísticos en la escuela expresa las orientaciones de los discursos pedagógicos. El tránsito de la denominación de aprendizajes a competencias marca decisiones que transitan de aprendizajes abiertos como experiencias o logros de cada aprendiz a comportamientos evaluables y cerrados orientados por las exigencias de evaluación.

El rol y la actuación docente son centrales para orientar nuevas formas de acompañar a los estudiantes en su tránsito del analfabetismo a la alfabetización convencional y estas orientaciones exigen reconocer que son desiguales las oportunidades que los niños que llegan a primer grado de la educación primaria han tenido para actuar como lectores y escritores pero que todos ellos al vivir en un mundo contemporáneo que es letrado tienen ya experiencias que orientan sus actuaciones y que a veces entran en conflicto con las que la escuela quiere imponer.

Si bien la escuela no es la única instancia alfabetizadora sí es una fundamental (cfr. Braslavsky, en Castedo, 2010). Es en la escuela, nos dice Ferreiro (2013, p. 293) el lugar "donde muchos niños descubren por primera vez el libro. Un libro que la maestra no leerá por el puro gusto de leer sino para enseñar a leer. En este mundo desigual y dicotómico hay dos clases sociales en función del libro y los modos de leer: los niños de un grupo social descubren en el ámbito familiar el placer de la lectura antes, mucho antes de enfrentar la lectura de estudio; a los niños del otro grupo social se les presenta lo escrito como objeto de estudio sin que nada les permita imaginar que hay otras maneras de leer y, mucho menos, que alguien pueda sonreír –incluso reír- mientras lee."

En el primer ciclo de la escuela primaria en México se establece el objetivo formativo de la alfabetización inicial como "logro evaluable" y en las últimas reformas curriculares se impulsa el acercamiento a las convenciones de la lengua escrita desde la educación preescolar. El logro universal de la AI en la escuela primaria no es una realidad en México. Es probable que, en parte podamos explicar las deficiencias, por la desarticulación entre cambios curriculares programáticos de nivel escolar y programas de formación inicial de docentes. El rol docente como enseñante de los primeros grados exige trazar una ruta de actuación sostenida en las interpretaciones contemporáneas sobre el aprendizaje infantil.

REFERENCES

Barbosa Held, Antonio (1983). *¿Cómo han aprendido a leer y escribir los mexicanos?* México: Editorial Pax-México (1ª edición, 1971).

Barriga Vilanueva, R. (Ed.) (2011) *Entre paradojas: A 50 años de los libros de texto gratuitos.* México: Colmex-SEP-CONALITEG

Barton, D., Hamilton, M. (2004). La literacidad entendida como práctica social. En V. Zavala, M. Niño- Murcia y P. Ames (Eds.) *Escritura y sociedad. Nuevas perspectivas teóricas y etnográficas.* Lima: Red para el desarrollo de las ciencias sociales en el Perú. (Fecha inicial de publicación del artículo: 1998).

Carrasco-Altamirano, A. (2006). *Entre libros y estudiantes.* México: Paidós. (Colección Maestros y Enseñanza).

Carrasco-Altamirano, A., Macías Andere, V., López Hernández, G. (2017). Una experiencia de alfabetización inicial. Metodología, diseño didáctico y valoración docente. *Memoria del XIV Congreso Nacional de Investigación Educativa.* San Luis Potosí, México. 20 al 24 de noviembre. Disponible en: http://www.comie.org.mx/congreso/memoriaelectronica/v14/index.htm

Castedo, Mirta (2010). Voces sobre la alfabetización inicial en América Latina, 1980-2010. *Lectura Y Vida*, vol. 31, no. 4, 2010, p. 35+. *Academic OneFile*, Accessed 11 Feb. 2017.

http://www.lecturayvida.fahce.unlp.edu.ar/numeros/a31n4/31_04_Castedo.pdf

Díaz Argüero, Celia. (2011). El aporte de distintas disciplinas para el diseño curricular en el área de lenguaje. En: Rebeca Barriga Villanueva (Ed.) *Entre paradojas: A 50 años de los libros de texto gratuitos.* México: Colmex-SEP-CONALITEG, p. 287-305.

Ferreiro, Emilia (2013) *El ingreso a la escritura y a las culturas de lo escrito. Textos de investigación*, México, Siglo XXI.

Garralón, A. (2013). *Leer y saber, los libros informativos para niños.* México: Tarambana libros.

González Pedrero, Enrique (coord.) (1982). *Los libros de texto gratuitos.* México: CONALITEG.

Hernández Zamora, G. (2013). Cultura escrita en espacios no escolares, en Alma Carrasco Altamirano y Guadalupe López-Bonilla (coord.), *Lenguaje y Educación. Temas de Investigación Educativa en México.* Serie: Lenguaje, Educación e Innovación (LEI). Libros Digitales de Acceso Abierto. Pp. 239-286. Disponible en: http://www.consejopuebladelectura.org

Kaufman A.M., Lerner, D. (2015). *Documento transversal 1, la alfabetización inicial.* - 1a ed. - E-Book. Buenos Aires, Argentina: Ministerio de Educación de la Nación

Rodríguez Álvarez, M.A. (2007). Rébsamen versus Torres Quintero. Dos métodos de lecto-escritura que rivalizan en México durante el siglo XX. En; J.C. Reyes (ed.) *Memoria III Foro Colima y su Región Arqueología, antropología e historia.* Gobierno del Estado de Colima – Secretaría de Cultura.

SEP (1997). *Libro para el maestro. Español Primer grado.* México: SEP

SEP (1980). *Libro para el maestro. Primer grado.* México: SEP

SEP (2009). Programa Español. Educación Primaria. México: SEP

SEP (2011). *Plan de estudios 2011. Educación Básica.* México: SEP

SEP (1993). Plan y Programa de Estudios 1993. Educación Básica. Primaria. México: SEP

SEP (2017). Aprendizajes clave para la educación integral. Plan y programa de estudios para la educación básica. México: SEP

SEP (2018). *Programa del curso: Prácticas Sociales de Lenguaje.* Licenciatura en Educación Preescola. México: SEP

Vernon, Sofía y Alvarado, Mónica (2006). Las posibilidades de escritura en preescolar. *Alfabetización: Retos y Perspectivas.* México: Facultad de Psicología UNAM, pp. 41-53

Zamudio, C. y Díaz, C. (2015). *Español como segunda lengua, Libro para el maestro, Educación primaria indígena y de la población migrante.*

Zamero, Marta (2010). *La formación docente en alfabetización inicial como objeto de investigación. El primer estudio nacional 2009-2010.* Buenos Aires: Ministerio de Educación.

www.ingramcontent.com/pod-product-compliance
Lightning Source LLC
Chambersburg PA
CBHW040319300426
44111CB00023B/2956